HEART
心視野

HEART
心|視野

HEART

心｜視野

HEART

心|視野

HEART

心|視野

HEART

心|視野

리부팅 REBOOTING

刻意暫停

讓疲倦的你，再次充電的技術

全玉杓——著 劉小妮——譯

Contents

第一階段 暫停——觀點重啟

第二階段 調整呼吸——目的重啟

第三階段 定位——方向重啟

序言

暫停，是為了更高的跳躍

每個人都把忙碌掛在嘴邊說個不停。上班族、學生、創業者好像都在追逐著什麼。或許是因為擔心自己落後他人的恐懼感，才會不停地追趕著什麼吧。這份恐懼讓大家無法回頭檢視過去，也不知道自己要去哪裡，沒有思考過為什麼要這樣活著，就只是忙的要死地活著而已。

不過，我們偶爾會出現身體和心靈什麼都不想做，也沒有任何欲望的一瞬間。因為飽受過度疲累和無力感折磨，開始產生自我厭惡，這就是「倦怠」（burnout）。這個單詞也可以解釋成「職業過勞」、「燃燒殆盡」或「精疲力竭」。耗盡了體內所有能量的人，不得不走向崩壞。

我在三星電子（Samsung）工作了很長時間，離開三星之後，走向了創業之路，也曾做為大學教授，後來還創辦了經營研究所，向許多企業提供職涯諮商和培養洞察力的課程。我見過無數辛辛苦苦活著的年輕人和上班族，他們就像被加裝了安全閥，因倦怠而斷電，卻陷入了進退兩難的困境，疲累不堪。如何幫助這些人鼓起勇氣重新出發呢？這是我長久以來的苦惱，也是我研究的課題之一。

至今，每當我精疲力盡、對前途感到一片茫然、心灰意冷，幸運的是我每次都能夠克服考驗，重新站穩腳步，並把這些經驗做為成長的動力。因此我也被稱為「不倒翁」，可能是人們認為我在摔倒後往往能一下子再次站起來的關係。但不倒翁如果想要在很短的時間內站起來，就必須先倒下——我們如果想要再次出發，也必須要先倒下。

可是，人們總是對不倒翁從倒下到站起來的過程不感興趣，但「真正重要之事」就在這過程中。我認為「暫停之後再重新開始的歷程」，就是幸福和成功的最大祕訣。這是我從無數次倒下之後又重新站起的經歷中領悟出的道理。為了獲得人生的幸福和成功，需要「暫停之後，重新出發」的過程，我把這個過程稱之為「重啟」（re-booting）。

所謂的重啟，是指「往後退一步，轉身看看自己過去的人生，重新整頓自己並培養可以再次出發的力量」。在人生這場比賽中，有時候跑得很快，有時需要慢慢走，甚至有時還要暫停一下，只有像這樣不斷調整前進的速度，最終才能夠抵達終點線。「暫停之後，重新出發」的過程可以消除我們的疲累，幫助我們堅持得更長久。當我們感到艱難，或陷入倦怠和一成不變的時候，甚至是自認為表現的不錯時，都可以通過「重啟」來重新調整方向和安排人生。

不論是誰，只要活著就會遇到無數問題。是要抵抗到底，盲目的衝撞呢？還是接受這一切，並從中找出可以做為下一個跳躍的機會呢？重啟就是選擇後者的方法，也是創造出更美好明日的關鍵。

要在兩點之間找出最短距離，當然是兩點之間的直線。可是人生路途中的最短距離並不是直線。用曲曲折折的線來連接，有時候停下來休息一下，反而能比直線更快創造出成果。或許這就是人生不容易與有趣之處。

我想跟讀者們分享如何鼓起勇氣獲得新能量的技巧和進一步跳躍成長的祕訣，因此我把長久以來的研究和經驗集合成這本書。這本書通過「六階段重啟法」：暫停、調整呼吸、定位、再出發、貫徹、飛躍。我會在之後篇章中詳細說明重啟的過程，幫助大家馬上應用在工作或人生中。

從興奮到熟悉，從熟悉到一成不變是人生的週期。我們要怎樣才能夠在這個循環的週期中得到成功和幸福呢？從現在開始，我會把重啟的故事一一分享給各位。雖然我在本書中提及的經驗多是上班族和企業的故事，但是我相信六階段重啟法可以應用在任何事情或情況上。通過重啟冷靜地觀察自身、重新磨練自己，一定能夠很快獲得成功。

深深地感謝出版社相關人員和「獲勝經營研究所」的研究員們為本書提供各種幫助。書中內容雖然尚有不足，但是我希望許多讀者們可以通過本書走上幸福和成功的道路。

全玉杓

第〇階段

Reboot

人生也需要重啟

人們不願意做出改變以獲得更好的東西，
反而因為害怕發生不好的事情，
固守令人不滿的生活方式。

——作家艾力．賀佛爾（Eric Hoffer）

為什麼會這麼辛苦呢？

「過去那麼辛苦的學習和工作，好不容易走到這裡，突然覺得一切都很虛無。」

我在輔導和演講時，從年輕學子、上班族，甚至是企業家們都常常對我傾吐苦惱，他們話語間常出現的單詞有「憂鬱、無力感、倦怠、千篇一律」等。

最近經常聽到「倦怠」（burnout）這個詞。「我已經完全燃燒殆盡了。」說這句話的人也在慢慢增加當中。倦怠指的是所有一切都燃燒殆盡，只剩下灰燼的狀態。拚命朝著目標奮鬥，但達成目標之後，卻反而失去了原有的衝勁和活力。「燃燒殆盡」應該是倦怠狀態的最極致表現吧。

不只是個人會如此，組織也是。一開始如火如荼地創業，看到公司有所成長時每天都興致勃勃。但是一旦公司爬到業界最高位置或賣出熱門商品之後，往往就會出現危機。這時如果沒有馬上做新的嘗試來維持新鮮感，或自己明明為了達成目標費盡心力，結果卻不如預期時，就相當容易陷入倦怠。產生了集體無力感的組織，就像表面上還可以正常騎，但其實輪胎的某一處已經開始漏氣的腳踏車。

想要成長，就會有成長痛

世上每個人都追逐著自己認為重要的價值，認真地活著。但某一瞬間就像撞到牆壁似地，突然失去人生的目的和方向，開始徬徨失措。「我明明這樣努力地活著，為什麼還這麼辛苦呢？」好不容易渡過緊張刺激、心驚膽跳的狀態，正要過著安穩的生活時，反而陷入了倦怠和千篇一律的狀態。難道人生在對我們開玩笑嗎？但鬱悶並不會帶來任何改變。我們要接受這是自然的現象。就像身體在長高時會伴隨著成長痛那樣，做為一個人類在心理成長時，也會有「精神上的成長痛」。

我看過許多在相關領域上卓然有成的人，他們大多數屬於工作狂，即使因為一成不變和倦怠而苦苦掙扎，也不願意放下工作。因為他們一旦不忙，就不知道要做什麼來打發時間，所以總是排滿行程。他們會安排毫無意義的會議、馬不停蹄地打電話和發送郵件，藉此來掩蓋自己的不安。或許這些做法可以短暫達到效果，但精神和體力只會慢慢地被逼到極限，最後因為過度疲累產生疾病、恐慌症，嚴重時還會產生憂鬱症，結果反而害到自己。

我也曾經遭遇這種危機。當時我認為自己從此走在一條寬廣暢通的人生大道上。我認真讀書考進好大學，也進入人人羨慕的大企業就職。剛開始上班時，我為了早點適應職場生活，每天忙得不可開交，也為了表現的更好和得到認可，只顧著往前奔跑。這樣過了一、兩年之後，我好不容易熟悉了工作和職場生活，個人能力也獲得了認同。正當我認為自己的前景一片看好時，突然感覺一切了無生趣。在那之後，這種感覺還出現了好幾次。尤其是在我獲得特別亮眼的成就時，一定會出現這種倦怠感。

我用自己的方法渡過了那段倦怠期，同時也感覺到人生似乎存在著某種週期。只要好好利用這個週期，就可以讓倦怠期轉變成下一次更大的跳躍機會。

我處在倦怠狀態嗎？

職場過勞在世界衛生組織的定義是「無法妥善管理的慢性職場壓力」。倦怠的最大問題之一是很難在初期發覺。當察覺到自己陷入倦怠狀態時，通常已經是相當嚴重的程度了，並且大多數人即使知道之後，也不願意去積極治療，反而讓無力感的症狀持續惡化。自我覺察的能力對於預防倦怠非常重要，因此必須時時自我觀察，傾聽身體和心靈的聲音。

「我是不是也屬於倦怠狀態呢？」如果你有所懷疑，可以用這份簡易測試來檢查自己的狀態。倘若總分超過六十五分，就是必須接受醫學治療的「危險」狀態。

倦怠的自我檢查表

	項目	完全不會	偶爾如此	有時如此	經常如此	總是如此
1	容易感到疲累。					
2	一天結束之後，感到精疲力盡。					
3	經常聽到別人說自己看起來很痛苦。					
4	對工作不感興趣。					
5	慢慢變得冷血。					
6	沒來由地感到傷心。					
7	常常遺失物品。					
8	越來越煩躁。					
9	無法忍住脾氣。					
10	對周圍的人感到失望。					
11	獨處的時間越來越多。					
12	無法好好享受休閒時光。					
13	慢性疲勞、頭痛、消化不良等症狀越來越頻繁。					
14	常常感到受限。					
15	基本上對所有事物都沒有熱情。					
16	幽默感在慢慢消失。					
17	感覺越來越難跟周圍的人溝通。					

完全不會：1 分，偶爾如此：2 分，有時如此：3 分，經常如此：4 分，總是如此：5 分。

總之，先刻意暫停吧

各位做任何事情時，一開始都會充滿激情和新鮮感。時間久了，環境也熟悉後，名為適應的圈套就會讓我們陷入千篇一律的窠臼，也就是「總是採取同一套方式或態度，所以慢慢對工作失去新鮮感和熱情」。千篇一律的狀態持續久了，就會慢慢對自己不再有所期待，最終失去了自信。一開始抱持的覺悟和夢想也在不知不覺中消失了。那麼，我們可以再次喚回初心嗎？

使用電腦時，如果執行程式發生問題時，我們會怎樣做呢？大多數人都是直接關機，然後重新開機。這個行為稱為「重啟」（re-booting）。看起來是一個很簡單的動作，但神奇的是許多電腦問題都適用於這個解決方法。電腦只是關機後重新開機而已，但卡住的程式就可以再次正常運作——這種重啟的魔法也可以應用在我們的人生，我把它稱之為「人生的重啟」。

人生的重啟是指「往後退一步重新檢視自己過去的人生，為了讓自己可以重新出發，重新整頓和養精蓄銳的時間」。在漫長的人生中，必須交錯著「短暫暫停」和「重新出發」，才能長時間堅持下去，而這樣的人生態度不只能夠改變一成不變的狀態，還可以克服時不時襲來的倦怠、憂鬱、焦躁和不安等情緒。

暫停一下也沒關係

有位大學重考四次的年輕人，他在第一次大學考試落榜之後，滿懷熱情地重考，但連續兩三次落榜之後，他就慢慢感到厭煩了。他開始對要不要再次重考，以及自己能不能考上感到遲疑和徬徨。

就在要自暴自棄時，他按下了「暫停鍵」。他一個月內什麼事情也不做，只是吃飯和睡覺。就這樣，突然有一天他對睡覺也感到厭煩，他才重新坐回書桌前。不可思議的是，原本熟悉到厭膩的學習突然感覺很新鮮，內心也重新充滿了熱情。他在第四次的重考中，以第一名的成績考進了一流大學。這位年輕人在無意識下進行了重啟。與其勉強自己前進，還不如暫停一下，這樣反而能夠重新開始。

暫停能擺脫熟悉感，往後退一步，然後停下來好好回頭檢視，是一種整理大腦的好方法。這時候再重新開始，就會對原本熟悉的事情產生新鮮感，就像第一次嘗試那樣充滿激情，將能更加投入地去做原本的工作。這也是維持「初心」的有效方法。我在輔導許多人的過程中，發現能維持初心的人，往往更容易發揮出潛在能力。

一直是晴天，就會變成沙漠

重啟就是恢復初心的過程。當我建議人們重啟時，他們都會先把注意力放在「暫停」，甚至認為是什麼事情也不做，只是玩樂或逃避。但我所說的重啟，核心概念不是暫停，而是「重新開始和挑戰」。

有句話說，「每天都是晴天，一直不下雨的話，全世界都會變成沙漠」。當然所有人都希望天天充滿幸福和快樂，但這樣的人生也會如同沙漠般荒涼、長不出任何東西。人生是由連續的重啟組成。所謂的人生，不是看不到盡頭的漫長馬拉松，而是由好幾場的短程賽跑串連而成。因此在每場短程賽跑的中間需要短暫休息，才可以振作精神再次出發。成功的關鍵就是通過訓練讓「短程衝刺──暫停休息──重新出發」的過程盡可能有效地渡過。

重啟可以分散痛苦

「不勞則無獲」這句話大家應該聽到反胃了，但卻是不爭的事實。想實現什麼或獲得什麼成就，必然伴隨著痛苦。榮格說：「所有精神病都是躲避痛苦付出的代價。」躲避痛苦的代價就是要承受比原本躲避的痛苦更大的痛苦。如果不去面對適量的痛苦，代表也錯失了可以透過痛苦獲得的成長。

我在電視節目上看過喜劇演員李倖源的故事。他投資好幾次餐飲業都失利，因此每個月必須償還鉅額債務，受到極大的挫折感，甚至一度產生極端想法，打算到盤浦大橋跳河自殺。深夜兩點，他站在盤浦大橋上思慮良久、淚流滿面，幸好最後他決定轉身回家。在那之後，他獲得了在「日本居酒屋之神」宇野隆史社長店內學習的好機會。他從最基本的「向客人打招呼」開始學習，重新思考「所謂的經營是什麼？」，也回頭檢視過去自認為正確的經營方式。生平第一次接觸和學習經營的本質並接受訓練之後，李倖源開始考取各種廚師證照，同時開始慢慢地涉獵各種食物做法。當他腳踏實地慢慢踏上成功的道路，我相信成功已經離他不遠了。

逆境和考驗總是無預警出現，我們根本無法提前計畫，因此才會感覺更加痛苦和悲傷。面對突如其來的苦難，沒有人能鎮定自如，也沒有人不感到傷心和痛苦。所有人都無法若無其事地活著，每個人都會感到憂鬱和挫折，只是感受程度有所差異而已。

我並不是要你忍受痛苦、硬撐下去。我們若只是單純忍耐痛苦，不只能獲得的東西有限，甚至會延長那些痛苦。唯有切斷痛苦的根源、分散痛苦之後，才可能開始全新的挑戰。

當你感到痛苦的時候，不要把注意力放在痛苦之上，暫停之後重啟吧。如果太過專注痛苦的原因，反而會讓痛苦倍增。只有停止思考，才能擁有自由。接下來，只要找到重新開始的方向，就可以分散痛苦。前面提到的李俸源雖然一度到達痛苦的極限，最後還是切斷那個根源。因為意識到難以通過自己的力量真正解決問題，所以他選擇從別人身上學習，重新找到方向。像他那樣在危機之際重啟，就可以克服危機帶來的痛苦。

許多人在遇到困難時，會買醉或緊抓住一個人來訴苦，想藉此擺脫現狀。這種掙扎或許可以短暫獲得紓解，但無法從根本上解決問題。重啟並不是這種暫時的解決方案，而是通過持續性的成長過程，幫助自己找到可以重新開始的力量源泉。

很久之前，一位年過半百男人無預警被解僱之後，來找我諮詢了一年。不，更準確地說不是諮詢，而是我成為聽他講故事、附和他的朋友。事情過去越久，他越感到痛苦，完全不知道該如何是好。那時候，我建議他已經困在某個地方太久了，最好去旅行一下。

他接受了我的建議，安排了十天左右的家族旅行。慶幸的是，他在旅行之後，找回了些許安心感。看起來沒有特別作為，但是短暫的離開現狀，成功幫助他暫時切斷了對「被解僱」的執念。我問他之後有想做什麼嗎？他這樣回答我：

「我想擁有一個可以做一輩子的職業。」

他通過旅行放下了現狀，找到了未來前進的方向。他決定考取國家認證的資格證照，兩年的學習之後，他成為不動產經紀人，開始全新的人生。

李俸源和這位一家之主可以克服痛苦，讓人生更進一步在於採用了同一個方法——

那就是暫時切斷被現況束縛住的想法和狀態，重新調節生活節奏之後，找到新的方向。

這就是分散痛苦的強度，開始全新挑戰的「重啟」。

重啟能切斷壞的模式

我周圍有許多人過得相當忙碌，甚至有時像在彼此競爭誰更忙一些，然而認真觀察後，就會發現他們更多時候是「為忙而忙」。這些人好像害怕「不忙」，即使有時間，他們也不休息，反而強迫自己要去做些什麼，努力去讓自己變得忙碌。一旦正在進行的事情不順時，總是一路往前狂奔的他們，人生就會開始崩潰。因為他們不曾停一下來反思或檢查過去的做法，總是一味地往前跑，所以即使現在有心想要重新調整，也已經來不及了。

這些人的馬不停蹄或許可以暫時掩蓋不安，但反而讓自己錯過未來更高的跳躍和成長。我看過太多人因為這樣而倒下，真的感到非常不捨。如果他們能有一段重啟的時間，會變成怎樣呢？

重啟不只是渡過艱難時光的錦囊，也是切斷壞模式的工具。我們常常聽到人們說想要成功就必須懂得規劃策略。規劃策略時也包含斷捨離，也就是說，去除那些對自己的目標沒有幫助的事物，同時執行可以讓自己集中目標的模式。通過刻意暫停，可以讓自己重新檢視目標，重新簡單明瞭地規劃策略，那些妨礙視野的東西消失之後，自然就會看到通往目標的全新道路。

過去大家都認為「不休息」加「持續努力」是成功的必備要件，因此聽到要先刻意暫停的重啟，還以為是開玩笑。但事實上，成功往往需要超越常識的悖論。

我們來看看實際的事例。

全世界最大的計程車公司優步（Uber）事實上自己並不擁有計程車。傳統想法會認為要先擁有計程車隊，才能經營計程車公司，但 Uber 往後退一步，從「沒有計程車也能經營計程車業」的思考訂出全新方針。關掉既有的常識系統完全重新開始，就是所謂的「革新重啟」。這樣的做法讓 Uber 即使沒有一臺計程車，也成為了全球最大的計程車服務業者。

這種事例要多少有多少。世界最大的媒體公司之一臉書（Facebook）不曾有過自己的電視臺；世界級的零售業者阿里巴巴也不以賣出自家產品為目標；還有，主打「住進全世界」的 Airbnb 也沒有自己的房地產——這類革新思維並不是來自既有的常識。

不只是企業，成功人士們的內心世界也經歷過不被固有模式束縛的重啟過程。如果說過去把「往前衝」做為成功的指南，那現在則是不得不開始領悟「刻意暫停，然後重啟」的時刻了。

何時要重啟？

閱讀到這裡的你，可能會產生這個疑問：已經知道一定要重啟了，那到底是何時要做呢？又要怎麼知道是何時呢？

不論是誰，都無法預知自己何時會遇到挫折或陷入一成不變的狀態。雖然有許多人工作三年後就會開始感到倦怠，但這並不會影響日常生活。有些社會新鮮人早早就感到倦怠，開始過著得過且過的日子，但也有像延世大學的名譽教授、哲學家金亨錫那樣，即使已經超過一百歲，依然堅持閱讀寫作和演講，天天迎接新挑戰。

因此反過來思考，重啟是不論何時都可以做，甚至可以說一生都要做的事情。為了適應日新月異的環境，想持續地跳躍和成長，就必須反覆地做「暫停之後，重新出發」的重啟動作。

這時候能否自發性地察覺該重啟的時機點，就變得非常重要了。怎麼覺察時機點呢？只要了解自己的現況就可以知道。具體來說，如果出現以下三個徵兆，就是需要重啟的時候了。

第一，迫切感消失了。如果處於為了達成目標而努力的階段，當然不需要暫停，一旦迫切感消失，就需要通過暫停來重啟。當你想著「從現在起，要舒舒服服地享受」時，就是危機出現的時候。有位求職者嘴巴上總是說自己正在準備找工作，其實什麼也沒做，他一開始心急如焚，所以努力準備履歷找工作，但失敗幾次以後，隨著無業狀態越來越長，他開始討厭工作，腦中雖然知道必須要去找工作，但因為無業狀態太過舒適的關係，反而失去就業的欲望了。當你的迫切感一旦消失，就要馬上中斷懶散的日常生活，重新振作起來。

第二，沒有什麼東西可學了。一成不變的特徵就是太過熟悉工作之後，內心變得鬆懈，認為自己再也不用學習了。沒有什麼可學的人當然不可能得到更高的成就。不論是誰，再怎樣學習和熟練，一定還會有自己不知道的東西，反而是越學習越發現自己不知道的東西還很多。世間變化無常，我們身處的環境也總是在變化，有多少人因為拒絕改變，以慣例為藉口而落後世界呢？當覺得自己什麼都知道之時，就是要馬上重啟之時。

第三，採用過去的成功模式卻沒有成效。我看過太多被危機擊垮的優秀人才或企業了。有許多人在企業內擔任基層主管時，常常被稱讚能力卓越，一旦他們升為高階主管或經理後，卻感到相當痛苦。為什麼會這樣呢？那是因為他們不知道「暫停」。促使他們升上高階主管的成功模式，在成為高階主管之後卻不再適用，此時若依然固守同一套模式，即使努力工作也做不出好成果。這個時候就需要暫停一下，修正現在的工作方式，然後重啟。

總而言之，當工作內容越來越熟悉、生活變得更舒適時，就需要思考一下重啟的時機。當日子千篇一律、沒有熱情，同時又變得懶散時，也就達到「安於現狀」的最高境界了。這時候，我們一定要暫停一下。

企業也是如此。世界在改變，企業也要跟著改變。就算投資相同的努力和時間，當情況或環境不同時，成果也會不同。環境和情況不停地改變，緊抓著過去的經驗和成功模式，不知道「刻意暫停」，未來是毫無保障的。曾經因為類比技術創造一次成功的索尼（Sony）公司，在數位技術發展的時候，錯過了改變企業結構的時機；諾基亞

（Nokia）是最先開發智慧型手機的公司，但由於太過沈迷傳統功能型手機帶來的美妙成功，最後反而陷入危機。

曾經讓自己獲得成功的策略、方案等，都要勇敢地拋棄，並刻意暫停。我們是為了不被打垮，才選擇重啟。絕對不可以持續執著於過去曾經讓自己獲得成功的方式，必須在適當的時候停下來，好好地找出全新的可能。現在正在做的事情，繼續用過去的方式來做，不可能帶來更大的成長。我們要像熊那樣，在冬眠之後，迎來新的春天。我們也需要打造自己的冬眠期。

把一成不變轉換為全新開始

曾經有兩位樵夫一起砍樹。A樵夫完全不休息，努力地砍樹，B樵夫會在砍樹的過程中稍微休息或去做其他事情，然後再回來砍樹，最後沒想到更快砍完樹的是B樵夫。完全沒休息的A樵夫氣憤地問道：「你明明還跑去休息，為什麼可以比我早砍完樹？」

B樵夫這樣回答：「因為在你努力砍樹的時候，我正在磨斧頭。」

A樵夫因為持續砍樹而全身疲累，但B樵夫是通過短暫休息再回來砍樹，藉此為自己帶來新的刺激感。就算只是短暫的儲備力量，也能勝過不斷消耗力量的人。磨利的斧頭更好使用，加上心情愉悅，當然砍樹的速度就會更快。

我想再次強調，重啟並非單純的休息，而是再次思考自己的目標，回到初心，同時保養自己的工具，最後讓自己成功升級。

一再重覆的模式

十年河東，十年河西。世間萬物只要興盛到某個程度必然開始走向衰敗，然後又再次走向興旺。相信自己會千秋萬代的羅馬帝國，也在三世紀之後遭遇嚴重危機後衰亡了（東羅馬帝國維持了一千年，但西羅馬帝國在西元四七六年就滅亡了）。

奧斯瓦爾德．斯賓格勒（Oswald Spengler）在他的著作《西方的沒落》（*The Decline of the West*）中，主張人類所有文明就像生物學的有機體那樣有生、老、病、死的階段。文明在誕生的初期都是充滿神祕感且活力十足，但達到頂峰之後就會開始走向氣竭敗衰。從文明的發展規律來看，或許羅馬帝國的滅亡是理所當然的事。

我們的人生也會出現這種模式。仔細觀察企業或職場，也會看到相同的模式。那就是重複／失去新鮮感、熟悉／日常、一成不變／倦怠、鬱悶的模式。

喬．魯比諾（Joe Rubino）博士是暢銷作家，也是人生專家導師。他指出只要理解了事物和人生的原理，就能夠產生真正的力量和能力。也就是說，我們的目標應該要放在弄懂萬事萬物本來之理。

B樵夫懂得把一成不變的狀態轉變成全新的開始（新鮮感），讓自己重新進入全新的挑戰循環，這種過程就是重啟。接下來，讓我們更加詳細地了解重啟。

暫停之後，重新出發

我們在剛開始做什麼的時候，都是充滿新鮮感和欲望，自然而然會非常賣力。通過持續的訓練，也就是通過學習和努力累積經驗之後，就會達到所謂的「熟能生巧」境界，並做出成果。

然而，熟悉的狀態若持續太久，人就會變得安於現狀、懶散和習以為常，很快陷入「一成不變」的狀態，倦怠、無聊、不安、挫折、憂鬱等也會隨之而來。

此時，我們不能被這種狀態侵蝕，應該選擇積極的方法來改變「一成不變」。這個積極方法就是重啟──暫停一下，調整呼吸之後，重新找到方向和流程，並且堅定自我，如此我們才可以再次跳躍和成長。通過艱難的「訓練」、有意識的「選擇」、想要「恢復」的意志和努力，可以讓我們再次找到初心和新鮮感。

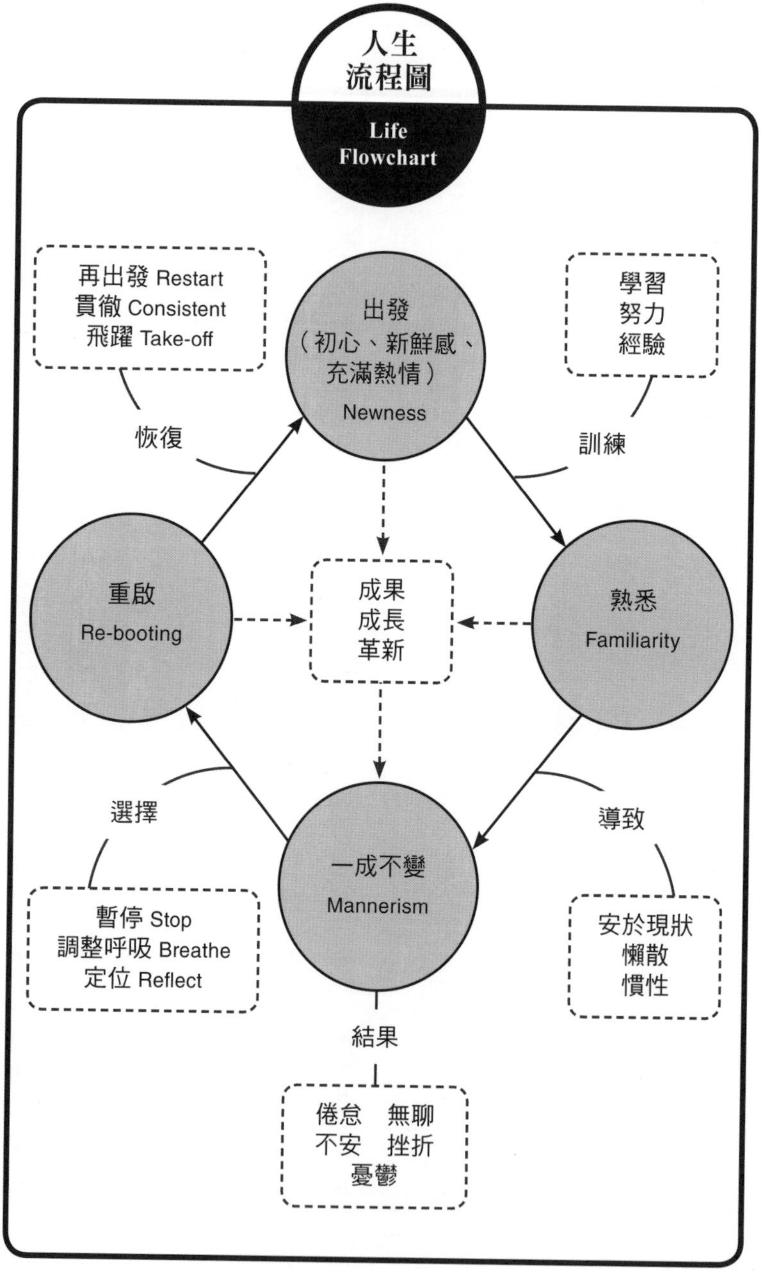
人生
流程圖
Life
Flowchart
再出發 Restart
貫徹 Consistent
飛躍 Take-off
恢復
出發
（初心、新鮮感、
充滿熱情）
Newness
學習
努力
經驗
訓練
重啟
Re-booting
成果
成長
革新
熟悉
Familiarity
選擇
導致
一成不變
Mannerism
暫停 Stop
調整呼吸 Breathe
定位 Reflect
安於現狀
懶散
慣性
結果
倦怠　無聊
不安　挫折
憂鬱

在上一頁我整理了一目了然的「人生流程圖」。這張圖可以看出通過「選擇」（暫停、調整呼吸、定位）和「恢復」（再出發、貫徹、飛躍）的過程，可以讓我們進入下一個成長階段（初心、新鮮感、充滿熱情）。這就是重啟的過程。

六階段重啟法

接下來我將根據前面提到的人生流程圖，更加詳細地介紹重啟的過程。重啟由以下六個階段組成。

一、暫停 Stop——觀點重啟
二、調整呼吸 Breathe——目的重啟
三、定位 Reflect——方向重啟
四、再出發 Restart——流程重啟
五、貫徹 Consistent——自我重啟
六、飛躍 Take-off——行動重啟

首先，第一階段是「暫停」（Stop）。這是檢視自己擁有什麼、需要什麼、現在處於哪個位置、周圍有什麼等，是了解狀態和情況的階段。當人在往前衝刺時，沒有時間去看周圍的風景，因此最先要做的就是停下腳步，確保自己的注意力放在自己身上，然後慢慢地觀察周圍，找出讓自己感到疲憊的事物。這就是「觀點重啟」。通過觀點重啟，會發現過去認為是問題的其實根本不是問題，也可能發現讓自己痛苦的問題，其實不如預想的那麼可怕。

第二階段是「調整呼吸」（Breathe）。了解自己的狀態和情況之後，就要選擇自己未來的方向。如果沒有目標，漫無目的地亂走，只是浪費時間和能量而已。先緩口氣之後，找出自己的目的和目標，也檢查一下是否跟過去自己前進的方向一致，最後根據目的調整自己。這就是「目的重啟」。

第三階段是「定位」（Reflect）。不論擁有多好的觀點和目的，在前進的途中也難免會迷失方向。因此就要打造一個可以隨時檢查自己的方向是否正確的指南針。這就是「方向重啟」。

在重啟過程中，最花費心力的就是第四階段的「再出發」（Restart）。這裡說的

「再出發」不是指單純的暫停和再次移動，而是指暫停之後，用「其他」方式移動。如果還是用過去的方式行動，那重啟就沒有任何意義了。在這一階段，必須在過去執行的流程圖之上，放上全新的觀點、目的、方向並重新整頓。

檢查過去的流程中有哪些錯誤，以及如何解決是非常重要的過程。因為過去的習慣已經深植體內，假如省略了這個過程，非常有可能重蹈覆轍。通過改變模式和想法的「流程重啟」，才能夠真正重新開始。

重新開始可能比最初開始的時候更痛苦，也更加需要耐力。因為這是違反心靈和身體慣性的行為。這就是第五階段「貫徹」（Consistent）。只要確定「我是誰」，那麼即使環境和情況發生變化，我也不會因此動搖。這個階段我們必須把那個淹沒在芸芸眾生中的自己拉出來，找出自己的唯一性。「自我重啟」也是再次檢查自己是否確實地執行前面四個重啟。如果確確實實地把一到四階段都做好，這個階段就會相對順利。

最後，第六階段是「飛躍」（Take-off）。這是重啟的目的，也是大功告成的階段。這是萬事具備，終於要開始付出行動的階段。這一階段需要堅持到最後的毅力，並把一到五階段累積的做為原動力，讓「行動重啟」付諸行動，才能完成重啟和成長。

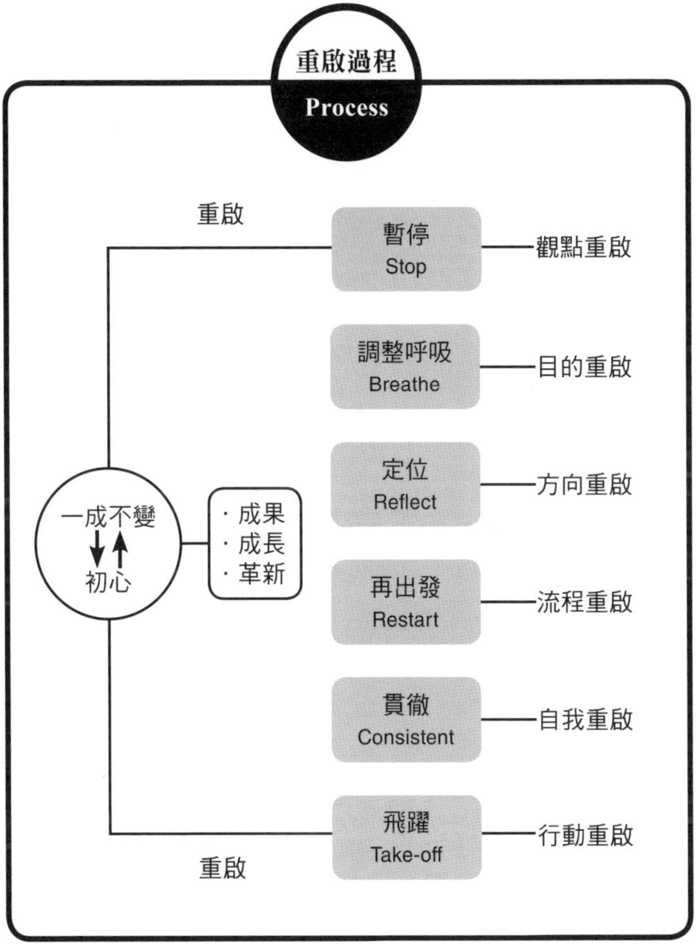
重啟過程
Process
重啟
暫停
Stop
觀點重啟
調整呼吸
Breathe
目的重啟
定位
Reflect
方向重啟
一成不變
初心
· 成果
· 成長
· 革新
再出發
Restart
流程重啟
貫徹
Consistent
自我重啟
飛躍
Take-off
行動重啟
重啟

接下來的章節中會根據重啟的階段個別進一步詳細說明。我會分享帶來全新變化的具體重啟方法，希望為一路往前奔跑、疲累不堪的各位帶來活力和全新刺激。

來吧，我們一起出發，啟動人生的重啟！

我的覺察

刻意暫停
是為了走得更遠

我曾在大企業上過班，那時候一起工作的後輩告訴我一個令人難過的消息。他拚命努力工作，終於晉升到高階主管，卻在此時發現自己已經是肺癌末期。

他說，「前輩，因為我完全沒有休息、拚命地工作，所以讓我的身體太過勞累。從現在起，我要一邊回顧我的人生，一邊努力運動，看能不能多活些時日。」

「當然要這樣。你之前只顧著往前衝，現在要多去旅行，多跟家人們留下美好回憶。請一定要享受全新的幸福。」

只是那次見面之後，沒過多久我就聽到他離開人世的消息。我感到非常傷心和難過，同時內心也充滿了歉意。我們之前可以說是不分晝夜地工作，如今回想，我可能無意中傳授給他錯誤的工作方式。我自己也是離開大企業之後，才懂得休息的價值。

不論你是正在學習的學生，還是正在準備就業的年輕人，或是正在工作的上班族，唯有懂得休息的人才能夠走得更遠。那麼，所謂的「暫停之後，重新出發」是什麼意思呢？並不是指一直躺在沙發上休息。當然如果你已經累到什麼也做不了時，最先要做的一定是盡情地休息。問題在於人們休息之後，如何再次回到之前的人生。重啟中的休息，指的是以改變為前提，肉體和精神上的「積極休息」。要怎樣做才能夠健康、積極的休息呢？

第一，維持工作與生活的平衡。我們的人生不可能只有工作或只有生活。當工作和生活失衡時，就會產生問題。就像身體定期要做健康檢查，我們也需要檢查工作和生活是否失衡。當我因為過勞而出現問題，不只是我本人，周遭人們也會受到牽連。我的孩子們也因為工作忙得不可開交，於是我買了運動鞋送給他們。我希望他們可以提早一個小時下班，走路回家。行走的過程也是思考的時間。不僅可以重新整理混亂的頭腦，也可以從馬拉松般的職場獲得全新的力量。

第二，學習。剛剛不是才說要休息嗎？現在卻說要學習？事實上，對於上班族來說，學習也可以是一種休息。一開始工作時，我們急於解決各種問題，但當熟悉工作內容之後，就會變得一成不變。我看過太多上班族陷入這樣的模式。

我曾遇過一位在美國某企業上班的韓國留學生。他已經入社好個月了，但總是沒事情可做，所以很苦惱。於是後來他跑去問上司。他說如果上司交付他工作，他一定會很努力去做，可是為什麼不派工作給自己呢？那位上司回覆說：「我怎麼有本事教導已經很厲害的後輩，還發派工作給他呢？」接著，「如果你有更棒的想法可以幫助公司成長，我可以幫你組織一個團隊。」

如果你在完成職務培訓之後，只是沿用前人的工作方式，那是不可能走得更遠的。如果想要中斷並擺脫不停在原地繞圈的職場生活，那就需要名為「自發性學習」的休息。你可以更加深入地研究目前的工作，也可以通過其他學習自我開發。如果你覺得自己已經被職場生活淹沒，為了更高的跳躍就需要名為「學習」的休息。

第三，在休息的過程中設定大膽的挑戰目標。不是設定那種自己一定可以達到的目標，而是需要鼓起勇氣去挑戰的大目標。

一九九〇年三星電子才剛擺脫二流企業的稱號，就提出要在國際市場成為超一流的企業的遠大目標。雖然看起來很莽撞，但他們最終的確達成了目標；二〇〇二年的世界盃，胡斯・希丁克教練（Guus Hiddink）帶領韓國國家隊創造了打進四強的神話；還有樸恆緒教練近年來屢屢帶領越南國家足球隊創下佳績等，都是勇敢挑戰看起來不太可能實現的目標而贏得的美好成果。這種遠大的目標可以成為推動我們前進的原動力。

最後還需要魅力。諾貝爾經濟學獎得主丹尼爾．康納曼（Daniel Kahneman）主張「成功最重要的條件不是能力、學歷或運氣，而是魅力」。他認為魅力是一種資本，因此在休息時打造自己的魅力也是為了走得更長遠。在全球造成轟動的防彈少年團（BTS），幫助他們成為世界級明星不是金錢，也不是資歷或人際網絡，而是魅力讓他們登上巔峰。他們靠的是自己獨特的風格、故事以及表演。

「暫停之後，重新出發」，真正的意思是培養自己在其他層面上的能力。古希臘雅典的詩人泰奧格尼斯（Theognis）這樣說過：「如果神想要毀掉一個人的時候，首先會告訴他是一個最有前途的人才，然後要他毫不休息地往前衝。」越是覺得自己成功了的人，越需要休息一下再出發。因為人們很容易陶醉於自己的成功，而放棄更進一步的可能性。

第一階段

Stop

暫停

觀點重啟

如果你完成了有效率的工作，那應該安靜地回頭看看。
只有安靜地回頭看了，才可以更加有效率的工作。

——管理學大師彼得·杜拉克（Peter F. Drucker）

如何逃出人生的漩渦

我在收看在奧地利多瑙河舉辦的泳渡大賽時，常常看到許多選手每到河中間就放棄了比賽。因為那裡是漩渦出現的地點，也是最危險的地方。遇到漩渦時，對游泳高手來說也是一大挑戰。身體越是掙扎，越容易被漩渦吸到深處。選手們就在精疲力盡之後放棄了比賽，但還是有些選手克服洶湧波浪後，繼續往前游。他們的祕訣是什麼呢？他們只是暫時把身體交給了漩渦。把身體交給漩渦的人會被漩渦吸進去，但不久之後就會再次浮出水面。也就是說，當漩渦把我的身體吸進去後，在再次浮出的過程中，我只要暫時靜靜等待就好。從這個角度來看，這是非常單純的訣竅。

萬一你現在被捲入人生的漩渦，為了趕緊逃出來，正在拚命掙扎，請暫時停下來，把身體交給水流吧。我每次感到痛苦時，都會先暫停。當我很感覺鬱悶、處理事情遇到阻礙時，我就會把自己關在小房間，安靜地讓思緒穩定下來，享受暫停的時光。我也會澈底中斷從電腦或智慧型手機傳來的各種外界信息，只把注意力放在自己身上，讓我再次回想起自己的初心。

許多人在遇到困難時，反而更加難以面對自己。那是因為害怕看到不堪的自己，也不想直接面對現實。可是當你中斷外面世界的資訊，獨自與自己相處的瞬間，就不得不面對自己。我們有必要在一個安靜的地方觀看自己和回顧過往的道路。不要被外界吵雜的聲音迷惑，要去聆聽自己內心深處的聲音。

生活一成不變的時候也是如此。一成不變也可以用「安於現狀」來表達。經過激烈的競爭，升到某個位置之後，就會在不知不覺中陷入一成不變的狀態。那一成不變從何而來呢？當日常生活就像轉輪那樣反覆重複時就會產生這種感覺，同時也是因為在那之前心靈就已經鬆懈了的緣故。我們忘記了想要得到珍貴之物的那種渴望感。許多夫妻在談戀愛時，眼中的對方是如此充滿神祕和美麗，可是婚後卻不再感到好奇也是相同道理。這個時候，我們需要暫停一下，跟自己進行對話。不要被世界上的喧嘩聲迷惑，要專心傾聽內在的聲音。

請這樣問自己：

1. 現在我遇到什麼問題？
2. 為什麼會出現這種結果？
3. 我可以反省和放棄的是什麼？

當自己無法得到滿足的情況持續發生，那麼我們必須緩慢而仔細地思考，為什麼這種情況會一再重複，以及自己要反省和放棄什麼。這裡提到的「放棄」包含了負面的想法、總是妥協的習慣以及無條件從眾的行為，例如當自己不得不去做什麼事時，就會負面的想著「只要一有機會，我就撒手不管」，或不停埋怨地喝酒度日。

這個就是重啟的第一階段：暫停。古希臘哲學家亞里斯多德把世界分成想法、情緒和行為，他說：「人們用反覆的行為來定義自己」。回想一下自己每天做了哪些事情。你可以接受用那些行為來定義自己嗎？如果不能接受，那就一定要暫停一下。只有暫停之後，才有可能修正那些反覆的行為。

暫停，就是改變觀點

如果不暫停，就無法知道自己現在的觀點是對是錯。因為人一旦接受某個觀點之後，是很難用其他觀點去看待事物的。不論是獲得多大成功的人或公司，只要無法改變觀點，就會被「慣性和習慣」牽制，最後走向衰敗。努力往前奔跑固然重要，但確認自己是否走在正確的道路上是更加重要的事情。暫停之後，就可以重新檢視自己的觀點，也可以重新看到至今被自己錯過的事物。

暫停的核心就是改變觀點。

你是否正在因為創傷而難受呢？如果是這樣，請改變你的觀點。因為除了自己之外，沒有任何人可以給自己帶來傷痛。即使遭遇相同的創傷，根據看待的方式不同，有可能是巨大傷痛，也可能什麼也不是。過去的傷痛就讓它們留在過去吧。如果為了未來，想要維持內心平靜，就絕對不可以被單一觀點限制住。

你想獲得巨大成就嗎？最重要的也是改變觀點。為了成就什麼，就必須做出無數選擇，而為了做出正確選擇，最重要的就是通過不同觀點檢討事情。重啟不僅可以幫助做出選擇，也可以引導整個人生走向正確的方向。

當你感到痛苦或陷入膠著狀態時，暫停一下，用各種觀點回頭檢視自己的選擇是否正確，會相當有幫助。雖然每個人都有自己的選擇基準，不過如果符合以下標準，會提高選擇的正確機率：

1. 找出過去歷史中值得學習的價值。參考在類似的情況下，成功人士做出了哪些選擇，然後把這個選擇做為自己的基準。
2. 排除所有先入為主的觀念，並正確的判斷。
3. 善用直覺。通過觀點重啟之後，直覺會變得更加敏銳和清晰。
4. 選擇實際可執行的做法。只有實際可執行的做法才可以說是好的選擇。不論那個選擇多好，如果做不到，就是無用之物。

為了做出好的選擇和實現目標，我們得把自己砍掉重練。就像種子必須裂開之後，才能夠發芽成長，我們唯有打破既有的觀點，注入全新觀點之後，才能夠獲得精神上的成長。不可能毫不費力就獲得跳躍和成長，重新檢視自己的「觀點重啟」並不是件容易的事情。有可能需要做無數次，也可能相當痛苦，但是只要完成觀點重啟，就會感受到自己通過全新觀點獲得重生。從現在起，請大家確實地去做「觀點重啟」。

重新規劃框架

要播下新種子之前，就必須要重新整理苗床。也就是重新規劃框架（Frame）。我曾經在三星電子擔任國內行銷策略的職位。當時電子商品市場多是以贈品或折扣來吸引消費者購買，這是行之有年的策略，確實每次都很有效。

不過當時我想，「如果能夠以革新性品牌和商品形象吸引到顧客，是不是就不需要花費心力在這些方法上了？」於是，我主張製造紅色冰箱。我想通過與過往冰箱完全不同樣貌，打破常規的設計，製作出時尚商品來樹立市場定位和吸引顧客。

就這樣，「Hauzen」這個品牌誕生了。我們擺脫了降價、贈品、舊換新等既有的框架，把「觀點」轉移到提供全新價值的設計風格和顏色上。一開始大家都非常擔心，但最後我們獲得了大成功。

不要把注意力放在如何擊敗競爭對手，而是以不同方式重新規劃競爭場域。我在那時候體會到這種方式的威力，也使我重新意識到打造新苗床這件事有多麼重要。當然這並不是件容易之事，但如果不這樣，是無法走得長遠的。現在必須暫停「安於現況且一再重複」的模式了，然後從與眾不同的角度去重新檢視事情。

如果改變無可避免，就改變框架吧

在這個變動不安的時代，如果想達成目標，就不能夠沈溺於過往的成功模式。找尋打造全新框架的方法迫在眉睫，這一切都要從努力理解市場動向和顧客需求開始。唯有察覺世界的變化，思考顧客認為重要的價值，才能夠打造出創意性的新框架。

過去提到文具用品時，使用良久的耐用性被認為是最重要的價值，因此哪家公司的商品可以用得更久、是否製造得更堅固就是決勝點。即使在那樣的大環境下，還是有人提出隨著消費水準提高，文具的衛生會變得越來越重要的獨特觀點，於是文具的「價值框架」被重新規劃，像「抗菌筆記本」這種強調衛生的商品開始上市，並獲得成功。

這樣的模式並不只適用於組織而已。對於個人來說，即使在某個領域成為頂尖專家，如果沒有繼續開墾和研究新領域，也勢必會走向衰敗。為了達成自己的目的，必須先了解市場需要什麼，然後創造出能獲得那些東西的框架。

阿里巴巴的創辦人馬雲曾說他想獲得名校學位，夢想去哈佛大學讀書。但是他試了好幾次都無法考進哈佛大學，於是轉向了新的「苗床」。他放棄追求學業的成就，改用創業來證明自己，最後他創辦了在全世界兩百四十多個國家擁有五萬多名會員的中國最大電商。

已經獲得巨大成就的他，之後又再次打造出創意性的框架。他在五十四歲時突然宣布隱退，但同時打造了名為「合夥人制度」的經營體制，這樣的做法讓馬雲其實並沒有真的隱退，反而成為新的阿里巴巴領導人。

他在《馬雲，未來已來》這本書中這樣說：「在未來一百年，人類要知道自己不需要什麼。唯有我們知道不需要什麼的時候，才知道要守護什麼。」

對你們來說，不需要的是什麼呢？排除那些不需要的之後，剩下的就是大家要守護的東西了。通過這些東西來打造出全新的框架吧。

刻意代入不同視角

在非洲生活著力大無比的大象，也有獅子和犀牛，但有趣的是在非洲被稱為無敵強者的是螞蟻軍團。只要出現螞蟻軍團，不論是再強大的野獸都無法存活下來，最後只留下骨頭殘骸。最弱小的螞蟻可以發揮出最大力量的原動力是什麼呢？那就是雙贏夥伴關係（Win-Win Partnerships），也就是彼此互相幫助，團結力量大。

觀察螞蟻的活動和團體生活，就會發現蟻后只把力氣放在產卵，其餘有負責覓食的螞蟻、有照顧卵的螞蟻，以及負責防禦的螞蟻等，螞蟻們澈底地分配各種角色。即使把螞蟻們的秩序搞亂，它們也能馬上找回自己該做的事情，井然有序地活動。

我們每個個體都是微不足道的存在。如果我們結合彼此的力量，是不是就有能力可以克服一切艱難呢？人類不是被稱為社會性動物嗎？周圍的人可以是支持我的支柱和刺激劑，幫助我踏上通往不同世界的道路。只要彼此努力理解對方，一起互相扶持共存下去，即使遇到困難也能夠輕鬆面對。

用第三者視角看世界

人必須維持良好人際關係的重要理由，是可以透過各式各樣的人接觸各種觀點，進而豐富自己的觀點。當你越具有包容力，身邊就會出現更多觀點的人。美國社會學者吉姆．羅恩（Jim Rohn）說過：「你現階段花最多時間相處的五個人，平均後就成為當下的你。」不同角色的人各自具備不同的經驗和觀點，吸收他們的經驗和觀點之後，自己的世界也會隨之變得寬廣和豐富。因為我們活在這個世上並且彼此影響，遇到擁有好觀點的人可以說是找出全新發展的必要元素。

常常有人說「換位思考」，意思是要思考其他人的處境。雖然這句話常常被用在雙方產生矛盾的時候，但對「觀點重啟」來說也是很重要的觀念，因為思考不同的角色和他人的立場，可以誕生全新的方案。也就是說，跟不同的人見面其實是觀點重啟的過程，我們可以通過第三者的觀點重新看世界，並獲得全新的觀點和洞察力。特別是當工作陷入倦怠或無解的時候，更加需要這樣做。

這時候，我們要見的人並不一定要是在相關領域獲得巨大成就的專家。不論是下屬、上司，還是朋友，只要通過第三者的不同經驗讓自己有所體驗和學習就可以了。書籍、電影或論文等媒介也能獲得很棒的經驗。

看一下自己的周圍吧！你應該會發現相當優秀的人。站在他們的身邊，觀察他們的觀點。有時候那些無解的難題，用其他的觀點去思考時，反而一下子就解決了。在這個世界上，任何人都能成為自己的老師，只要你這樣想，遇到他人的觀點跟自己不同時，就不會製造出矛盾，反而會成為擴展自己視角的契機。

當然如果有機會，最好是盡可能接近成就非凡的個人或創造出佳績的組織。如果在職場上可以跟實力堅強的人一起工作，那自己就有可能跟著一起成長。仔細觀察他們的工作方式，不停地提出問題和學習，接下來必須把學到的東西重新思考後，轉化成自己的東西。唯有這樣做，才能夠自我覺悟，找到解答。如果只是單純學習，無法內化，那不過就是任何人都知道的一般知識而已。唯有內化成自己的理解之後，才算是屬於自己的知識。

從小事中找出意義

我在前面也提過，自己在進入大企業工作滿三年時開始產生倦怠。剛開始工作的時候，我每天都早早去上班，夢想著做出成果，獲得上司認可的美好未來，總是充滿熱情地工作。但當這樣的日常一再反覆之後，三年後的某一天我就不再挑戰新事物，只是機械式地處理自己份內的事情。

當時我負責的工作是企劃。因為太過熟悉寫報告和策略企畫之後，不只是對工作內容感到無趣，就連日常生活也感到無聊和煩膩。不管做什麼事情都毫無新鮮感，甚至覺得自己的人生沒有任何意義。

就在那個時候，我的上司建議我要找出可以挑戰的事情。他說人如果沒有挑戰，就會變得百無聊賴，也容易感覺疲累，這樣是無法走得長遠的。當時的我其實很難認同他的說法。因為我是歷經無數挑戰好不容易才走到這個位置，現在居然叫我再次去挑戰，我不明白為什麼要活得這麼累。

我陷入苦惱的時候，開始回顧自己過往的人生。每次我回想起過往的挑戰時，都會產生「那時候好有趣」的想法。當時明明非常過得非常辛苦，可如今回頭看，居然驚覺自己已經很久沒有像當時那樣充滿熱情、感覺時光飛逝。我領悟到「正在挑戰什麼」這件事情本身，對我來說具有相當大的意義。我才開始慢慢理解上司說的話。

什麼事都不做，只是等待「有意義的一天」降臨，真的會找到意義嗎？如果不主動找到可以挑戰並賦予意義的事情，無論是誰都不可能切斷日常反覆的不好循環。歲月無情地流逝，什麼也不做的人，就會被無力感蠶食。想要重新開始，需要契機。開始挑戰，就能創造出契機。

意義是自己賦予的

賦予意義指的是什麼呢？我把它解釋成「在任何事中都能找出可以學習的事物」。人的一生都必須持續學習。如果不學習，就會停止成長。這裡說的學習，比起學習新知來說，更接近獲得智慧，也可以說是為了培養洞察力的學習。對於生活平凡的職場人來說，學習是最簡單的挑戰。

過去我的報告或策略企畫總是充滿新穎點子和全新挑戰，時間久了之後，就變得千篇一律了。那是因為當熟悉某個工作之後，會抓住其中訣竅，自然而然根據既有模式工作的結果，因此對我來說，迫切需要全新挑戰。

那時我決定每天要做一件有意義的事情。不論是小事、大事，只要我自己相信那是有價值的，我就會賦予那件事情意義。於是我開始尋找其他產業或其他公司有趣的企畫案、聽上司的建議或看跟企劃有關的書籍，然後每天結束之前，把自己當天發生的有意義的事寫下來。

或許大家會覺得這沒什麼大不了的，但是對我來說都是挑戰。所謂的挑戰，並不需要做什麼偉大的突破，完成日常生活中的小挑戰就足夠了，以及賦予那件事情適當的意義。世界上沒有毫無意義的事情。不論是多小的事情，只要找出意義，就會感到成就和幸福。

你正在陷入倦怠嗎？請先賦予每天都在做的事情意義吧。只要這樣做，一定能學到什麼。其實我也是這樣做之後，才改變了自己對工作的態度。當我懂得從各種角度去看待工作時，即使是反覆做到膩的工作也會因此產生新鮮感，同時也會學到洞察力。日常生活開始出現小小變化之後，人生也會隨之改變。

改變觀點能減少痛苦

有時候，他人、工作、環境或現況等會讓我們感到痛苦。無條件地忍耐痛苦，並不表示自己是萬能的強者，一味地忍受反倒是極為殘酷的事情。因為人在痛苦的時候，會產生自己是「全世界最痛苦的人」的錯覺，而且這個痛苦似乎永遠不會消失。我看過許多人在痛苦時極度憤怒，甚至失去了活著的欲望。

如果想要切斷痛苦的循環，就必須停下來。通過「觀點重啟」從各個不同角度重新思考之後，獲得全新的洞察力。即使遇到難以承受的艱困之事，也可以更有智慧地去克服。停下來，然後正面迎接痛苦，我們可以練習從以下四個角度來省視痛苦：

第一，沒有永遠的痛苦。因為不論是哪種痛苦，都會在未來某個時刻消失殆盡。雖然在痛苦時總是會想：「如果能夠擺脫這個痛苦，該有多好」，等真的擺脫之後，仍然無法盡情地享受輕鬆的人生，他們反而會因為更小的問題而感到痛苦，或是擔心會出現其他痛苦而一直不安著。當我們擺脫痛苦時，一定要盡情享受那種自在感，然後記住這種感覺，因為這個記憶能在往後我們又遇到痛苦時成為很大的慰藉。

第二，痛苦是自然發生的。不論是誰，都有過艱難的時刻。不要一直想著「為什麼只有我會這樣痛苦？」，而是把痛苦想成下雨天或季節轉換那樣自然。根據自己在意跟敏感的程度，有可能感覺非常辛苦，也可能感覺還好而已。重要的是要面對真實情況，不要太過在意和過度憂慮。

第三，不要餵養自己的痛苦。憤怒就像是在你體內的怪物，如果我們不停地描述和揭發自己的痛苦，就好像在餵養那個怪物。不要過度去想那些帶來痛苦的事物。當痛苦再也吸收不到能量時，自然就會消失。

第四，面對任何想法，都要用肯定的同理心看待。想想看那些讓自己痛苦的人有多可憐，我們要對他們產生惻隱之心。不論是多麼討人厭的人，只要努力去理解他，反而會讓自己從痛苦中解脫。

接下來，擁有以下四種力量可以幫助我們不輕易隨著痛苦搖擺，還可以堅強地面對困境。

首先是體力。如果沒有體力，什麼也做不了。第二是實力。這裡的實力，是指解決問題的能力。為了培養解決問題的能力，必須要先改變觀點。許多人總是根據既有的觀點去看待事物，或是花費力氣去找尋既有的答案，這種方式找出來的並不會是真正的答案，我們必須用自己的觀點去找出自己的答案。第三是心靈的力量。不論環境或情況如何改變，核心價值不動搖，依舊維持平和，理性且客觀地處理事情的能力就是心靈的力量。最後一個是信任的力量，必須信任自己和相信自己的未來藍圖。

我們無法操控他人的行動或情況，但是面對那些行動，我們要如何反應完全可以由自己決定。除了自己，沒有任何人能傷害我們。當我們領悟到這一點，無論遇到多麼不如人意的環境或無計可施的情況，都可以客觀主動地做出反應。

先讓自己感到幸福

某大企業的課長曾問我：「如果想要成為優秀的企業家，應該怎樣做呢？」擁抱夢想、努力工作是理所當然的，但更重要的是「實現夢想的方式」。我常常問被諮詢者以下兩個問題：

1. 你喜歡的工作是什麼？
2. 你認為對別人有益的工作是什麼？

有些人不論賺了多少錢也毫無成長，也有些人雖然賺得不多，但總是在成長。那是因為看待自己、工作和世界的觀點截然不同。如果現在你可以賺到許多錢，但你覺得毫無樂趣且對別人沒有幫助，就必須換工作。萬一無法換工作，就必須改變自己的想法，找出自己現在做的工作的優點以及對別人有所幫助的成果。

我們必須喜歡和享受自己現在正在做的工作，同時讓這個工作對他人有所幫助。這就是改變的核心。特別厲害的成功法並不存在於遙遠且偉大的地方，現在我怎樣做、採用什麼態度去面對才是成功的唯一祕訣。

某天我搭乘高鐵去其他城市演講。坐在我旁邊的一對夫婦正在吃便當，那位太太不停在抱怨：「蔬菜根本就不新鮮」、「這天氣忽晴忽雨，莫名其妙」等等，直到吃完便當才停止。「哎呀，這便當真難吃。我好不容易吃完了。」

心理學家認為只會述說不公平的人具備占有型（To Have）世界觀，也就是完全看不到自己現在擁有的事物，只把焦點放在期望、無法得到、想得到、想成為的事物上。擁有占有型（To Have）世界觀的人，不論擁有什麼也永遠不可能獲得幸福。因為他們即使擁有再多，也只會注意到還沒擁有的。

相反地，擁有優先思考存在的存有型（To Be）世界觀的人會自問「我是怎樣的存在」，然後努力讓自己成為更有價值的人。研究宇宙論和黑洞的史蒂芬·霍金（Stephen Hawking）博士在二十出頭時被診斷出患有肌萎縮性脊髓側索硬化症（俗稱「漸凍人症」），即使被診斷出不能活太久，他依然埋頭進行研究。許多人都會問他是否因為疾病而覺得人生不公平，霍金博士每次都這樣回答：

「我剛知道得病的事實時，真的非常絕望，但是我下定決心只要還能活著，就要為了人類有價值地活著，不再感到絕望，一定要戰勝疾病。研究宇宙並不一定需要健康的身體。因為即使是完全健康的人類，也無法走到宇宙的盡頭。」

霍金博士在無盡的絕望和不盡理想的情況下，還是找到了自己存在的意義，最終他成為了對全人類來說極為重要的存在。對現況的觀點不同，所產生的結果也截然不同，因此我們一定要優先讓自己感到幸福。

我的覺察

比起事實，更該觀察「意識」

這是我在三星擔任行銷策略一職時發生的事情。當時為了極大化顧客的購物便利性，我們針對如何創造出全新通路進行了無數研究和討論。為了賣出更多電腦，是不是就非得開專賣店呢？為了賣出更多的手機，是不是就要允許一般電子商品代理商也可以賣手機呢？為了賣出更多熨斗、吹風機、電動刮鬍刀等，是不是就必須根據商品類型來建立合適的通路呢？當時我們進行了許多模擬，最後我們決定規劃讓消費者隨時可以進來，約十坪大小的「小型電子產品專賣店」。

不過，這個企劃不到六個月就宣告失敗了。當時三星在這個企劃上投資不斐，真的超級難堪。失敗的原因是太注重概念了。由於這種專賣店只販售小型商品，反而限制了電視、冰箱或冷氣等大型商品，這樣的做法反而讓公司背離了「為顧客創造便利服務」的理念。

其實那時候已經有非常多專售小型商品的店家，在這個事實的前提下，我們所推出的策略居然完全失敗，真的無比不堪。市場上許多人都能夠好好經營的模式，唯獨我們公司（或我）卻失敗的原因是什麼呢？其中的關鍵在於優先順位。比起事實，更應該優先觀察的是「思考模式」。

對於消費者來說，販售電子產品的店家當然也會有電視、冰箱或冷氣等所有電器商品，因此自然而然會想在店內看到各種電子商品。賣家在招攬顧客時，就不能夠固執地只賣小型商品。這一點也是在總公司強推「小型電子產品專賣店」企畫失敗後才領悟到的道理。

之後經過無數次來來回回討論，決定規劃可以販售所有商品的百坪大型展示店。那時候依然有半數的反對意見，但還是強行推進了，最終取得了成功。我也是在這件事情之後，領悟到比起「事實」更該優先考慮「思考模式」。不管處於什麼情況下，都應該先思考消費者是如何思考。

我們生活中的一切都來自意識。我們所感覺到的現實，並不是真的現實，而是我們意識的結果，是我們在現實中感受的現象。我們必須理解這個機制後再去觀察現況。當商品的概念或名稱有問題，找出問題的原因之後，絕對不能為了解決問題而隨意改變消費者的意識。如果你們一直無法得到滿意的工作結果，那就必須優先考慮客群的意識，才能夠看到全新模式。

第二階段

Breathe

調整呼吸

目的重啟

只要懷抱夢想，一定可以實現。

因為限制只在於你自己。

——成功學大師布萊恩·崔西（Brian Tracy）

必要的恢復期

快跑之後，不論是誰都會上氣不接下氣、氣喘吁吁。原因並不是無法恢復正常呼吸，而是呼吸恢復正常之前需要時間。根據跑多久、跑多快，調整呼吸的時間長度也會不同。

如果你一停下來，又要馬上跑，實在沒有停下來的理由，這樣做反而會失去前進的動力，越跑越累。喘息的時候，看起來好像什麼也沒做，其實是非常重要的時間。

在第一階段中，我們提到「暫停」。暫停包含了物理上的時間和空間，但我們也不要忘記這是為了獲得洞察力、有目的性的行為。接下來，我們來到第二階段喘口氣時，我們要做什麼呢？

約翰·伯伊德（John Boyd）擔任美國空軍飛行員超過三十多年，他分析過無數場空戰後，指出空戰勝負的關鍵不在於戰鬥機的速度和高度，而是強韌的訓練和戰鬥策略。

在戰爭中，人們會以為空速達到三．二馬赫的米格戰鬥機的勝率是最高的，但實際上是比米格機速度慢，也飛得更低的美國軍刀戰鬥機取得壓倒性的勝率（包含第二次世界大戰的空戰）。為什麼會這樣呢？那是因為「能量機動性」。很多人會認為戰鬥機的速度和飛行高度是勝利的關鍵，其實更重要的是，不論在哪種情況下都可以應變的速度和有效運用能量的方法。

在這個世界上並不存在可以解決所有問題的方法。因為世間萬物不停在改變。不論是面對哪種變化，必須先明確訂出目的，接下來才通過訓練和策略來接近目的。目的是「一心一意想要做的事情」。目的不明確時，就無法找出解決方法。重要的是把能量集中於目的，為了做到一心一意，就必須通過目的的重啟把自己從舒適圈拉出來。

沒有目的時，容易掉入陷阱

有些人主張未來只是過去和現在的續集，但我不這樣認為，我認為未來是由自己和世界做的約定來決定。也就是說，「我想進這間公司」、「我要擺脫貧窮」等立下自己的期待和心願，就一定會成為未來。與未來的約定也是引導自己人生前進方向的路標。

這一階段的核心是把注意力放在「目的」上。如果你現在感覺痛苦或百無聊賴，非常有可能是因為失去了目的。這個目的可能是工作目的，也可能是人生目的。檢視自己的藍圖，確認是否正在往目的方向前進，再次確定自己的夢想，為了與未來的約定，整理出必須做的事情後一步步去執行，這就是「目的重啟」。

史蒂芬·柯維（Stephen Covey）在《與成功有約：高效能人士的七個習慣》（*The 7 Habits of Highly Effective People*）提到崔維斯和格瑞兩個孩子的故事。兩個孩子都拿到相同的木頭和刀，也都很努力削木頭。不久之後，兩個孩子面前卻出現不同的結果。崔維斯面前的是一艘帥氣的船，但格瑞面前的木塊們只是像垃圾般堆疊在一起。因為崔維斯抱持要把木頭削成船的目的去削木頭，而格瑞只是沒有目標的亂削木頭而已。

有目的的人生和沒有目的的人生其結果大不相同，但更重要的是要擁有正確的目的。劇作家亞瑟·米勒（Arthur Miller）的《推銷員之死》（*Death of a Salesman*）中，主人公威利·羅曼擁有三個活著的目的，分別是：做出一番事業、讓所有人喜歡自己、讓子女跟隨自己的腳步。結局是羅曼沒有達成任何一個目的，選擇了自殺。他的兒子們站在墓碑前為父親的一生下了註解：「父親擁抱錯誤的目的活著。」

「目的重啟」就是逐漸釐清自己夢想本質的過程。不是隨波逐流地追求別人的目的，而是清楚地知道自己想要什麼。

先正確定義問題

現在的你可能是遇到了問題，才會決定重啟。人們常常認為「問題是不好的」，同時錯誤地以為沒有任何問題、過得一帆風順才是幸福的人，因此才會害怕遇到問題，並且責怪他人，不停地抱怨、辯解和發牢騷……總之就是無條件地否定問題，然而我們即使想要，也不可能逃避問題，因此我們該做的不是迴避問題，而是去思考要怎樣解決問題。反正已經無法避免，還不如當成一個機會。因為在解決問題的過程中，我們往往能快速成長。問題不是折磨自己的難題，而是讓自己成為更棒的人的動力。

反過來說，會出現問題也是你投注所有精力、全心全意的證明。當你認為那件事情很重要，所以過程不順利時，才會認為是「問題」，例如你打算開車前往參加婚宴。你準時出發，可是途中車輪爆胎了。對你來說，這就是大問題。因為你正專注在「準時抵達結婚典禮現場」這件事上。相反地，如果你是在悠閒地開車兜風途中爆胎，頂多就是

「麻煩的事」，並不會成為大問題。

不論何時、何地都有著潛在問題。我們要因為害怕遇到問題就逃避該做的事情嗎？世界上所有問題都會帶來禮物，是引出全新機會的契機。專心一致做某件事情時，只要不害怕問題，就能夠擺脫限制自我發展的框架。

精神科醫師摩根·斯科特·派克（Morgan Scott Peck）在其著作《少有人走的路》（*The Road Less Traveled*），提到現在人們害怕活著並逐漸過得越來越扭曲的原因，在於人們對於正視問題感到痛苦。這句話的意思是人們沒有正確地定義問題。人們因為對正確定義問題並解決問題必須付出代價這點感到害怕，所以害怕得逃走，而更多人因為迴避問題，不把問題看成問題，或是即使看到了也認為沒有方法可以解決——他們並不知道越是逃避問題，處境只會變得更不順和艱難。

問題在於我們的意識錯誤地定義了問題。我們逃避問題的態度，正是妨礙目的的達成和產生問題的主因。一味迴避問題，我們將一步也無法走出舒適圈，變成精神上的廢人。只要改變目的和問題的關係，就可以正確地掌握問題和定義問題。

舉例來說，我的目的是幸福。如果把「金錢不足」定義成問題，那就是錯誤的定義問題了。我必須重新設定「幸福」這個目的和「金錢不足」之間的關係。雖然要得到幸福和維持幸福需要金錢，但並不是絕對條件。沒有金錢可能會變得不幸，但有了金錢也不一定會幸福，因此必須思考自己在哪種時候會感到幸福。

像這樣把妨礙目的的問題重新定義的過程就是「目的重啟」的第一步。我們首先要致力的事情就是重新定義「妨礙目的的問題」。找出「妨礙目的的問題」之後，重新設定它們與目的的正確關係，在這段過程中會發現問題中隱藏著多麼大的寶石。反覆進行「目的重啟」之後，就不會輕易動搖，目的也會越來越明確。

成功人士的共同點之一，就是在定義問題時具備卓越的慧眼。例如「沒有資金不代表就無法創業」。現在知名大企業的創辦人中，有不少人過去相當貧窮。「沒有學歷就無法成功」也是錯誤的認知。我們隨便就可以舉出許多偉人的成功和學歷沒有必然關係。

韓國歷史上有名的「鳴梁海戰」，李舜臣將軍用十三艘軍艦殲滅了一百三十三艘日本軍艦，最終獲得了勝利。正是因為李舜臣將軍正確的設定目的和問題的關係，從全新的視角重新定義「在戰爭中處於劣勢」這個問題。

- 目的：戰爭獲勝
- 一般的問題定義：十三艘對上一百三十三艘＝戰爭失敗
- 錯誤的關係設定：軍事設備數字處於優勢的一方會獲勝（日韓軍艦的數字對決）
- 全新的問題定義：善用武器、地形、天氣等戰術的一方會獲勝（日本軍艦和朝鮮半島的對決）

如果把問題定義成「十三艘對上一百三十三艘」，得出的結論就是軍力處於優勢的日本會壓倒性獲勝，朝鮮這邊必敗無疑，在開戰之前就先失去了戰鬥意志。然而軍艦數量多並不表示會無條件獲勝。領導者若能領悟到「如何有效地利用周圍的環境」才是決定勝負的關鍵，就可以重新定義問題。正確定義目的和問題關係的李舜臣將軍讓「鳴梁大捷」成為世界海戰史上有名的一場勝仗。

定義問題也是生存問題

勞倫斯・岡薩雷斯（Laurence Gonzales）的《冷靜的恐懼：絕境生存策略》（*Deep Survival: Who Lives, Who Dies, and Why*）是本記載各種事故中的倖存者經驗談的書。一九七一年茱莉安和她的母親，以及九十名乘客搭乘的飛機遭到電擊後墜落在秘魯的叢林，當時年僅十七歲的茱莉安在這個事故中奇蹟地存活下來。

茱莉安在叢林中獨自一人醒了過來，旁邊的座位上完全沒有母親的痕跡。事故後第二天，茱莉安雖然有聽到直升機和飛機的聲音，但是她認為外面的人不可能穿越這個茂密叢林找到自己，她決定等待其他倖存者來救援自己。

不過很快地，茱莉安重新定義了問題。她的父親是在秘魯工作的學者。她記得父親說過：「沿著下坡的路往下走，就會發現水源。」為了生存的目的，她把「沒有水」定義成問題，因此為了尋找水源她沿著下坡走，並慎重地訂好計畫：她決定在炎熱的白天休息，選擇在氣溫下降的晚上移動。就這樣，她在茂密的叢林中一路前進，十一天後終於在溪邊發現了一間小屋。她搖搖晃晃地走進小屋後就昏倒了。幸運的是，隔天偶然經過小屋的獵人發現了她，並把她送往醫院。就像「細菌學之父」路易・巴斯德（Louis Pasteur）說過的：「機會只留給準備好的人」。這位堅強和頭腦清晰的十七歲少女拯救了自己。

事故發生後的十一天內，其他倖存者在靜靜等待中死去了。起火、整理避難所、尋找食物、發射信號和找出方向，這些讓茱莉安生存下來的要素充滿了許多變數。我們雖然無法得知這些倖存者是怎樣想，又做出了哪些決定，也許他們認為待在原地等待救援才是最安穩、存活率最高的選擇。他們都是遵守規則的人，但也是這一點讓他們走向死亡。

當人們遇到離婚、被裁員、得到重大疾病、發生事故、經濟崩潰、深愛的人死亡或是在叢林中迷路等重大問題時，有些人選擇正視這些問題，最後突破難關，也有些人在問題面前崩潰瓦解。至於會選擇哪一邊，關鍵在於是否具備透過經驗正確定義問題，並採取行動的能力。

正確定義問題跟生存有著直接的關係。大衛與巨人歌利亞的戰爭中，大衛之所以會獲勝正是因為他正確定義了問題。假設大衛把「在戰爭中，要怎樣才能獲勝」這個問題放下，而是定義問題為「像歌利亞那樣才能獲得勝利」，勝利的條件就會是穿上鎧甲，還要配上長槍以及熟練刀法，最後還必須在體格上可以充分壓制住敵方。如果大衛是這樣定義問題，應該會輸得相當淒慘。因為大衛根本沒有任何解決方法。但是大衛完全不採用以槍和刀與對方搏鬥的近距離搏擊戰，他反而脫掉可以保護他的鎧甲和頭盔，跟對方保持一定的距離，利用投石器攻擊，最後擊敗了歌利亞。

你是不是會無意識地採用既定的解決方法呢？千萬不要成為既定規矩下的犧牲者。當然並非所有規則都是錯誤的，只是我們要懂得在現有規則內主動定義問題，還要隨時通過重啟檢視自己定義的問題是否正確，培養出正確定義問題的習慣。

定義問題的步驟

把原本看起來理所當然的東西再次定義，說不定可以創造出其他機會。那麼，如果要正確地定義問題，需要什麼呢？大衛．蒂斯（David Teece）是柏克萊加利福尼亞大學經濟系教授，以下的內容是根據他的理論整理而來。

❶ 第一步：感知和理解（Sensing）

定義問題的出發點就是感知和理解。根據「海因里希法則」，發生一次大型事故之前，會先出現二十九次類似的事故和三百次的潛在徵兆。我們遇到的危機也適用這個模式。為了正確定義問題，必須擁有感知能力。然而大多數人即使擁有感知能力，也不願意去定義問題，反而更傾向迴避。正因為如此才無法掌握本質。就像不知道下面正燒著火，還悠然自得地在溫水中玩耍而慢慢死去的青蛙那樣，對周圍變化反應遲鈍的人，最終只能嘗到挫敗的滋味。

能夠積極且正確地察覺正在變化的機會和威脅，並理解其本質是很重要的。為了重新定義問題，必須清楚知道情況，而為了理解和探查出情況，就需要感知能力。

印表機公司全錄（Xerox）是家擁有鉅額資本和許多優秀科學家的公司，因為沒有察覺到機會和市場的信號，導致無法正確定義問題，最後在善變的市場中遭遇巨大危機。一直跟可口可樂競爭的百事可樂感知到消費者開始重視商品模樣和包裝型態之後，大膽的採取了設計思考，把競爭場域轉移到「瓶子樣式和設計」，並大受歡迎。像這樣，對情況的全盤感知和理解對個人和團體都很重要。

為了理解和感知變化中的情況，可以使用例如實驗、調查、觀察、經驗、文獻研究、傾聽專家的意見等方法。如果對環境和情況的改變反應過慢時，就會被淘汰，因此隨時都要對變化做出敏銳的反應和管理危機，然後培養再次抓住機會的能力。

❶第二步：把握機會（Seizing）

IBM的創辦人托馬斯・華生（Thomas J. Watson）在預測「未來最賺錢的是電腦產業」之後，就把鉅額資金投資在大型電腦系統上。這正是IBM雖然是電腦產業的後來者，卻經營的最長久的原因。一路發展以來，IBM從以生產商品為主的企業脫胎換骨成不生產電腦的服務企業，讓IBM持續發展的經營原則就是把握機會。

蘋果（Apple）也是如此。蘋果執行長提姆・庫克（Tim Cook）曾說：「蘋果在硬體和軟體兩個領域上，都具備推陳出新和創造魔法的能力。」他還說這兩個能力並不需要花大錢，只需要在學習最新經營理論和雇用顧問上花費就可以。以前面提到的「感知和理解」為基礎，抓住機會並創造出全新價值是很重要的原則。

第三步：核心力量的調整和執行（Transforming）

通過感知和理解意識到問題後，察覺到機會的所在之處，抓住機會後創造出全新的附加價值，下一步是快速且成功地改革。這必須通過核心力量的調整和執行來完成。

中國最大的家電品牌海爾（Haier），四十年前在一無所有的狀態下創業，在不停的快速改變和定義問題之後取得巨大成功，而且為了讓企業持續快速應變，主動把組織分成一個個小公司。日本的本田（Honda）公司也是迅速重新定義問題後，成為屈指可數的大企業。本田在短時間內推出一百一十三個產品，成功攻占市場。為了開發出新商品，就必須不停地重新定義現在的問題。

重新設定目的

一旦失去目的，就會感覺自己現在做的事情毫無意義。所謂的「重新設定目的」是指什麼呢？為了找出這個問題的答案，我在此處引用對工作有著深入研究的英國薩塞克斯大學教授凱瑟琳・貝利（Catherine Bailey）教授和倫敦格林威治大學亞德里安・麥登教授（Adrian Madden）的專欄內容，原本是在說明有意義的工作需具備的五個特徵，但我認為也很適合用來說明目的的重新設定。

第一，重新設定的目的要對自己和他人有價值。如果想讓自己的工作和生活變得有價值，不只是對自己，也要對他人產生影響。例如清潔隊看到自己收回的垃圾送到回收處理廠的瞬間，會產生很大的成就感。因為自己正在做的事情，不只是對自己，對他人也會帶來影響力。

第二，重新設定目的的契機，往往是在體驗到痛苦之後。許多人不是因為真誠的開心或幸福，而是在感受到不舒服和複雜的情緒，甚至產生痛苦的想法後，才發現人生真正的目的。許多醫護人員在面對瀕臨死亡的患者時，感到極為痛苦，同時在幫助患者以更舒服的方式結束生命時，會重新思考自己現在工作目的是什麼。痛苦的經驗也能成為重新設定目的的契機。

第三，由單一事件來重新設定目的。幾乎沒有人會無時無刻地認為自己的工作有意義，但我們可以通過完成單一事件，從中找出成就感和意義。例如大學教授在上完一堂特別受學生歡迎的課後，感覺自己就像是「搖滾巨星」。雖然上課時間並不長，但光是成功地完成教學，就會感受到喜悅。

第四，通過回想來重新設定目的。人們在事情發生的當下就感受到成就是很少見的經驗，因此需要透過有意識的回想來產生意義。一再回想結果的同時，就可以找出那件事情對自己更廣泛的影響，並重新設定自己人生的目的。

最後，必須留意個人感受。我是什麼時候感覺到自己的工作價值呢？認真回想就會發現比起工作場合，更多時候是在個人領域中感受到工作的價值，也帶來更大的影響。某位音樂家直到父親來看自己公演，並終於理解了他選擇音樂家這個職業之後，才切實地感受到自己的工作是有意義的。重新設定目的就是把目的放在心中，然後持續做好日常的工作。

設置階段性目標

我們偶爾會把「目的」和「目標」搞混。目的和目標看起來很類似，但其實兩者之間有著明顯的差異。「目標」是為了實現「目的」的具體挑戰。換句話說，「目的」是最終要實現的事，而「目標」是衡量目的實現程度的基準。因此為了實現目的，就需要具備設定一連串目標的能力，才能夠實現目的。

成為優秀的醫生是「目的」，我們就必須思考要怎樣設定其中的「目標」，如在校時要學習的科目、需要具備的技能、心理素質和能力等，才可以實現這個目的。

安琪拉・達克沃斯（Angela Duckworth）在《恆毅力：人生成功的究極能力》（*Grit: The Power of Passion and Perseverance*）中分享過「股神」巴菲特的故事。

巴菲特看著忠誠耿直的專機飛行員，問他：「你應該除了把我送到目的地之外，也有其他更重要的夢想吧？」飛行員回答道：「是的。」接著，巴菲特慢慢跟他說明制定優先順位的三個階段。第一，寫下工作上的二十五個目標。第二，邊觀察自己，邊把其中最重要的五個目標圈起來。一定要選擇五個。第三，檢視沒有圈起來的剩下二十個目標。不管用什麼方法，都一定要迴避這二十個目標。因為這些目標會分散你的注意力，奪走你的時間和能量，讓你把視線從更加重要的目標移開。

這也是設定目標的過程。必須勇敢地找出妨礙自己把注意力集中在目的的那些事情，才能夠篩檢出重要的事情。為了實現目的，就必須設定和調整目標。

幾年前我擔任教授的時候，某位學生來研究所找我諮商。他是法律系的學生，正在準備司法考試。他在第一次司法考試時，以相當優異的成績合格，但卻在第二次司法考試中落榜了。他相當失意，不知道是否要去修另外一門更好就業的學科，還是繼續學習法律。

在此，我用了「目的重啟」來解決他的苦惱。在詢問他為何要去考司法考試之後，我了解到他擁有想成為優秀法官的抱負。要實現這個目的，方法並非只有一個。改變觀點，各方面去了解之後，就知道並非只有通過司法考試才能夠成為法官。於是我勸他轉學到法學院。

不過，如果要轉學到法學院，有三塊絆腳石。第一是他無法支付法學院的昂貴學費。第二是他因為忙於準備司法考試，所以學業成績並不好。以現在的成績難以考進法學院。第三是如果放棄司法考試，過去付出的時間和心力豈不白費？他說的話也有一定的道理，但重啟的作用就是切斷負面想法，然後找出全新方向前進。

我建議他用過去準備司法考試的學習熱情來備考法學院。他試著把「考入法學院」當成新的目的來確定方向。在畢業前的兩個學期，他決定努力彌補學分，勇敢放棄司法考試。解決兩塊絆腳石了，剩下的問題就是學費了，我們決定等真的考上之後再來想。他最後考入名校的法學院，如今已經是一位法律人。學費則通過獎學金和就學貸款來支付。最後他也順利畢業。

以成為優秀法官為目的的學生，在司法考試落榜後曾經搖擺和徬徨，但由於他始終沒有放棄成為法律人的目的，才能夠調整階段目標後繼續努力。

思考的力量

在這個快速變化的世界，我們曾經認為的能力如今多數已不再是必備技能了，加上人工智能的出現，讓這個情況日益顯著。在過去，技術就是實力，但如今技術也被快速共享，即使是後起企業在技術上也距離開創者不遠。記憶力和計算力等也不再存在巨大差距。未來的時代能夠出現差異，造成實力懸殊的只有「思考的力量」。思考的力量是什麼呢？就是通過已有的事物創造出全新的路徑。如果想在這個變化多端的世界實現願望，就必須通過反覆的習慣和訓練培養思考的力量。

思考的力量是怎麼形成的？深入理解現況，找出可以改善之處，並思索其存在的目的。既有的能力完全看不到事物有什麼可改變或可挑戰的地方，只是沿襲了慣例和舊習，但只要培養了思考的力量，看待事物的角度就會截然不同。從萬事萬物的現況開始，然後去思考「存在的目的」有什麼可以改變之處，這樣的想法更多、更深入，就會誕生全新的事物，也就是「創意」。

「化妝品一定只有女性能使用嗎？」思考化妝品存在的目的之後，就誕生了「男性化妝品」這個想法，就此開啟了化妝品市場的全新未來。「商品一定要在實體店販售嗎？」思考販售的目的之後，就誕生了沒有實體店也可以販售的「亞馬遜」（Amazon）全新的商業模式。思考的力量可以創造未來。

「我為什麼一定要這樣做呢？」、「不能用其他方式實現目的嗎？」不停地思考才可以確保自己的未來。「目的重啟」也可以說是讓自己走向正確未來的過程。

有人認為韓國託「快點快點」文化的福，讓我們在要求速度的數位時代中獲益，但我認為快速並

思考的過程

意識到現況（存在） → 一般的觀點（慣例、沿襲） → 思考力（改組） → 誕生全新事物（創意）

不等於競爭力。如今競爭的優勢是思考力。人人都會思考，為什麼要特別說是「思考力」呢？那是因為思考也是一種能力。把自己專屬的觀點融入商品和服務中，創造出他人無法複製的價值，這是有創意的思考才能夠做到的事情。思考力不只能幫助我們工作或獲得成就，也可以幫助我們的人生變得更加嶄新和充實。

尋找可執行的方案

即然已經重新設定了目的，接下來就必須為了實現目的尋找方案。想要找到方案，就必須先激發強烈的動機。因為我們只有擁有強烈動機的時候，才會主動去尋找方案，並澈底執行直到實現目的。暢銷作家丹尼爾．平克（Daniel Pink）針對如何激發真正的動機提出以下三大要素：

自律（Autonomy）：想要主導自己人生的渴望

熟練（Mastery）：對重要事物越來越嫻熟的渴望

目的（Purpose）：比起自己，為了更偉大的事物而工作的渴望

如果沒有以上三個要素，即使勉強自己設定目的，也不可能有耐性去執行。唯有擁

有主導且積極的渴望，才能自我激發動機。只有充分地激發動機，才能夠找出方案。那要怎樣找出方案呢？

第一，斟酌哪些工作符合自己的目的。金偉燦教授和勒妮・莫伯尼（Renée Maubogne）教授在《藍海策略》（*Blue Ocean Strategy*）提到不要在飽和的市場中尋找「紅海策略」，而是要找出「藍海策略」。他們指出分析業界平均以下和業界平均以上數據之後，決定減少和增加、消除和導入新東西後並且執行，就會找到藍海。

我同意以上想法。不過我認為無條件地用業界平均值去判斷是很危險的行為。方案不能是相對性，而應該有絕對的基準。絕對的基準點當然是「目的」。我們必須判斷現在做的事情是否符合原本的目的，同時勇敢地去除妨礙原本目的和發展的事物。

我認識某位中堅企業的執行長常說：「如果對顧客態度隨便，就不要來公司上班。」因為企業存在的明確理由是滿足顧客及其目標。根據這個基準，如果有人多收了顧客的錢或是為了達成業績提前跟顧客收款，一定會被他罵到臭頭。他始終堅持的原則是絕對不能為了得到組織內部一時的好評，就違背了原本企業的目的，讓顧客感受不好。必須先衡量這些方法是否符合目的，然後根據目的來做出調整。

第二，判斷策略的靈活性。不論是多棒的策略，如果無法實際應用，就不會成為方案。好的策略是以「高度的可執行性」為前提。為了實現目的，我們想出了許多策略，但更重要的是判斷這些策略在現實中執行的可行性。無論是經過深思熟慮後才想到的絕佳方案，如果無法實行，也是無用之物，因此最優先要檢討的是可行性。

第三，比起投資，更應該判斷能否產出成果。許多在職場或組織內的人無法思考企業能夠承擔多少風險，只是一味地用玫瑰色的藍圖要求公司投資。俗話說凡事三思而後行。判斷方案是否有用的基準應該是根據投資之後產生的成果，例如短期之內雖然有所損失，但從中長期來看時，一定會創造出利潤。採用這樣的基準去尋找方案，才有可能找出更加符合現實的方案。

第四，必須可以用圖像表達。找到方案之後，就要畫出圖。用圖像來表示的意思是可以用數字把到達目的地之前的過程標示出來。如果無法標示，表示這個方案就太過抽象了。必須用更加準確的數字描繪出藍圖。這時候要注意的是不能被數字淹沒。我們必須知道數字背後確實存在著可以創造出數字的行動。如果忽略了現實情況，單憑想像所產生的數字組成的就只是張耀眼的藍圖，終會嘗到挫敗。

第五，表達方式要用「要做……」或「已經做了……」。這時候要注意的是不能說「想做」，例如不是「想在月底之前接到一億元的訂單」，而是「要在月底之前接到一億元的訂單」或「在月底之前接到了一億元的訂單」。也就是說，在達成目標之前先在腦中描繪好畫面了，這樣做可以大幅提高實現的可能性，加上因為是自發性找出方法，所以也可以充分地激發動機。如果在組織內尋找方案，必須讓組織成員們一起參與尋找方案的過程。

信任比知道更有力量

我們提到「知道」的時候，常常會聯想到知識，但腦中知道的東西唯有通過實際體驗和實踐之後，才能夠真正成為「知識」並產生信任感。例如即使通過媒體知道某位藝人，但如果一次也沒見過本人，也從來沒有交談過，就無法說真正認識那個人，當然也無法信任那個人。

單純知道，無法讓「目的重啟」順利完成。從知道跳躍到信任的境界非常重要。「知道事實」和「信任某事」是有差異的。許多人在人生中無法找到解決方法，失去力量、一敗塗地的原因就在於錯誤的信任。停留在「知道」的階段，無法獲得任何力量，因此我們必須把「知道」昇華到「信任」。

這件事發生在我還是上班族時。在晉升評選期間，某位認識許久的前輩約我吃飯，並對我說：「你是這次的晉升人員之一吧？不過，我希望你不要過於迷戀晉升，而是在自己的領域中持續深造，成為最優秀的專家。」即使不是關係友好的前輩，這句話也是誰都會說的老生常談。我當時預感自己的晉升泡湯了，極為失望。

不過，我真心相信前輩說的話。為了成為自己領域中最厲害的人物，我參加了許多跟職務相關的研討會，也閱讀、研究和發表了許多論文。那時的挫敗感促使我持續地磨練自己。如今回想，那段時間的學習和經驗成為我能夠堅持並往目的前進的基礎，同時因為我累積了實力，也才真正信任自己的能力和目的。

以實力為前提的信任

十九世紀的雜技演員查理・布隆丹（Charles Blondin）以走鋼絲聞名。他不只是在高樓大廈間走鋼絲，甚至可以背著沙袋穿越尼加拉大瀑布，實力非凡。他在一九八五年宣布要在尼加拉大瀑布走鋼絲。為了觀看這場空前絕後的挑戰，無數的人聚集在尼加拉大瀑布附近。

布隆丹對著圍觀的群眾問道：「你們相信我能夠背著一個人從這邊走到那邊嗎？」

圍觀的人們因為都知道他的實力，所以回答「相信」。布隆丹接著問：「那麼，你們有誰願意讓我背過去嗎？」這時卻無人應聲。人們當然知道布隆丹的實力，可是認同他的實力和被他背過去是完全不同的事情。因為這是比「知道」更進一步的「信任」。

因為沒有自願者，所以布隆丹指著某位男子問道：「你相信我嗎？」

那個男子毫不猶豫地說：「我相信。我願意被你背過去。」說完就爬上了布隆丹的背。布隆丹背著男子更加慎重地走上鋼絲，最後也成功地走過尼加拉大瀑布。

那位男子是他的經紀人。他與布隆丹是商業夥伴的關係，當然也有可能他是出自商業利益才答應。可如果兩人之間只是單純商業關係，他們之間的信任感將會相當薄弱。如果他出於信任布隆丹的實力，才把自己的性命交付對方手上，故事就完全不一樣了。以實力為基礎的信任，才能夠走得長遠和穩定。

雖然現在已經不知道真相為何了，但我是相信後者的。因為不管商業利益有多大，一旦危急性命就另當別論了。經紀人不僅知道布隆丹的實力，更信任布隆丹。這告訴我們，希望得到他人信任之前，必須要累積實力。對方必須先知道我們的實力，才有可能昇華成信任，也能培養對自身能力的信任感。

不論是挑戰什麼，如果沒有信任，就不可能實行。即使去做了，也不可能全心全意付諸行動。同樣，沒有實力的時候，也不可能產生信任。我看過許多人不累積實力，只是隨便做做，失敗之後再陷入名為「我果然不行」的自我憐憫中。

我們每個人都知道自己設定的目的，但是絕對不能停留在「知道」而已。為了實現目的，必須邊持續累積實力和挑戰，邊重新設定目的。只有這樣做，才能夠真正知道自己的目的，同時產生信心。雖然不像走鋼絲那樣要賭上性命，但我們至少也要一直把「目的」背在背上。只要持續調整重心，做維持平衡的「目的重啟」，就能安全地走到目的地。

組織的「目的重啟」

這是我在某大企業做諮詢時的經歷。該公司因為新推出的商品銷售不佳，所有人都很憂慮。當時我提出的解決方案是陳列貨量要比現在多兩倍。總部雖然下了許多訂單，但超商的陳列並沒有增加。思考許久之後，我決定把組織成員的角色單純化，區分清楚責任。

我成立了「陳列檢查班」和「新品說明班」。「陳列檢查班」負責每天去各個賣場檢查陳列數量並如實回報。他們的任務單純明瞭，只要檢查賣場怎麼擺放商品，以及是否重點展示新商品。

「新品說明班」則是幫助賣場職員們了解總公司開發新商品的來龍去脈，以及說明跟既有商品的不同之處。新產品說明班也要現場操作新產品給賣場職員們看，並同時進行教學，當出現對新商品感興趣的顧客時，也要詳細地說明。

成立這兩個團隊之後，組織重新找回了活力。在龐大的組織內工作，很難檢查是否確實執行任務，且由於同時做好幾個工作，注意力會被分散。因此在推進核心任務時，必須盡可能省略或刪除不太緊急的工作。這樣一來，新產品說明隊才能夠馬上把注意力放在跟賣場和顧客說明上。

各位可能想說，自己還不是可以做這種事情的管理層級，但即使是新進員工，只要願意，也可以推動組織化。因為新進員工在外頭的時候即為公司的代表，只要意識到自己的角色，面對顧客時，就會成為實現公司目標的一員。

為了實現組織化這個目的，就必須集中注意力讓組織有條不紊地往某個方向前進。因此我們不能一意孤行。我們不論是在家庭、小型同好會、職場，都要做好協作的角色。通過協作，讓每個人的專業極大化，才能提高企業的競爭力。在強大且可信任的組織下，必須要有一個機制可以讓成員們內心自然而然產生團體意識和共同藍圖、履行和負責各自職務的能力，以及持續投入工作的動機。就像為了好好管理一個組織，會先制定規則，然後根據規則選拔會長等管理人員。經營良好的組織和企業的共同點，就是清楚地賦予角色和說明職務內容。

團體智慧和領袖的重啟

根據團體智慧來解決問題的「敏捷式組織」（Agile Organization）是有益於尋找解決問題的方法。敏捷式組織的概念跟出於特定企畫案而把組織內相關人員緊急組成的專案小組很類似。如果你至今在人事、財務、業務、生產等固定型組織內，總是被動地集中解決自己遇到的問題，從現在開始為了能夠主動性解決問題，最好要適應「敏捷式組織」。

例如管理販售電子商品的通路時，除了交代一般的任務，也需要根據通路的長處個別交付特定任務以完成組織化。A通路擅長管理顧客，B通路最會賣手機，C通路則是最會展示商品，像這樣賦予每家通路特製化的角色和責任是很重要的一環。接著找出可以積極推動這些任務的負責人，肉眼看不見的組織化就會慢慢成形（但組織內一定要迴避地緣、學緣、血緣等職場以外的關係，如果組織內有太多因關係而存在的人等，將不利於組織發展）。

通過組織化可以適應驟變的環境，同時通過改變獲得巨大飛躍。人類最偉大的發明就是組織。十個擁有力量的人各自努力工作，創造出的最佳成果也不過是一百而已，但只要組織化，並且出現一位清楚明瞭地賦予每位成員角色和職務的領袖，就有可能創造出巨大成果。相反地，如果做不到，也有可能創造出無窮的負面成果。因此必須通過組織化挖掘出每個人知識、能力和經驗，來解決所面臨的問題。

針對領袖的重啟相當重要。我在做企業諮詢時，不僅給新進員工任務，也會給領導者特別的任務，如成為資本專家、顧客管理專家、廣告專家等，讓他們在規定的時間內研究和發表，並分享給大家，同時也是激勵下屬的方法。如果想帶領足球隊獲勝，教練會清楚賦予每位選手的角色和責任，然後竭盡全力引導大家往同一個方向前進。因此，團隊裡也需要如教練般、善於組織化的領袖，不僅可以創造出優秀的組織，也能提高團隊士氣。

獨自一人埋頭苦幹是絕對走不遠的，也不可能獲得成功。必須積極地把工作分配出去，安排好各自的角色和明確責任，才能夠營造出每個人為了同一目標努力的團體意識。這就是組織內的「目的重啟」。

擁有目的能產生動力

法國哲學家亨利．柏格森（Henri Bergson）說過：「弱點外顯的生物為了適應環境而進化，可是把弱點隱藏起來的生物卻慢慢退化了。」將脆弱的皮膚外露的生物們，因為弱點外顯的關係，通過適者生存法則不斷進化，而像甲殼類這種外表看起來很堅硬的生物們反而百萬年來都沒有進化。

我們太過習慣根據成果來獲得好評和無止境批判的競爭氣氛，害怕自己只要失敗一次，就會成為人生的落後者，於是在這個顧慮四周視線的不安現實中，誰都不敢顯露出自己的弱點。然而，「目的重啟」的基礎就是原原本本地呈現自己的弱點。

目的重啟的意義就是「真誠的重新看待自己的目的」，因此不能包裝或掩蓋自己的弱點，而是必須根據自己原本的樣貌重新設定目的。那些只看到自己的強項，缺乏自我覺察的團體最後都走上了衰敗之路。歷史上那些看似會永遠長存的強大帝國，最終常常被周圍無足輕重的民族滅亡。從羅馬帝國、漢朝、南美的阿茲特克帝國、古希臘等國家的滅亡中，可以看出小國崛起成為強國或文明古國之後，再次衰敗的不變循環。這種興亡盛衰的道理也適用於企業或個人。

不要因為自己強大就過於自滿或欺騙自己，而是要正視自己的脆弱。同時為了重新設定目的，必須持續重啟，才不會失去或偏離最初的目的。只要知道目的地，就一定可以到達，所以隨時要準備好最佳狀態。

我的前作《獲勝的習慣》雖然是暢銷書，但我並沒有賺到很多錢，也沒有因此變得有名。不過我依然通過分享和奉獻，期待某人因我獲得慰藉和勇氣。那是因為我非常清楚自己的目的。我認為人生的目的是「善良的影響力」。創立麥當勞的雷．克洛克（Ray Kroc）原本是紙杯公司的推銷員。他在五十二歲時開始在芝加哥賣漢堡和薯條。他的商業目的是「為顧客提供最好的漢堡」和「獲得顧客喜愛」，他為了達成這個目的非常努力學習，例如漢堡要在幾度下烤、肉片要間隔多久翻面等。他能夠為了找到美味的祕訣拚命努力，都是因為他設定的目的為他帶來了堅持的力量。目的可以幫助我們在挫折和失望中重新站起。

目的的力量非同小可。後來雷．克洛克親自寫下《漢堡指南》並寄給全國分店，並在美國伊利諾州奧克布魯克成立漢堡大學，教導製作漢堡的技術、團隊關係、經營方法等。他在八十二歲離開人世時，已經是億萬富翁。他主張的企業成功祕訣非常簡單——那就是根據企業的目的學習，然後每分每秒都不能忘記那個目的。如果忘記了目的，就很難找到學習的動力。

在人生道路上容易飄移不定的原因，就是失去了目的。大家的人生目的是什麼呢？工作的目的是什麼呢？存在的目的是什麼呢？這些問題看起來很宏偉，其實跟最微不足道的行為都息息相關。只有確定了目的，才能獲得活下去的力量，早晨才願意起床去上班。暫停下來，重新檢視自己工作的目的、所處團體的目的、存在的目的時，可以讓我們重新振作起來。越是經常思考目的，對人生越有益。為了覺察出自己的目的，請先準備好「調整呼吸」吧。

第三階段

Reflect

定位

方向重啟

當你不知道自己在做什麼，是最危險的時候。

——「股神」巴菲特（Warren Buffett）

你前進的方向正確嗎？

我在某家企業擔任經理職位時，遇過一名醜小鴨般的下屬。那位下屬做事總是慢吞吞。我交代他事情時，他都會說好，卻從來沒有好好去做。因為這位下屬的關係，整個團隊的氣氛常常陷入低迷，有時還因為教訓這位下屬浪費了寶貴的會議時間，因此後來我只把任務交代給團隊其他成員。我徹底無視了他，安排工作時也把他當成空氣——現在看來，這就是俗稱的「職場霸凌」吧。雖然這不是很好的做法，但我認為這位下屬難以改變自己的工作方式，因此即使很難過，但為了整個團隊和其他職員著想，我認為這樣做是迫不得已的選擇。

後來有一天，我走進會議室的時候，看到那位下屬獨自一個人呆呆地站在裡面。我嚇了一跳，不耐煩地問他：「你不去做事，站在這裡做什麼？」結果他突然淚流滿面。他說因為自己沒能把工作做好，讓主管（我）很苦惱，自己內心也很傷心難過。於是我要他坐下來，跟他邊喝茶邊聊了許多事情。直到那時候，我才知道他過去這段時間說不出口的苦楚。原來這位下屬的父母正在跟癌症抗爭，現在家裡情況一片混亂。

我內心愧疚不已。我告訴他自己並沒有討厭他，叫他不用擔心，只需要更加努力工作就好。我安慰他後，叫他回去座位安心上班。那時候，我才發現那個「沒血沒淚的我」。我對那個只看到目標，從未關心周圍人們的自己感到氣憤。這樣的我還可以被稱為領袖嗎？我只不過是一個督促和逼迫下屬的管理人而已吧？是不是有許多下屬因為我而深受創傷呢？把工作做好當然很好，但是像我這樣絲毫不關心每位下屬的情況和困境，就像推土機那樣死命推著他們前進。那時候，我才重新領悟到比起工作，應該優先關心人。

這次事件之後，我決定在督促下屬之前，要先努力理解他們，再一起朝著達成目標努力。我那時候針對自己的領導風格做了方向重啟。我丟棄過去認為重要的價值，找到全新的價值做為自己前進的方向。至今那位下屬還會偶爾打電話給我，由此看來，我當時做的「方向重啟」是成功了。

你們正在追求哪種價值呢？你們想走向哪方呢？不論你的目的多好，如果方向錯了，那就不可能真正抵達目的地。「方向重啟」是檢查自己追求的方向是否正確的過程。隨著時代或環境的改變，重新調整方向是隨時都要做的事情，因此在方向重啟中，重要的是意識到自己正在追求的方向有可能出錯，以及承認自己犯錯的柔軟身段。只要能夠放下身段，隨時都可以調整方向，然後走向新方向。

方向對，結果也會正確

我小時候家裡很窮苦，甚至到了三餐不繼的程度。我記得某一天我和母親仰望星空。母親指著北極星問我：「你知道北極星為什麼能成為北極星嗎？」母親告訴我那是因為北極星位於北邊，只要看到北極星，即使迷路了也能夠找到方向——也就是說，只要現在的方向是正確的，即使無法馬上做出成果也不用擔心。因此我常常檢查自己正在前進的方向是否正確，如果出現差錯，就必須重新確認方向後再出發。

但是指引我方向的母親在我讀大一的時候，因為腦溢血過世了。母親的過早離世讓我陷入悲傷，但如今回頭看，母親的缺席並非只給我帶來不好的影響，反而因為一再回想起母親平日裡對我說的話，她的一字一句成為了我人生的指南針。

「只要方向正確，就不用擔心結果。」

我擔任團隊的主管時，並沒有特別過人之處，也不是才能洋溢之人，但是我所負責的團隊總是能夠做出厲害的成果。我認為原因在於我擁有這樣的信念：在費盡心思訂出方向之後，需要的是不瞻前顧後、堅持推進的耐心。

蘋果的創辦人賈伯斯在史丹佛大學的畢業演說時，提到他小時候的生活很艱苦。他的父母窮困到必須把他送去給人領養。領養他的家庭環境也不夠好，結果並未能好好栽培他，他大學入學不到六個月，就因為繳不出學費不得不申請退學。然而賈伯斯認為即使不上學也沒關係。當時他寄居在朋友們房間的地板上，靠回收可樂罐來填飽肚子，甚至每週步行十一公里，只為了奎師那神廟提供的免費一餐。可是他沒有感到挫敗或放棄。每次朋友們問他如何時，他總是像無憂無慮的人那樣笑著回答：「我很好，我會很好的。」

他從里德學院休學之後，認為並不需要去上規定的課程，但卻選擇旁聽里德大學的英文書法課程。這堂課裡學到的知識成為賈伯斯十年後設計第一臺麥金塔電腦的創意來源。他把在書法中體會到的美感嫁接到電腦這個新科技上，在設計麥金塔電腦時放進了這些漂亮字體。如果當年他沒有去旁聽書法課，那麥金塔電腦大概就不會有多種字體或自動字距微調的功能。參考麥金塔的微軟也沒有開發出這些功能，卻是現今每一臺個人電腦上都不可或缺的要件。賈伯斯自己當時根本不知道學書法有什麼幫助，十年之後，他才明白一切都是自然發生。

「你得要相信現在體驗的一切，未來會通過某種方式連接在一塊。你們得信任直覺、命運、人生、宿命等某種東西。只有相信一切會在未來兜在一起，自己的內心才能產生勇氣。即使這些東西無法帶來立即的好處，也一定會引領你走向成功。」

他雖然歷經磨難，也曾經動搖過，但最後通過連接取得了成功。只要你非常清楚自己內心所願，並確定方向正確，也不用太過擔心。就像即使退學後也不怠惰學習的賈伯斯，總有一天會把所有散落的點串連起來。

價值觀也有優先順序

方向重啟的核心就是衡量方向性的正確與好壞。我的方向是否正確，衡量基準就是「是否符合我追求的價值」。

不過我們並非只追求一個價值而已，而是同時有好幾個價值都很重要。有時價值之間還會互相矛盾。這時候為了避免混亂，就需要把自己追求的價值根據優先順位整理排列。也就是說，我們思考人生中最重要的是什麼之後，還要事先排列好優先順序。

有位女人的家裡突然著火，她忙於搶救無比珍視的畫作和家具。就在這時，她突然意識到自己沒看到孩子，於是她急忙再次衝進屋內尋找，可是此時屋內早已變成熊熊烈火，孩子也早就被燒死了。

這位女人痛哭失聲，責備自己的愚蠢。她開始詛咒被自己搶救的家具們。她寧可這些家具們被燒掉，因為她就是為了搶救這些微不足道的東西，才失去了最愛的孩子。

我們必須思考什麼是更加重要的事物，才能夠讓人生走在正確的方向上，不至於後悔莫及。說不定現在你正因為背負著微不足道的東西，而看不到人生的真正重要事物。

以下是韓泰完《成功和勝利的鑰匙》中提到的故事。

一九二〇年比利時奧運金牌短跑選手查爾斯．帕多克（Charles Paddock）在造訪自己的母校時，他對後輩們這樣說：「你們想成為怎樣的人呢？只要訂下目標後，並相信上帝會幫忙你們，就能夠達成目標。」

聽完演講後的傑西．歐文斯（Jesse Owens）被查爾斯．帕多克的一番話感動，找到運動教練說：「教練，我有了想要實現的夢想！我想成為像查爾斯．帕多克那樣跑得最快的人。」

但是，教練這樣回答他：「傑西，你的夢想非常偉大，但是為了實現這個夢想你必須爬上夢想的梯子。這座梯子的第一階是忍耐，第二階是獻身，第三階是訓練，第四階是態度。」

聽完之後，傑西決心絕不放棄自己的夢想，並開始爬這個夢想梯子。最後，傑西在奧運百米和兩百米等項目中取得四枚金牌，他的名字也永遠刻在美國體育的榮譽殿堂。

這一切之所以能夠成真，都是因為傑西擁有明確的夢想，以及竭盡全力地爬上夢想梯子，而標註價值的優先順位就像是在你前進的方向擺上夢想的梯子。

第一價值和第二價值

不論我們成為怎樣的人，都始終認為自己追求著「具有價值的東西」，這有可能是金錢，也可能是權力，或是名譽、子女、家人、愛情等等。不論怎樣活著，是否活得有成就和怎麼活得有價值是人類長久來面臨的問題。

心理學中區分價值時，把永恆不變性的價值稱為「第一價值（核心價值）」，而把暫時可變性的價值稱為「第二價值」。整理如下：

第一價值：希望、愛、智慧、決心、忠誠、才能……

第二價值：智力、影響力、愉悅、權力、學歷、外在魅力……

當然要選擇哪種價值活下去是每個人的選擇。可以選擇第一價值，也可以選擇第二價值。做出選擇後，要承擔的責任和義務完全不同，所以要格外慎重。自己的生活也會因為所選擇的價值不同，而有過得幸福快樂或艱辛挫折的差異，因此要充分思考自己要追求哪種價值而活。

曾有兩人出於冒險精神，決定一起穿越非洲沙漠。沙漠旅行並非嘴上說說那般容易。沒有水也沒有其他人，也完全沒有可娛樂的事物。這兩個人歷經艱辛才總算穿越了沙漠。旅行結束時，其中一人提出意見說：「我們完成了極為困難的事情，留下值得紀念的東西吧。」另一個人說：「立一座刻有我倆名字的紀念碑吧。」最開始提議的人則說：「在沙漠旅行期間我們常常因為沒有水而受苦，我們為其他旅客挖口井吧。」

兩個人都非常堅持己見，最後決定都做，所以他們在沙漠立了紀念碑，並且挖了水井。數十年匆匆過去，兩個人再次來到沙漠，紀念碑已經被沙塵暴摧毀得消失殆盡，可是水井依然在原地幫助其他旅客解渴。

通過這個故事，我們可以反省一下自己是不是過去也常常傾注全力去立紀念碑，而非挖能留更久的水井呢？我深信有價值的人生，在於追求永恆不變的事物。如果把隨時都會變化的事物設定為目的，自己的人生也會變得這樣那樣的搖擺不定。想像一下，如果要去的地方是隨時都可能消失、位置也可能改變的目的地，會怎樣呢？這趟旅行必然充滿危險。因此我認為人生唯有追求永恆不變的價值，才是真正知道目的地的人生。

據說中國人常以「金錢」為基準來決定目的，而日本人則以「精通」為基準。假設中國人發現費盡心力製作的東西比放高利貸還賺不了錢，那中國人就會乾脆關閉工廠去從事放高利貸。相反地，日本人則是抱持著對精通的執念，所以製作家具的師傅即使看到製作農具的利潤有多高，也絕對不會心動，而是繼續的研究和努力，直到自己製造的家具成為世界第一，甚至昇華到藝術品境界，因此日本才會有許多已經傳承好幾代的百年老店。

像這樣，人生的目的和基準不同時，方向也會不同。那麼，我們要用什麼做為基準呢？我認為應該是能夠體現出生存目的的價值。我們要留給後代子孫的不應該是有限的金錢或物品，而是引領人生過得堂堂正正的正確方向，不是嗎？

打造自己的指南針

在茫茫大海中，有一艘大船緩慢地下沈中，船員們忙著搭上救生艇。就在船快要完全沉沒的瞬間，突然從船艙中跑出一位船員，手中拿著什麼東西，好不容易在最後時刻才搭上救生艇。

船長問他：「你冒著生命危險拿出來的東西是什麼？」

船員把手伸了出來。原來被緊緊抓在手中的是指南針。

在這個沒有一天安穩的世上，我們都有指南針嗎？我們又是使用哪種指南針呢？是什麼能指引我們的人生方向呢？是什麼在指引我們前進的道路呢？

我們要通過自認為重要的價值來製造出「指南針」。只要製造出指南針，就可以根據它的指引前進，這是我們判斷人生方向是否正確的基準。不論我們做什麼，又身處何處，只要擁有可以讓自己一再詢問的人生指南針，即使在看不見道路的荒野中，也一定可以找到出路，甚至可能創造出道路。你已經失去人生前進的方向了嗎？或是看不到道路嗎？那是因為你現在缺了一個指引人生方向的指南針。

那麼，不論遇到哪種環境都能不受影響，精準找出人生方向的指南針具體是什麼呢？又要怎樣製造呢？首先，我們要先訂出自己認為最重要的價值。前面的章節中，我們已經找出自己認為重要的價值並訂出了優先順序。如果你認為「愛」是最重要的價值，「愛」就是你的指南針。如果你認為「正直」是最重要的價值，「正直」就是你的指南針。文學、音樂等藝術文化也能成為指南針，自己所崇拜的人物當然也可能成為指南針。

即使自己的指南針不是厲害或宏偉之物也沒關係，因為是否重要完全取決於自身。只要在我們追求所願所求的過程中，可以幫助我們克服痛苦和艱難，它就能被視為重要的指南針。成功人士的心中都有一個專屬自己的指南針，通過指南針找到方向後，才能持續挑戰和努力。

有位非常窮困的青年，深受憂鬱症的折磨長達三年。他曾經推著車賣過蘋果，曾在貧民區挨家挨戶叫賣襪子，也當過修理機器的工人。但是對於這樣的他來說，仍然懷著一個純樸的夢想。他原本想成為畫家，但一幅創作都賣不出去，即使如此，他也從來不灰心。他放下畫筆之後，開始寫作，並在夜校教了七年的寫作課。

他帶著原稿四處拜訪出版社，假如能夠出版，他希望能將稿費的一半用於幫助窮苦的鄰居。可是沒有一間出版社喜歡他的文字，就在他第五次被拒絕後，終於第六間出版社願意幫他出版。這就是讓無數讀者流下眼淚的作家李喆奐的暢銷書《煤炭路》的誕生過程。他也為自己的書親自畫了三十一幅插圖。之後出版的《幸福的古董商》和《麻臉麵包》也都是暢銷之作。他最終靠著自己熱愛的畫畫和寫作取得成功。

為什麼李喆奐作家在那樣艱苦的環境下，依然沒有感到絕望呢？

「我即使穿著滿是油垢的工作服時，依然在閱讀卡夫卡。我即使站在那些沒有人想要買的畫旁，也依然在閱讀卡繆。因為有杜斯妥也夫斯基和馬拉美、史坦尼斯拉夫斯基和赫曼·赫塞陪在我身邊，所以我不會感到絕望。因為我有引領人生的指南針，所以我不會感到絕望。」

國二時的我曾在某個地方報社舉辦的寫作比賽中獲得了鼓勵獎。從那之後，我的人生就有了指南針。其實鼓勵獎是所有參加比賽的人都能拿到的參加獎，但我在拿到鼓勵獎後，就大言不慚地對朋友們說：「不用多久，我的文字就會像金素月的詩、李箱的小說（皆為韓國知名作家）那樣被收錄在課本裡。此後的學生們都要學習我的作品。」朋友們紛紛吐槽我說：「得到第一名和第二名的人沒說什麼，只不過拿個鼓勵獎就說個不停。」但是我的母親鼓勵我：「你真的很有寫作才華。只要你勤奮地練習和努力，總有一天當然能出現在課本裡。」

接著母親說，如果我想達成夢想，就必須做到三件事情：第一是要相信。不論是誰都會做夢，但並不是所有人都能夠美夢成真。母親要我將「我的作品會收錄進教科書」這句話像下訂單似的牢記心中，同時一定要相信這件事會成真。從那之後，我就抱持著這個信念不間斷地埋頭寫作。第二是要記錄。隨時記錄奔往夢想的自己正處於哪個位置，以及還需要走多遠。這樣可以激勵自己，還能獲得成就感。最後是絕對不能夠放棄。

在四十年後，我的作品終於刊登在國小六年級的國語閱讀手冊和國中一年級的國文課本上，現在的學生們正在研讀我的作品。這一切都是因為我持續看著國二時所製造的指南針。當每個人都擁有各自支撐和引領人生的指南針時，絕對不會感到失望。

怎麼製造人生指南針？

什麼是好的指南針呢？就是帶著指南針生活時，會感到幸福洋溢。也就是說，當我想到自己的指南針時，可以進行「方向重啟」，同時擁有讓不適、辛苦和艱難事物消失的力量。就像在街頭辛苦叫賣的母親，因為有「愛兒女」這個指南針的關係，所以不論天氣多冷、多熱都不辭辛勞地努力工作。

總是指向正北和正南的指南針，能在茫茫大海漂流的時候，始終如一地扮演好自己的角色，而我們事先訂好的那些人生重要價值，將成為指南針的軸心，在我們失去方向或感到徬徨時，可以再次拉著我們，也是「重啟」的基準。即使來自外界的壓迫感或問題導致人生產生危機，指南針也可以幫助我們再次找到方向。

要怎麼製造指南針呢？

1. 列出人生中自己認為重要的價值觀。
2. 選出最重要的一到兩個價值。

3.設定短期之內一定要實現的小目標。

第一和第二條跟價值有關，第三條則是根據那些價值訂出更加具體的目標。下定決心要做什麼之後，沒有付出實際行動，充其量只不過是「渴望」而已。打算要做什麼事情時，一定要具體地製造出結構完整、直指目標核心的指南針。

例如，若把「良善的影響力」設為指引人生方向的指南針，做為後盾的小目標可能是「一天做一件以上好事」、「一天幫助別人一次以上」等，因此結構就會是「良善的影響力：日行一善、日行一助、每天感謝五件事」。

我把自己人生的指南針設定為「良善的影響力」，是為了儲備能量，當將來某天感到辛勞疲累而無法正確找到方向時，就可以拿出來做為方向重啟的基準，藉此幫助自己暫停之後重新出發。

事實上，指南針不可能像計畫表那樣具體規劃。也有人擔心不夠具體，實行的力道是不是就會不足呢？但指南針並不是目標，所以不需要太過具體，只要多加留意方向來制定就好。指南針並不是達成目標的終點線，而比較接近在跑步過程中，畫下指引線不讓自己偏離路線的概念。

不只是價值而已，在人生中想要成就什麼，可以使用下一節的「人生設計圖」來具體規劃。人生設計圖就是根據指南針所指方向畫出的地圖。

人生設計圖的重要性

某位友人把兒子送到我的諮詢所。兒子明年就要考大學了，可是遊戲中毒很深，友人相當擔憂。我和孩子交談幾個小時之後，發現原來他是通過遊戲來撫平對未來的不安感。他不知道現在該做什麼，因為茫然而感到不安。為了擺脫不安感，反而對遊戲越陷越深。

他的根本問題是沒有「人生設計圖」。

於是我開始教孩子畫人生設計圖。孩子一開始的態度很消極，也沒有自己的意見，但在畫設計圖的過程中，慢慢變得積極起來。孩子通過人生設計圖，意識到高三這段時間在人生中占據的比重和重要性。從那之後，他開始熱中於學業。現在的他，已經順利考進了美國名校，為了完成自己畫的人生設計圖繼續努力著。

「建築物設計圖」是為了建成建築物的目的而設計，那你所畫的人生設計圖又有什麼樣的目的呢？前面提到的「目的重啟」，並非一次就能完成，所以即使已經設定了目的，在畫設計圖的時候還是隨時可以修正目的。

如果不畫出自己的人生設計圖，就會根據他人的設計圖而活，這樣一來，就無法得知「活著的意義」，也無法判斷自己是否好好活著，甚至無法察覺人生欠缺了什麼。慢慢地累積到某個瞬間，就會感到空虛。

「我想要的人生就是這樣嗎？」

許多人並不知道自己為什麼要往那個方向走，只是跟隨他人走而已，因此很容易感到疲累和痛苦。我們要仔細地檢視自己想要的成功，是不是根據他人訂下的基準而設。畫自己的人生設計圖，就是為了重新找回自我。重點在於畫出讓現在的自己可以集中心力去做，並越做越好的設計圖。

當你徹底明白這個觀點之後，就可以讓自己過著心安理得的人生。假如沒有方向，要求自己時時刻刻保持優秀的壓力會讓我們感到痛苦。即使是頂尖的運動選手們，也常常會因為這種壓迫感而陷入低迷，平凡的我們又怎麼可能沒有壓力的活著呢？

貝絲・沙維（Beth Sawi）在《複合型人類》有這樣一段話：「當你能獲得所追求

的東西，代表你成功了。如果你還能喜歡自己追求的事物，代表你十分幸福。」

幸福的人並非擁有一切的人，而是創造出事物的人。如果你想創造什麼，就需要設計圖。人生設計圖是指引茫茫人生大海的重要指南針。即使你擁有夢想和藍圖，如果沒有設計圖，就像無法離開天空的浮雲。

畫自己的人生設計圖

西班牙東南部的港口城市貝尼多姆（Benidorm）是高樓大廈林立的新市鎮。城市中有一棟號稱全歐洲最高的住宅大樓，共有四十七樓，然而這棟建築有個致命缺陷：二十樓以上沒有電梯。事實上，原本這棟建築只準備要蓋二十樓，中途轉手後才改成四十七樓，然而設計師卻忘記在設計圖畫上二十一樓以上的電梯。在快要竣工前，才發現他們忘記在高樓層安裝電梯了。聽起來是多麼啼笑皆非和荒唐，但「越是重要，越容易被忽略」這點並不罕見，在日常生活中常常發生，例如走到停車場才發現忘記拿車鑰匙；晚餐的菜都煮好了，才發現忘記煮飯；又或者到了機場才發現沒帶護照。

在日常生活出的錯，還能找到應對方法，可是當擴大到人生來看就不一樣了。就是因為現在的你，沒有畫好重要的人生設計圖，才會根據慣性或他人的設計圖而活著，不是嗎？沒有人知道人生會怎樣發展，但是連設計圖都沒有，就更難以預測結局了。我們無法判斷人生的正確與否，在一片漆黑中，誰也看不到、感覺不到，只能跟隨內心找出活下去的方向。

如果你覺得自己只是依循社會規定的公式活著的人，就從現在開始親手畫出自己的人生設計圖吧。如果是正在反思自己的觀點和目的的人，也非常建議你製作人生設計圖。在畫人生設計圖的過程中，你會越來越清楚看到目的。

繪製人生設計圖的方法

首先在紙張的上面畫出組成十字縱軸線和橫軸線。在縱軸標示年齡，不需要太細分，最好是每五到十年來標註，例如二十歲、二十五歲、三十歲、三十五歲……列到五十或六十歲。

橫軸則寫上「職業」、「財務」、「角色」、「公益」。這是把市場行銷的4P理論應用於人生規劃。4P包括產品（Product）、價格（Price）、促銷（Promotion）和地點（Place），是企業在販售產品時為了達到目標規劃的策略。「產品」指要確定跟其他公司的產品相比有哪些優點。「價格」指考慮到損益臨界點和市場現況後，要預估出可銷售的價格。「促銷」是決定跟消費者介紹產品的方式並讓人留下深刻印象。「地點」指的是挑選符合行銷策略、適合產品的銷售管道。

人生也是如此。通過人生設計圖來規劃怎樣把「我」這個產品打造成希望的樣子，但在這裡要多放入一項，那就是「團隊」。團隊必須另外區分出來，讓自我成長和團隊成長可以共同發展。如果組織或團隊停滯，就更難以期待個人的發展了。

首先我們在「職業」的一欄寫下想要成為具備何種能力的人，例如二十歲是「英語口說流利的人」，三十歲是「企劃專家」，四十歲是「財務管理專家」，五十歲是「團隊領導」。

第二個欄位是「財務」，在每個年齡寫下財務目標就可以，例如二十歲是「和父母同住」，三十歲是「獨立套房」，四十歲是「三十坪的公寓」，五十歲是「獨棟別墅」等以房產為中心的財務計畫。也可以用總資產來規劃，例如二十歲是「五十萬」，三十歲是「一百萬」，四十歲是「五百萬」。雖然目標金額內包含各種資產，但是可以像這樣先設定大的財務目標後，再來根據階段分別設定小目標，例如在三十歲後計畫買房等具體事項。這樣規劃之後，自然而然就會出現具體的儲蓄目標，每月要存多少比例的薪水，而存起來的金錢又要具體用到哪些目標上。

擁有目標並且為了達成目標設定計畫的人與不曾這樣做的人，在生活方式、態度或想法等存在著巨大差距。不僅如此，那個差距還會隨著時間流逝越拉越大。

人生設計圖（範例）

個人藍圖

職業		財務
經營者	60 歲	好地段的獨棟別墅
團隊領導	50 歲	獨棟別墅
財務管理專家	40 歲	買房
企劃專家	30 歲	獨立套房
英語口說流利的人	20 歲	跟父母同住

角色		公益
熱愛學習者	20 歲	去孤兒院當義工
享受工作者	30 歲	一年做四次以上的義工
熱心公益者	40 歲	在可負擔範圍內捐款（至少幫助五個家庭）
某領域專家	50 歲	捐出年收入的 10%
受人尊敬者	60 歲	在偏鄉建學校

職場藍圖		家庭藍圖
國內前百名	20 歲	幫家人過生日
國內前五大	30 歲	結婚生子
國內最大	40 歲	一年兩次家族旅行
國際前三大	50 歲	一年一次家族海外旅行
世界最大	60 歲	一個月一次家族聚會

第三個欄位是「角色」，寫下想要擁有的形容詞。例如三十歲是「享受工作者」，四十歲是「熱心公益者」，五十歲是「某領域的專家」，六十歲則是「受人尊敬的導師」等。

第四個欄位是「公益」，寫下自己想要給社會帶來何種影響力。為此就必須先思考「我是怎樣的存在」、「我擅長做什麼事情」、「我為了社會要怎樣使用自己的能力」等。如果在第三個欄位「主題」中寫下的形容詞是「對社會有益」，那在「公益」就可以寫下具體的實行內容，例如二十歲是「幫助家庭困苦的青少年」，三十歲是「一年做四次的義工」，四十歲是「在可負擔範圍內捐款」，五十歲是「在偏鄉建學校」等，都是訂下自己想要扮演的社會角色。

最後，在「職場藍圖」欄位上寫下希望自己所屬的組織有怎樣的成長，例如三十歲是「國內前五大」，四十歲是「國內最大」，五十歲是「國際前三大」，六十歲是「世界最大」等。此外，也要寫下個人生活中關於家庭的設計藍圖。

從設計圖來看，時間彷彿很緊迫，其實反而有更多時間可以去準備，因為已經知道自己是為了什麼目標而做。如果你年齡已經不小了，也不需要對畫人生設計圖感到難為情。實現目標的這條路，只要踏上了，永遠都不嫌遲。

在規劃人生設計圖時，有一點要特別注意，那就是畫好的設計圖隨時可以改變和修正。這不是畫好之後，就不能更改的設計圖。情況或時機不同時，想怎樣改變或修改都可以，因此我建議大家要隨時檢視人生設計圖。

隨時檢查方向

因慢性赤字離破產只有一步之遙的日本雷射株式會社（JLC），在近藤宣之擔任會長之後，創造公司連續二十三年的盈餘。近藤宣之說過：「公司經營很好時，沒有什麼理由，但是公司經營不善時一定有其原因。」當結果不如預期時，他會反省自己，重新檢視之前設定的方向是否正確。

近藤宣之說的話跟我說的「方向重啟」完全重合。每個人活在這個世上，都必須隨時檢討當初設定的方向是否朝向正確的角度。

身為企業，要怎樣做才能確定正確的方向呢？牢記以下五點就可以。

- 事務透明：如果自身或組織內部的成員們隱瞞許多事情，那找不到方向或扭曲方向的機率就會很高。

- 心態開放：我們要接受社會上存在各種價值觀，要用開放的態度面對其他人的想法和立場。
- 評價公平：當個人或組織的評價基準明確和公平，才能夠確保前進的方向正確。
- 人人平等：不論是外國人，還是身障人士，都必須毫無差別地給予平等的機會。
- 團體合作：一個人單獨處理工作，方向出錯的機率很高，要讓職員們自發性地參與，通過團體智慧來解決問題，可以避免扭曲方向。

人生的基礎就是方向是否正確，方向正確與否左右了成功和失敗。人生不進則退，並沒有所謂的維持不變，因此我們需要一條明確的前進道路。失敗往往不是因為不成功，而是因為失去方向。許多人就像金魚那樣毫無方向地在小小的魚缸內亂游，但只要有目標，就可以成為逆著河流往上游的鮭魚。如果你想實現夢想和目標，希望你通過「方向重啟」來體驗人生方向校正之後產生的巨大能量。

我的覺察

找出工作方向的三本筆記術

這是我在某企業上班時發生的事情。當時我突然被派到銷售業績最差的分店擔任負責人。這間分店硬體設備的競爭力並不差，但銷售業績始終距離目標有一大段距離，所以在各分店中排行倒數第一。為了快速挽回殘局並做出成果，我發出招募廣告，職務內容是在企業、政府機關、地方團體等地銷售產品。

那時來應徵的人中，有位三十四歲的年輕人李正秀。他以第一名的成績畢業於名校的電子學系，畢業後利用所學在ＩＴ領域創業，然而不幸遇到韓國金融危機。在那之後，他工作的斷斷續續，家裡還有兩個兒子要養，所以過得極為艱辛。因此他看到我們的招聘廣告便前來應徵。

他當然沒有任何銷售產品的經驗。不過他在面試時破釜沈舟地說：「只要你們願意錄取我，我一定拚死拚活地工作。」因此他以超高分被錄取了。新人銷售員在兩週的產品銷售培訓之後，就各自開始工作，但奇怪的是其他人都慢慢開始做出成績，可是李正秀過了兩個月之後，業績還是沒有起色。於是我找他來問話。

「我看你比任何人還努力工作，為什麼業績起不來呢？」

我剛問完，他就用槁木死灰的表情回答道：

「我拜訪了每一家企業或公家機關，但我們公司和對方供應商的競爭相當激烈，最後在價格競爭這一環，總是敗給對方更低的價格，所以我一直沒賣出產品。」

他像是在訴苦般跟我表述了自己的心聲。我認為他是沒有學好銷售的技巧，所以才做不出業績。努力是努力了，但是方向錯了，因此我再次教他正確的銷售方向。

第一本筆記：找出客群

銷售的基礎就是「客群」。我雖然看出問題不只是價格，但並不想直接說破，以免挫傷了他的信心。因此我從抽屜內拿出一本筆記本，跟他說：「從今天起，你把你負責的公司建築物畫出來。」

他一臉摸不著頭緒地看著我。

「舉例來說，你負責的D大樓一樓是D銀行的分店，二樓是D銀行的辦公室，三樓是S建設的分店，四樓是K公司的分店。那你就把一樓D銀行仔細畫出來，職員使用幾臺電腦、電腦是什麼牌子、多久之後就必須替換。掌握這些資訊之後，都要一一寫下來。一樓D銀行的分店長是哪位、採購人員是誰等，調查之後也要寫在筆記本上。然後用同樣的方法把二、三、四樓的情況記錄後並背起來。一個月之後，你只要看到建築物，就必須對每層樓需要多少臺電腦和預計替換的時間瞭若指掌。」

我繼續跟他說明：「像這樣了解D大樓之後，接下來對G飯店也要用相同方法仔細畫出來。再接下來，其他銷售點的現況也要一一了解並記錄在筆記本上。」

只要好好使用這個筆記本，就能掌握市場行銷中常說的人口統計。這樣一來，這筆記本就是「客群」了。如果不知道客群就去銷售，就好像不知道北方在哪裡卻要去北極探險一般徒勞無功。

➊ 第二本筆記：找出自己的獨有性

我又拿出了第二本筆記本。

「這是一本培養自己獨有競爭力的剪貼筆記本。在跟企業或地方協會提出銷售方案時，你是怎麼準備產品目錄呢？」

「一般方式是把A牌、B牌、C牌、D牌的產品目錄都備齊後放入包包，然後跟顧客說明。」

我預想到他會這樣回答。

「但是找到這些產品目錄後再說明不是很不方便嗎？顧客應該也會被搞混。」

我聽了他的回答之後，邊搖頭邊說。

「請準備你自己的的產品目錄。例如，當你要跟顧客推薦二十九吋電視，就在紙上畫出框框，把A牌、B牌、C牌、D牌的二十九吋電視模樣剪貼在此，然後你本人親自把各牌價格、主要規格、優缺點、購買客群等寫下來。這樣一來，就不是單純地拿出市面上的產品目錄來說明，而是自己研究整理出的一份各品牌二十九吋電視簡報。」

在這裡要注意的是，並不需要把產品的設計和價格死記硬背下來，重要的是通過比較和分析，事先充分地了解各產品的優缺點，目標應該是放在要讓顧客更加容易了解我們要提供的產品。二十九吋電視研究完成後，也要根據規格別製作自己特有的五十吋電視、八十四吋電視的產品目錄。當然，冰箱、電腦、洗衣機等也要用這種方式來製作。

在商業世界，如果懷著「模仿別人」或「跟別人差不多」這種想法來行動，其實無異於什麼也不做。為了讓我「被選擇」，就必須事前找出自己獨有的競爭力，務必明確地跟他人區分出不同之處。

❹第三本筆記：管理關係

我拿出最後一本筆記本。最後的筆記本是用來管理與顧客的關係。在工作過程中，我們會遇到許多執行長、分店長、總裁等擁有最終決定權的重要客戶。許多人拿到這些人的名片之後，只是放入了名片夾，但我要求李正秀把重要客戶的名片一一貼在第三本筆記本上。一張名片貼一頁，然後思考自己為了這些人可以做什麼。

並不需要做什麼厲害或誇張的事情，即使是很小的事情也沒關係。例如某交易所的大老闆生日時，寄出真誠的生日卡。好的意圖就會產生好的結果。當你對客戶盡心盡力、誠心誠意時，必須先把銷售業績放在一邊。因為在維持親密關係時，態度是非常重要的。內心只要想著沾沾成功人士的好運，跟他們學習人生道理即可。然後也要從客戶周遭周收集客戶的興趣，有哪些家庭成員、個人偏好等情報後一一記錄下來，時時思考自己要如何為客戶提供正確的產品。

約談後的一年，他總算成為全店第一名的王牌銷售員。託他的福，我管理的分店也脫胎換骨，從吊車尾一躍成為真正的第一名。他對我說：「現在是我賺最多錢的時候，感謝你在我什麼也不懂的時候幫我找到正確的方向。」我也感到非常有成就感！

第四階段

Restart

再出發

流程重啟

成功的人會在失敗中學習，然後用其他方法重新嘗試。

——「人際關係學大師」戴爾·卡內基（Dale Carnegie）

為了找出新路線

公元前三世紀是東西方同時進行大型公共建設的時代。一個是秦朝的萬里長城，另一個是羅馬的道路。這兩個都是規模巨大的公共工程，但秦朝用萬里長城把自己跟外部隔絕起來，最終走向了滅亡；羅馬道路則是四通八達，最後讓羅馬成為千年帝國。鋪路就像建立流程來增進溝通能力。事情不如預期時，我們是建立高牆後逃回自己的洞窟呢？還是開通新道路後重新出發呢？

暫停是為了開闢新道路。為了更高的成長和跳躍，我們一定要做的事情是梳理流程。如果能找到比既有流程更快、更有效率、截然不同的流程更好。「工作的流程」和「人生的流程」都需要持續改善、完善和創新，而答案早就存在於現有的流程中。我們要仔細檢討現有流程是否太長、是否可以精簡，評估需不需要刪除或建立新流程後，就是自我判斷和重啟了。

我們不能總是認為現有流程是最完美的。流程需要依賴不斷的建立、檢討、修改而完善。例如個人或組織的做事流程如果太過冗長，成功機率就會變低。漫長的流程會讓人還沒開始就先精疲力盡，因此為了達成目標，修正和完善流程是非常重要的事。

從十五世紀開始，梅迪奇家族掌控佛羅倫斯的經濟長達三百五十年，最終卻走向了沒落。為什麼梅迪奇家族會走上沒落之路呢？許多歷史學者認為梅迪奇家族衰敗的直接原因，在於柯西莫三世的領導能力不足。雖然我部分同意這個說法，但我認為主要原因還是沿襲即有流程過著安逸生活。

「偉大的靈魂出生於偉大的家族，當靈魂衰敗時，家族也將走上滅亡。」我完全同意延世大學金相根教授提出的主張。曾經追求卓越的個人、家族或企業，再也不追求更高的卓越時，勢必走向沒落。即使目的和方向不變，當環境產生變化時，如果不跟隨時間的腳步檢討流程和改進，再偉大的靈魂也會衰敗，最終被時代淘汰。一度位於世界巔峰的梅迪奇家族會衰落下來，就是沒有重啟流程。我們想給別人什麼，又想得到什麼呢？當你意識到流程的力量比累積財產更重要時，就是開竅的時候。

注意力要放在細節

如果不改善流程，個人或組織也絕對不可能持續成長。那些擁有卓越能力的人們都是跟隨時代潮流不斷重啟流程的人。而如何重啟流程，會讓現況發展出不同的結果。為什麼星巴克的經營團隊要讓霍華・舒茲執行長重新歸隊？為什麼現在的蘋果被稱為「沒有賈伯斯的蘋果」？「建立流程和改變流程」的能力就是企業的競爭力。不論你想達成什麼目的，或想得到什麼，首先要做的就是「重啟流程」。

在「方向重啟」階段定出大方向之後，在「流程重啟」階段就必須把注意力放在更加細微的部分。如果你想成功，就必須誠實面對細節。不是說注重細節，就一定可以成就大業，但如果在細節上有失誤，勢必影響大業。人們面對小事時，容易想得太過簡單，導致更加容易犯錯或搞砸。

管理好細節和小事的捷徑就是澈底的觀察。觀察的基準點就是最初設定好的「是否往正確的方向前進」。你在觀察細節時有好好使用到眼睛和耳朵嗎？為什麼上司眼睛能看到的問題，你的眼睛就是看不見呢？原因就在於如何觀察。面對人生也是如此。在高手眼中可以看到方向出了問題，但大多數人只是心不在焉地走過，任由方向越走越偏。從現在開始，要好好觀察細節，然後重新樹立流程。「流程重啟」可以幫你開闢出全新的道路。

把犯錯變成重啟的契機

我們在前面做過「方向重啟」。如果方向已經重新設定，現在就是重新出發的時候了。活著就是要不斷地行動，永遠都不可能有靜止的一刻。為了再次出發，就必須整理流程。

整理流程，或許會有人覺得很難。一般來說，流程指的是在生產過程中，通過各種執行方式完成高效率的工作，或是指在電腦上執行程式。大家可以把本書中所說的流程想成是「執行某件事的順序或過程」。

我還是新進員工的時候，負責分析總需求和占有率的報告。這些根據業界動向、經濟分析、未來發展等做出來的報告，核心內容是數字，所有現象都必須通過數字來說明。人文科系出身的我對數字非常不敏感，然而我的上司卻對數字相當敏銳。每次我跟他報告時，才發現占有率有些微誤差，實在是狼狽不堪。

但上司每次發現我有過失時，都會邊修改數字邊這樣對我說：「做為新進員工絕對不能害怕犯錯。反而應該放心的犯錯，才能提高工作效率。只要下次不犯下相同錯誤即可。」

如何才能夠不犯下相同的錯誤呢？我仔細地對自己工作的流程進行檢視。思考之後，我決定親自逐一檢查一開始輸入的基礎資料，做久了之後，終於養成了準確驗證數字的習慣。從那之後，我做的報告或送出的簽核、計畫案等，再也沒有出現數據錯誤的過失。

我把這一連串的過程稱為「流程重啟」。雖然我犯了錯誤，但我把它視為重啟的機會。如果我沒有那樣做，仍然持續用同一套方式管理數據，然後也會持續犯下相同過失吧。不只是職場，生活中也可能犯錯，我們總是有遇到瓶頸的時候。這時候就需要暫停一下，重新整理流程，也就是重新檢視和建立生活習慣或工作方式。

在新人時期犯下的錯誤，讓我轉變成做事精準明確的人，塑造乾脆俐落、資訊準確的形象。無論是誰都可能犯錯，差別在於用什麼態度面對錯誤，你可以視為內心的傷痛，也可以視為再次挑戰的機會。犯下錯誤後，絕對不能辯解或慌亂，反而應該勇敢地承認錯誤，只要改進錯誤就好。擁有想要改進錯誤的強大意識和檢討的習慣，就能夠把過失轉變成機會。

這就是流程重啟。當你熟悉流程重啟之後，就不會那麼害怕犯錯了。即使犯錯了，內心也相信可以通過改變或完善流程來解決問題。當你體驗過把過失轉變為成長機會的過程，就能夠更有自信地進行挑戰。

不論是在職場還是個人生活，都要對自己說：「放心地去犯錯吧！」如果因為害怕過失而不去挑戰，成功的可能性也會消失得無影無蹤。如果你下定決心要完成某件重要事情，名為失誤的道路就是通往成功之路，並最終獲得幸福。

心理學家馬斯洛（Abraham Maslow）提醒過大家：「如果你不曾盡其所能的挑戰，那麼在你今後的日子裡，你將是很不幸的。你將錯過各種可能性，最後結束短暫的一生。」

流程要一再重啟

許多上班族因為陷入一成不變和厭倦來找我諮詢。這些上班族大多數只為領一份薪水過日子，勉強自己不停工作。他們並不是單純討厭公司或同事，而是對「工作」本身感到煩膩。

「把所有的青春都奉獻出去了，我自己還剩下什麼呢？」我也偶爾會產生這種想法而感到悶悶不樂和空虛，但想要中斷這種想法，除了自己沒人能幫忙。每次我產生這種想法時，就會通過以下五項來努力改變思考方式：

- 喜悅：「我總是很開心的工作。」
- 學習：「公司教會我足以維持生計的技能。」
- 挑戰：「如果人沒有夢想和挑戰，也沒有自我。」

• 價值：「我的年薪是我自己賺來的。」
• 真理：「世界上沒有免費的東西。」

我每一天，不，應該是說一天內都會閱讀以上內容好幾次。意識改變了，想法就會跟著改變。想法改變了，行為也跟著改變。這些意識內化之後，就會改變人生。只要愉快工作、竭盡全力，就會在某一瞬間突然發現自己的成長。

某位剛踏入美術界的年輕畫家跟大師請教：「我要怎樣做才能更成功呢？請教教我。我能夠在兩、三天內完成一幅作品，但要賣掉它卻要等上兩、三年。」

那位大師拍拍年輕人的肩膀說：「這很常見。你不如用兩、三年完成一幅畫作，也許就可以在兩、三天內賣掉了。」

只要改變工作和思考的方式，就會產生奇蹟。這個改變的過程就是「流程重啟」。

行動緩慢的巨人

曾經贏得巨大勝利的個人或企業常常容易安於現況，懶於去做全新的挑戰和革新。史丹佛大學的教授威廉・巴奈特（William Barnett）稱之為「行動緩慢的巨人」（Lazy Monopolist）。不論是策略、技術、系統上，在第一回合中獲得壓倒性勝利的競爭者，對自身產生的強烈自豪感，將導致他們感受不到革新的必要性。

相反地，在第一回合慘敗的人會去分析失敗的原因，並通過革新提高自身的能力。結果在第二回合中，原本的失敗者反而成為勝利者。「行動緩慢的巨人」這個概念是用來提醒人們不要沈溺於過去的成功或市場上的支配力，要永遠保持危機意識，不斷地進行革新。

有沒有方法可以避免成為行動緩慢的巨人嗎？有，方法就是流程重啟。世上所有成果都是經由流程產出，而且流程是具備靈活性，也會持續進化的東西。無論在第一回合中是獲勝方還是落敗方，都需要「流程重啟」。落敗方理所當然要分析原因和進行流程重啟，但獲勝方也不能因為曾經獲勝就固守現有的流程，因為環境和條件始終不停變化著，流程也必須持續更新。

我建議最好是隨時做流程重啟，但如果條件不允許，至少每半年就要有意識地做一次。流程重啟的方法如下：

❶個人層面：「想法→行動→習慣→生活風格」的再次重啟

我們的想法會成為行動，反覆行動之後就會變成習慣。生活習慣、飲食習慣等匯集在一起之後，就會形成生活風格。在出現不好結果時，我們就要逐一回頭反思過程並找出出錯的原因。像這樣重啟所有過程之後，就能發現並糾正錯誤的因子。

如果去看那些成功人士的致勝祕訣，大多數都能在他們的想法中找到關鍵點。美國職業棒球大聯盟的朴贊浩選手說過，如果只是很會打棒球，不可能成為一名棒球選手。身為投手，除了要能夠投出一百五十公里以上的球速之外，還需要投球的智慧、處理危機的勇氣、與同事溝通的能力、瞬間理解情況的判斷力等。

朴贊浩選手把想法轉變成行動。他學習英語，讓身體熟悉美國文化和習慣，通過閱讀和夢想鍛煉心智。通過這些努力獲得的成果，讓他不單單成為很會投球的投手而已，而是成為擅長比賽的投手。

❶企業層面：「開發→採購→市場行銷→生產→配送→銷售→客服」的再次重啟

一般來說，企業的研究開發團隊會在掌握市場和顧客的需求之後開發新產品。採購部門會和開發團隊互相協商之後決定要生產哪些產品，在考慮成本的前提下訂出售價。行銷部門則會討論如何進行宣傳，銷售則決定做到哪個程度。在檢視過程時，如果發現有需要重啟的部分，就必須全面性執行。

體質強盛的企業是能夠通過改變來挑戰的組織。某位集團會長曾對我說：「不挑戰就是壞事，維持現況就是退步。因為其他企業都在進步。」

不問責沒達成目標，而是問責不挑戰。我對於這種想法感到震驚。

在組織中的個人也是如此。當機會出現時，為了改變自己工作和思考的方式，必須要進行學習。在職讀研究所、週末上補習班、研究最新的經營方法等，都是幫助自我成長的重要行動。因為通過學習可以改變想法，進而改變工作的方式。

三星電子有「地區專家」的制度。總公司會讓員工去國外生活一年，在當地學習那個國家的文化、生活習慣、意識、制度等，之後當公司將他們派遣到當地工作時，就能夠發揮出強大的國際競爭力。三星花大錢建立這種制度，就是為了通過一連串學習改變員工的工作和思考習慣，產生全新的模式。

再進一步說明，面對顧客也能用相同方式重啟。站在顧客的立場，思考是否有不方便的體驗，或是哪些地方需要改變。這種從顧客觀點來進行的流程重啟，也能增強企業的競爭力。

幫助「流程重啟」的學習

重新建立流程是需要學習的。最簡單的學習方法就是「閱讀」，這也是最容易入門和CP值最高的方法。我在接下萬年吊車尾的組織時，最先做的事情之一就是準備職員訓練的必修課程。

我請職員們閱讀培養智慧和洞察力的書籍後寫下讀後感，並提出可以應用在自己工作上的點子。同時，我讓幾名核心人成員閱讀十本專業書籍，並請他們把閱讀成果分享給所有團隊成員。

可能會有人認為這跟工作毫無關係，但只要實際體驗過之後，就會懂得箇中道理。不學習的人，能力無法提升；不閱讀的人，無法變得卓越。絕對不能誤解的是，閱讀所產生的競爭力不是用量來衡量，而是品質。重要的不是閱讀了多少本書，而是怎樣理解和消化。

在流程重啟中，除了學習以外，討論也相當重要。我至今依然忘不了還在職場上班時，某位上司對我說過的話。

「放下職稱後，來討論吧。職稱會阻礙好點子的產生。行銷是什麼？策略是什麼？為什麼要工作呢？」

他雖是上司，卻要大家放下職稱和位階後再來討論。唯有這樣做，才能夠讓職員們更加坦率地提出大膽建議。

李舜臣將軍就是再次規劃流程的高手。眾所皆知的「鳴梁大捷」是用十三艘軍艦殲滅了一百三十三艘日本軍艦的大膽行動。其實他在開戰之前，一直找將帥們討論，要怎樣才能擊敗日本軍呢？有沒有更好的戰略呢？針對主題討論和提出對策之後，就會產生共識。這個過程要反覆執行，直到話語一致、意思一致，直到連心靈也達到一致。

通過這種方式，李舜臣將軍在這場戰爭中站穩了腳步，也發揮出他真正的領袖能力。當李舜臣將軍陷入危機時，就連漁夫和村民也出來幫忙。如果只是領袖一個人獨立規劃出來的流程，不可能發揮出如此強大威力。在規劃流程時，讓核心成員們參與，從一開始就讓他們有所貢獻是非常重要的成功關鍵。

製作我的成長筆記本

改變想法後，進而改變行動的過程就是調整人生的過程。我建議過許多人把這個過程記錄在筆記本上，記錄著改變了哪些現有做法以及改變之後帶來的成果，就能感受到找出問題和成長帶來的成就感。我把記錄這些事情的本子稱為「成長筆記本」。

我建議每個月製作一本專屬自己的成長筆記本。當你把新學到的東西整理之後記錄下來，就會越來越專業化，當然也會改變對於工作的想法。每個人都有可能突然因為某個原因離開公司，但是離職並不是退休。離職之後，我們還是必須持續工作和參加各種活動。

要怎樣做才不會成為「退休者」呢？首先就必須好好學習現在做的工作。現在你所處的地方比學校存在著更多學習的機會。當你不夠專業時，競爭力就會變差，就會被公司列入裁員對象。在這個高齡化社會，你的存在感很容易就消失了。因此不要再拖延，必須積極學習。你和你的團隊討論各種方案、發現問題、學習解決問題的方法等努力，最終都能夠幫助你和你所處的組織持續不斷地成長，成為業界頂尖團隊。

只要通過現在的工作努力學習就可以了。通過工作糾正流程的過程也是再次學習的機會。記錄這種過程的成長筆記的範例如下頁。

這時候，在「成果」欄位上寫得越詳細越好。例如，可以寫出第一週如何、第二週如何的週別紀錄。或許一開始會犯錯，或是採取跟之前完全相同的方法，這些內容也要誠實地記錄下來，才可以嚴格地監督自己，並慢慢地看到自己有哪些改變。

大人無法像小孩子那樣一夜長大，更何況內在的真正改變是由許多微小的行動累積而來，因此始終如一的執行並不容易。畢竟我們平時要做的事情太多了，不只是公司的事情，個人生活和家庭中都有許多不得不去做的事情。但唯有記錄下來，才能夠在大腦中留下烙印。腦中的想法通過文字來表達之後，才有可能去執行。

製作成長筆記本的同時，要持續檢視自己生活的方式、工作的方式，並嘗試改變。這樣一來，你就會在某一瞬間突然意識到自己的成長。

	現有的做法	問題點	改變的做法	成果
1	輪船只能在碼頭製造生產	建造碼頭需要巨額費用（好幾億元以上）	改在陸地上造船	在船上架軌道來移動，就可以節省一千五百億（即為現代造船業）
2	在職場上只能通過往來所用的財務知識來工作	沒有專業的會計背景知識	考取會計師執照	可以擔任專業會計財務工作
3	會說英語（第二外語）	中國客戶逐漸增加，但不會說中文	學習中文	和中國的生意往來越來越密切

建立高效模式

蒙古草原是容易產生極端氣候的地區，世世代代的遊牧民族都必須面對嚴重旱災和酷寒的挑戰。在如此貧瘠的環境下，沒有比活下去更重要的事情了。為了生存，他們不得不發動戰爭或掠奪，甚至是流有相同血脈的同族之間也明爭暗鬥。因為想要活下去，除了不斷擴張實力、鞏固派系之外，別無他法。幸運的是，長期以來為了適應這種充滿不確定性的未來和多變的自然環境，他們因此具備開放性的思考和生存方式。

到了十三世紀中葉，成吉思汗征服的領土已經比羅馬帝國大上四倍，他像疾風般不期而至，又像疾風般突然消失得無影無蹤的全新作戰方式，讓敵方絲毫沒有備戰的時間。蒙古騎兵為了提高移動速度和戰鬥攻擊速度，將不必要的裝備拿掉，打造出一支不需要大規模後勤輜重的軍隊。他們採取的是「為了提高作戰速度，去除所有妨礙速度的事物」的全新流程，這就是「蒙古鐵騎」的獲勝關鍵。

達爾文在進化論中指出被留下來的不是強大的種子，而是能夠適應環境的種子。為了適應環境，必須丟棄傳統觀念和不斷創新。從歷史上來看，外來移民支配了空間，而遊牧民族支配了時間。

所謂的支配時間，指的就是管理流程。

近年來科技日新月異，一天的發展幾乎等於百年前的一個月，或許說不定還不止一個月。因為常常不過一天而已，法規就改了；只不過睡了一覺而已，世界局勢的版圖就顛倒了。數位相機時代到來之後，製造底片的柯達公司就差不多走入歷史了——因為他們無法跟上時代的變化。

如果想要積極應對和主動面對時代的變化，要怎樣做呢？如果你放任自己在時間的河流中漂浮，絕對不可能成功游出來。就算想要提高速度，也沒有相對應的武器。如果錯過必須改變的瞬間，只能永遠地失去契機。從現在起，我們要通過「流程重啟」提高工作速度，增加自我價值。

第一步：觀察現有流程

想要提高速度，就必須仔細觀察現有流程。有些學生即使每天在書桌前學習超過十個小時，考試成績依然沒有進步。那是因為他的學習流程是錯的，不是努力學習就能提高成績，而是必須通過更有效率的流程來學習。

社會新鮮人剛踏入職場時，每天像是不只二十四小時，而是四十八小時那樣東奔西跑拚命工作。但進入穩定期之後，就會開始鬆懈。這時候有個容易掉入的陷阱——當你開始認為自己「做得夠好了」、「成功了」的時候，就是危機出現的時候。

這時應該思考如何有效地分配時間，檢視自己是不是把時間浪費在無意義的事情上。如果是，就必須重新調整時間的分配。

我每天都忙於演講和諮商，有人問我如何在這麼忙碌的行程中還可以寫書。時間不夠用是客觀事實，因此我是在檢視自己的每日工作進度之後，擠出時間來寫作。我有每天記錄想法的習慣，不論是黑夜還是白天，只要我有什麼想法，就會記錄下來。早上醒來時，不論身邊放什麼書，都會隨手拿起來閱讀。當然我也會把妨礙我寫作的活動減少，例如減少打高爾夫和晚餐聚會。

如果你現在是組織內的領袖，也要思考如何有效地管理組織時間。時間管理的流程是「業務內容管理」，也是「品質管理」，當然也是「競爭力管理」。開創更高速的流程，並且持續運作下去就是組織的競爭力。如果想要比他人更快地達成目標，就必須勇敢地斷除不必要、沒有價值的工作。大家應該在職場上看過「為了報告而做企畫書、為了消磨時間而開會」等白白浪費時間的文化吧？對於生存和成長來說，減少這種浪費，並重新建立流程是非常重要的事情。

第二步：精簡流程，提高速度

在一九八〇年代，ＩＢＭ被視為ＩＴ企業的代名詞，卻在一九九二年銷售和收益一度急速下滑，面臨了巨大危機。因為企業成長得過於龐大，從前端到顧客端的流程太過冗長，回應顧客的需求時也顯得僵硬和緩慢，但當時的員工們安於現況，絲毫沒有危機意識。就在那時，公司聘請有名的顧問路易斯．郭士納（Louis V. Gerstner）擔任執行長。

他成為ＩＢＭ執行長之後，做的第一件事情就是流程革新。他解散了總是無異議通過的公司經營委員會議，這種會議浪費了許多高階主管的時間，以至於無法快速地對顧客需求做出反應。他導入了新流程，要求全體高階主管走出辦公室，親自了解顧客的需求，以便積極解決顧客的問題。

郭士納改變公司工作方式，引入新流程之後，讓速度文化在全公司內擴散開來，最後獲得大成功。當員工們「以成果為目標」面對顧客的需求快速反應時，自然獲得顯著成功。

我們總是說沒有時間，但我想問問：你是否做過流程重啟？如果你對現在的工作感到滿意，但始終沒能取得成就，那一定是因為時間管理不善。你必須找出投入較少時間但能獲得更多成果的方法，並集中精神去執行。

不論是市場、顧客、公司、專業領域等，都一定存在著高效率的工作方式。你是不是在不必要的事情上浪費太多時間了？如果是，就必須勇敢地捨棄，然後建立能夠創造出高價值的流程，並全心全意地投入。

我的覺察

答案就在流程中

為了更棒的成果和跳躍，我們一定要做的事情就是「流程的更新」，亦即必須開創出全新流程。新流程必須比現有流程更加效率化、標準化、更凸顯區別。工作流程、生活流程、生產流程等只要持續改進、完善和創新，就能夠維持競爭力。因為關於改善、變化和革新的答案就在流程之中。

通常我們到銀行辦事的流程是：

取號：拿號碼牌

等待：等待叫號

準備：去窗口處理事情

執行：等行員處理完事情

結束：所有事情辦完之後，走出銀行

每一名在銀行辦事的顧客都重複著相同流程，當排隊的隊伍始終沒有減少時，顯然是出現了問題，而問題的原因就在於流程中——有可能是抽號碼牌的「取號」階段，也可能是處理事情的「執行」階段，有什麼被卡住了。

再次強調，答案就在流程中。因此需要嚴謹檢視每個流程的智慧。個人是如此，組織也是如此。仁荷大學的金演成教授主張在了解「西帕克」（SIPOC）模型之後再去建構流程，跟顧客說明新開發的產品時，就可以讓顧客一目了然。

用 SIPOC 分析改進流程

S（Supplier，供應者）：生產所需的所有材料、設施、裝備等協助交貨的供應商

I（Input，輸入）：流程所需的內容物，如材料、人力、技術、裝備、方法等

P（Process，流程）：產品的生產過程

O（Output，輸入）：通過流程生產出來的產品品質或測量生產率的對象

C（Customer，顧客）：接受輸出的顧客、可評價對產品的滿意度者

SIPOC 雖然是應用於產品生產的過程，但也能用於了解組織中的工作流程。解決問題的捷徑就是觀察流程，找出流程中的答案後重啟流程。

第五階段

Consistent

貫徹

自我重啟

成長是以自己的努力、時間、能力為基礎，

並相信自己擁有值得被發掘的價值。

——暢銷作家丹尼斯．魏特利（Denis Waitley）

發現「我」的存在

姚堯是一名飽受憂鬱症和失眠症折磨的女性。她以自身經驗書寫的《重口味心理學》，描寫了自己的內心陰影。身為應用心理學碩士、國家二級心理諮詢師的她，指出「孤獨和孤立不同，即使和他人在一起的時候也依然會感到孤獨」，同時她也領悟到即使在肉體上跟某人互相依存，在精神層面上的孤獨還是不容易消失。現代社會的人們在跟他人交流或被他人包圍時，也會感到寂寞的原因就在於此。

她還發現如果某人被攻擊受傷之後，對自己所處的環境感到無力，意志漸漸消沉，最後變得憂鬱。那些躺在床上但睡不著的失眠患者，和因創傷後壓力常做惡夢，感覺片刻都無法喘息的人們越來越多。像這樣承受著心理壓迫而活著的我們，該怎麼辦呢？

如果你在人群中依然感到孤獨，對活著感到煩膩，請把視線轉向自己，重新找回自己的人生。如果強迫自己去做不喜歡的事情，或是感覺自己的人生被他人控制，不論是誰都會感到鬱悶。我們必須培養出能夠掌控自己人生的自信。

「我一天工作十八個小時，一週工作九十六個小時。我比任何人還早上班，但工作到半夜才下班。回家後，我會開一瓶啤酒，但總是在我喝第一口之前就睡著了。這樣的生活我過了十幾年。」

記者問：「你是怎樣撐過這段時間？」

「我不是用撐的，我是因為喜歡才這樣做——更準確地說，那是一段我很享受的時光。」

這是十七歲就踏入料理界，現在是杜拜帆船酒店主廚 Edward Kwon（權英民）主廚的故事。他是怎麼做才能把艱辛的時間變成「享受的時光」呢？我們可從他的座右銘找到線索：「對自己抱持期待」。

英國精神科醫生亞歷山大・卡農（Alexander Cannon）博士說過，不論是什麼難以治療的重症，只要擁有信念就一定可以治療。信念是指強烈的信賴、相信自己能夠成為更棒的人。只要擁有這種信念，我們的人生也能越來越好。

大思想家丁若鏞認為人要守護的重要之物是「我」。人們總是毫無懸念、拚死拚活地守護房子和土地，但其實真正要守護的應該是「自我」。如果失去了自我，即使擁有萬物，那個擁有者也不是自己。

發現自己的兩個提問

找到自己是有意義的「發現」。

湯姆・沃爾夫（Tom Wolfe）的小說《真材實料》（*The Right Stuff*）主角是在戰爭中取得輝煌戰果的飛行員查克・葉格（Chuck Yeager）。大多數飛行員都認為自己是被特別選中，能夠完成艱難任務的菁英，但查克・葉格不這樣認為，他自稱自己是「需要不斷努力和學習的人」。由於他如此謙遜地看待與自我的關係，查克・葉格最終成為立下大功並平安歸來的空戰英雄。

人們通常擅長評價他人，他人有哪些缺點、有哪些優點都能夠看得一清二楚，但卻不太了解真實的自己。可是我們人生的主人公是我們，了解自己是誰是非常重要的事情。如果你無法發現現在的自己，又怎可能描繪出未來的自己呢？發現自己、鼓勵自己，才能相信自己擁有無限的潛力。

要發現自己，必須付出有意識的努力和代價。為了發現現在的自己，有必要持續問自己以下兩個問題：

1. 我對自己的工作很有興趣，也很認真去做嗎？

2. 現在的我是不是正在處在熟悉的狀態中？

如果你對第一個問題的回答是肯定的，那表示你的「重啟」做得很好。第二個問題就比較難回答了。如果你覺得現在的工作難易度適中、幾乎沒有壓力和瓶頸，那就是已經太過熟悉了，必須進行更大規模的重啟。

決定活得像自己

一位畫家因為不滿意自己的作品，一再把剛畫好的畫作丟進垃圾桶，並且陷入討厭自己、哀嘆和失意的情緒中。而他太太每次都會把他丟掉的畫作重新撿回來，把「未完成的夢想」真心誠意的再次放在畫架上。之後畫家會凝視這幅作品許久，接著再次拿起畫筆作畫。經過這樣的來來回回，最終完成的作品是《聖維克多山》（*Mont Sainte-Victoire*）、《大浴女》（*The Great bathers*）等。這位畫家是保羅・塞尚，這些險些被當成垃圾的作品如今成為許多人心中不朽的名作。

現在被視為偉大畫家的塞尚，在生前其實是被他人嘲笑的醜小鴨。他的風格跟當代的繪畫主流不符，那些被他丟進垃圾桶的畫作，就像是自己也不想面對的失意人生。然而誰也沒想到，那隻被無視的醜小鴨，最後搖身變為人人稱讚的白天鵝。

不論是誰，都有討厭自己的時候，工作也會有不順心的時候。有時候也會覺得一切都是徒勞，想要將至今為止的心血全部丟進垃圾桶。但我也相信垃圾桶內也有正在等待被發掘的寶石，而那個寶石必須靠自己找出來。偶爾暫停一下也不錯。儘管沒人想靠近散發臭味的垃圾堆，但是暫停之後，說不定會想去翻找看看。

如果你身邊正好有一位像塞尚太太那樣的支持者，真的是沒有比這更加幸運的事了。沒有也沒關係，我們也可以自己再次展開那張被揉皺的畫作，然後重新開始畫畫。你所討厭的，或是他人討厭你的特質，很有可能就是專屬於你自己的特色。只要持續關注和努力，一定可以成為名作。

對自己提問

「具備個人特色是危險之事。在人群中跟大家維持同個模樣，待在同個群體，和別人一樣是更加容易的事。」

如同哲學家齊克果所說，要活出自己並不是容易的事情。為了適應與他人的生活，我們很容易被影響。即使一開始確定好方向，也會認為跟其他人朝同一個方向才更加正確，這樣一來，會在某一瞬間加入得過且過的眾人行列，連要去哪裡也不知道，只是盲目地前進。可是難道就只能讓自己陷入孤立嗎？難道沒有跟他人一起，同時又不會失去自己、絲毫不動搖前進的方法嗎？

有的，但首先我們必須先認知到了解自己和幫助自己是很重要的。唯有深入理解自己，才能夠知道自己的核心價值、人生目的以及人生的優先順序。為了讓自己面臨各種環境或情況都能夠不動搖，就需要「自我重啟」，幫助我們活得像自己和守護自己。「自我重啟」是除了自己，沒有任何人可以做得到的事情。

我們為自己設計的人生有好幾種樣貌，有為了展示給他人看的「大眾人生」，也有只想實現自我理想的「自我人生」。為了設計出專屬自己的人生，可以問自己以下兩個問題：

1. 我擁有的核心價值是什麼？
2. 只有我能做的理由是什麼？

在相同環境中，有人會克服萬難，也有人會感到絕望，其中的原因是什麼呢？我認為其中一個原因是在人群中，若自己無法被定義為一個獨立個體，將無法找到自己的本質，只是隨波逐流地活著——不能活得像自己，而是活得像他人的人，人生該有多麼痛苦啊。可是我們從小就被教育要符合社會期待的價值和基準。要求自己符合他人基準已經成為理所當然的事情，甚至沒有時間去思考自己到底喜歡什麼或討厭什麼。正因為如此，我們才更加要有意識地去思考「我」。即使會很痛苦，也不要讓自己去符合他人基準，唯有認同和接納原本的自己，真正的「自我重啟」才能啟動。

擺脫名片的框架

某天，一位認識許久的前輩來辦公室找我。前輩直到退休前都在體制內上班，那時他甫退休不久，我問他最近在做什麼，他拿出一張名片跟我說：「我最近這樣活著。」我匆匆一瞥，名片的設計乍看之下好像還滿有模有樣的。前輩原本就是一個很有能力的人，我心裡想著「原來又去上班了」，但認真看名片後，才發現名片上寫著：「自由人〇〇〇」。

我笑著問道：「果然很厲害。成為自由人之後，你有感到很輕鬆嗎？」

「沒想到沒有名片之後，我過得更加舒適，也看到了更多東西。因為感嘆自己過去把人生過得太過狹隘，所以製作了這張在各種意義上都更寬廣的名片。很帥氣吧！」

前輩至始至終都帶著笑容。前輩還是上班族時無法意識到那個身為自由人的「真正的自己」，認為過去那個寫在名片上、被名片規範的人就是全部的自己，就這樣被限制在其中而不自知。

我還在三星時，有一次因為公事留到很晚，見我望著窗戶苦惱的前輩這樣鼓勵我。

「企畫高手，你還在煩惱什麼？只要做你做得到的程度就夠了。」

我們總是根據名片上的職稱活著。名片上寫著「副理」，就只做副理分內的工作；名片上寫著「經理」，就只做經理分內的工作，這的確是理所當然的事情。但我並不打算聽從前輩的建言，而是決心要打造出「名片以外的自己」。

成為企業家是我一直以來的夢想，因此我決定改變自己，至少要像企業家一樣思考。當我擺脫名片的框架之後，我的視野擴大了，工作方式也截然不同，我變得更加積極和認真的工作。

我雖然身處受薪階層，卻能夠培養出企業家的性格，應該是託前輩的福吧。之後我決定丟棄那張受薪階層的名片。當我離開前景一片大好的前公司，選擇去當大學教授時，妻子曾對我抱怨過：「那麼好的公司，你為什麼要離職呢？別人想進還進不去，還有人是想繼續待著而公司不要他們。你卻是自己提離職。」

但我並不這樣想。繼續在公司待著，在某種程度上自然是保障了未來的生活，但我已經上班超過二十五年了，能做的都做了，該學的也學了，不是嗎？我認為從現在起應該用其他方式發揮自己的才能，因此才主動選擇了自己的道路。當然，我離開公司時並非完全沒有害怕和擔憂，只是當時挑戰全新世界的欲望更加強烈罷了。其實我現在做的事情比當上班族時還多，經營教育課程、企業諮商、指導、演講、寫作等。擺脫名片規範的那個我之後，我找到了更多個我。

框架會阻礙成長

一旦被某種定義或框架限制住，就再也想不出更棒的策略和有彈性的思考了。企業也是如此。霍華・蕭茲（Howard Schultz）在《STARBUCKS：咖啡王國傳奇》（*Pour your heart into it : how Starbucks built a company one cup at a time*）中曾這麼說：

「星巴克除了『永遠要使用最高品質的新鮮咖啡豆』這個原則之外，沒有什麼是不能被修正和革新的。」

如他所說，在他創業第十九年時，他把「星巴克咖啡」品牌中的「咖啡」二字去掉，只留下「星巴克」，展示了就連品牌名稱都可以改變的決心，也表明了他打算在所有可能領域擴張事業的意志。名字、名片的限制和規範，事實上容易也讓我們的思考範圍被框限。

如果你拿到新名片時，曾經想過：「從現在起可以過得舒舒服服了。年薪上漲了，生活水平也可以提升了。只要我拿出這張名片，也能獲得大家的尊敬和認同了。」如果你是這樣看待名片上的自己，那就是必須從他人規範的名片框架中跳脫出來，進行重啟的時候了。

製作自己的名片

除了公司提供的名片，設計一張自己的名片吧。

到現在為止，你在刻意暫停之後的「調整呼吸」和「定位」階段，應該發現了自己的真實模樣，自己所期待的形象也漸漸浮現。以此為基礎，在自己的名片上寫下一句可以定義自己的話語。例如，我會製作如下頁的名片。

成功是一種習慣——
時時重啟，成就更好的自己。

帶來正向影響力的人
全玉杓

買什麼會讓你更幸福？

康乃爾大學心理學教授湯瑪斯・吉洛維奇（Thomas Gilovich）和他的同事們針對人們對幸福的感受度進行了實驗。他們以「在物質和經驗的購買行為中，對何者會感到更幸福？」為題，先讓受試者在腦中想像經驗的購買行為，然後詢問當時感受到的情緒。例如參加自己熱愛的歌手舉辦的演場會，在現場等待開場的心情是如何？接著又問受試者在購買物質時，例如購買智慧型手機之後，等待拿到手機的過程心情如何。受試者不論是購買哪種經驗，主要出現的都是「非常期待」、「好興奮」等正面情緒，但在購買物質之後，大多數人會表現出（因為等待而）「好煩」、「好著急」等負面情緒。

根據實驗結果可以看出人們購買經驗時會比購買物質感到更幸福、開心和愉悅，也就是說，在米其林餐廳的用餐經驗或去參加演唱會的人，會比購買汽車、電視機、智慧型手機等物品的人更加幸福。回想一下自己的經驗，你在哪種時候會感到幸福呢？極少是在得到某樣東西的時候吧？反而有極大可能是小時候跟父母去公園玩，或是跟戀人去旅行、體驗到某種感受等獨特的經驗時刻。

可是，當我們越來越融入群體生活之後，卻在不知不覺中比起經驗更執著於物質。我們不斷地跟他人比較，而且那個基準往往就是物質。當我開著BMW參加聚會時，發現好友開著更加昂貴的賓士，會感到自己很寒酸，因此我為了得到更好的車子而更努力，但那些想要擁有比其他人更好、更多物質的人，不論怎麼努力都會發現總有人比自己擁有更好的東西。我們絕對不能落入這個陷阱。或許你會想「我明明這麼努力賺錢了，車子居然比朋友的還差」，可能會覺得自己白白努力了。然而如此盲目地跟他人比較人生，慢慢地就會失去自我，最終失去了方向，陷入永無止境的負面循環。

相反地，如果是重視經驗的人，就不會硬是把自己的經驗和他人的經驗做比較，並做出高低價值的判斷。我的車是很舊的款式，因為使用時間過久，外觀上難免有些斑駁，但原本的功能也就是交通運輸性能，跟新車比依然毫不遜色，加上開久了，累積了許多與這輛車的回憶。正因為如此，比起去購買新車（取得物質），我反而更加努力地與這輛汽車創造回憶，累積更多的經驗。

現在人人都有智慧型手機，也有很多人拿的手機比我好，但手機內使用著什麼APP人人不同。在演場會現場或許每個人都跟我有著相同的感官經驗，但是我所感受到的情緒是只有我能擁有的、具備唯一性的經驗。當我把那份經驗和情緒與他人分享時，我會感覺更加幸福。

不是轉職，而是增加履歷

經驗可以幫助你變得與眾不同，在你的內心慢慢累積特別的經驗吧。不是苦惱「我要不要買什麼」，而是思考「我要體驗什麼」。把這個原則套用在工作上，物質就是「轉職」，經驗就是「履歷」了。我每次在演講時，都會跟上班族們強調：

「不是轉職，而是增加履歷。」

許多上班族都曾考慮要不要換到更大、更好的公司上班，提高年薪。可是我認為比起「我要在哪裡工作」，更重要的是「我要做什麼」。現在我在所處的位置上，是不是已經盡全力了？當你累積夠多的經驗和能力之後，契機自然會出現。

我曾經為國營企業舉辦給新進員工的特別演講。一位新進員工聽完我強烈要求大家創造出「獨一無二自我」的一席話之後，寫了封信給我。

我是這次有聽代表演講的新進員工。您原本就很忙，當天又有太多人，或許您不記得我了。以代表站的位置來看，我是坐在第一排右手邊第二個位置。我叫崔演素，是眾多新人中的一名。我在進入公司之前，因為執著於第一名，所以高中和大學都畢業於名校。

只不過，因為長時間拚命往前衝刺的關係，如今開始慢慢感到無力。或許我把年輕當成藉口，但是我從進入公司以來，並沒有積極地表現和規劃未來，我好像只是覺得「就這樣每天幸福過日子吧。現在我總算可以過得輕鬆一點了」。

不過聽完代表的演講之後，我開始澈底自我反省是不是過得太安逸了。我把演講時寫下的筆記重新整理之後，正在慢慢理解和消化。非常感謝可以聽到這場演講，所以我才寄給您這封信。

從現在起，我身為一名堂堂正正的上班族會繃緊神經，充滿鬥志地往前走。直到我成為可以獨當一面的人之前，我都會把代表的書和演講放在心頭。

我在看完這封郵件時，其實有反省自己「當時是不是說得太過火了？他其實可以趁現在多玩樂」，但同時我也覺得他能夠接受我的建言，從結果上來看絕對是好的。抱持如此覺悟的社會新鮮人，不只是他本人，他所處公司的未來都讓人值得期待。這封信也帶給我莫大的勇氣，並成為我再次重新檢視自己的契機。

培養業外的競爭力

據說現在最受歡迎的職業是學校老師或公務員。雖然不能一概而論，但是這些都屬於有保障的工作，退休之後還有退休金，完全不用擔心老後生活。相反地，一般公司就沒有這些保障，如果是欠缺專業性的工作就更加不安了。假如身為女性，還要擔心生完小孩之後，職場上是否還有自己的一席之地。況且，就算已經是某領域的專家也無法就此高枕無憂。即使被稱為專家，為了繼續生存下去仍須竭盡全力。

在這種情況下，保持什麼心態，又如何培養出自己的唯一性就非常重要了。那要怎麼堅定不移地累積自己專屬的實力呢？為了跟他人有所差別，就需要定期的進行「自我重啟」。

美國建國初期，有一位前景備受期待的軍官尤利西斯·格蘭特（Ulysses S.

Grant）。這位年輕人對自己的能力過於自信，態度非常傲慢，最後因為酗酒和沉迷賭博被趕出軍隊。被趕到鄉下的他成為一名普通的農夫，期間深自反省。後來在美國南北戰爭爆發時，他被徵招，再次加入了軍隊。

雖然他之前是軍官，可是他始終抱持著謙遜的態度，重新從士兵當起。之後，他通過立功慢慢升官，成為上將，最終成為美國國防部長及第十八任美國總統。

現在看來，被逐出軍隊這件事成為他「重啟」的契機。只要目的和方向性明確，就不會被周圍的事物誘惑。一開始他雖然沈溺於玩樂，但他在刻意暫停的時候（種田時期）重新回頭檢視自己，並察覺到自己做錯了什麼，這段經歷讓他之後不論遇到什麼困難，內心依然堅定不移，始終用謙虛的態度努力做自己擅長的事情，最終改變了他的結局。

那些持續成功的人和公司有什麼祕訣嗎？吊車尾的組織可以變成第一名的祕訣是什麼呢？讓我們從絕望到希望的祕訣，就是通過「自我重啟」持續不停地對自己和組織進行革新。

因此我想建議大家，與其擔心自己未能成為某領域專家而感到不安，還不如專心累積自己的強大競爭力。業餘者和專家的差異並不是重點，重要的是能夠把自己的優點展現出來，然後持續充滿熱情的執行。我在職場上見過很多工作能力超強的人，他們的共同點就是：不論處在順境或逆境，都會不停的學習。學習方法有無數種，例如讀研究所、聽名師演講、參加論壇或讀書會、上線上課程等。學習是一件很棒的事情，但更棒的是讓學習變成一種好習慣。社會心理學者、意志力研究權威羅伊・鮑邁斯特（Roy F. Baumeister）說：「解決高難度課題的最好方法，就是讓練習變成一種習慣化的儀式。」事先定好時間，然後在那段時間內排除其他干擾，讓學習成為自己的儀式。通過這種方式可以慢慢累積自己專屬的價值，建立與別人的差異性。

現在我能做到的事

不管多麼羨慕他人的人生，也不可能過上他人的人生。相同的，不論自己的人生多痛苦和艱難，其他人也不可能代替我去承受。我人生的負責人除了自己，別無他人。我每次遇到考驗時，就會這樣反覆問自己以下三個問題來撐過難關：

1. 現在不做，何時要做？
2. 不在這裡做，要在哪裡做？
3. 我不做，誰可以做？

是的。現在，這裡，我是最重要的。現在立刻要從自己所處的情況和環境中，找出自己可以做到的事情。

一位猶太人因為在以色列生活得太辛苦，毫無準備的他，直接移民到美國紐約。到了當地，聽說猶太人教堂正在招聘管理人，他就跑去應徵，但他既不會說英語，也不會寫字，結果當然是落選了。於是他放棄找工作，開始在路邊經商。為了賺到更多錢，他想擴大經營，於是跑去銀行貸款。銀行員看到他的資產時，非常開心地同意借貸。當銀行員請他簽名相關文件時，才發現他其實是一個文盲。

「你不會說也不會寫英文，就已經獲得如此大的成功了。如果你懂英文，現在會做什麼呢？」

他回答道：「我如果懂英文，現在應該還是教堂的管理員吧。就是因為我不懂，才會去做生意，才能賺到這麼多錢。」

也有相反的例子。含著金湯匙出生，集萬千寵愛於一身的股神巴菲特兒子彼得・巴菲特（Peter Buffett）在《做你自己：股神巴菲特送給兒子的人生禮物》（*Life is What You Make It*）中提到：

「『只要想要，就能夠擁有』這件事，其實是隨時可以讓我萬劫不復的陷阱。這個誘惑不斷以各種模樣出現在我面前。人們只知道羨慕我擁有的，但對我來說就像是災難。」

正在史丹佛大學就讀的彼得，苦苦尋找自己人生的意義。他經常被鼓勵走上跟父親相同的路，成為出色的投資神人，但他始終對這條路沒有心動的感覺，慢慢地看清楚自己的目標。在徬徨許久之後，他所找到的答案是音樂，最後他也成為了電影音樂作曲家。

彼得說：「我不想當富爸爸的兒子，我要為了自己而努力，成就自己人生的意義和價值。」同時他還說：「人生的意義不是金錢、名譽和財產等東西，而是找到自己真的喜歡和享受其中的事情，然後賦予它價值。」

不論你是含著金湯匙還是鐵湯匙，都會遇到不得不去做、不想做的事情。重要的是不論是在哪種情況下，都能夠找出自己喜歡的事情並繼續做下去。

每個人出生的環境不同，具備的能力也不同，這些雖然不是自己可以選擇的，但也絕對不是無法改變。在面對困境時，我們可以通過自己的能力改變現況，而我唯一能做的事情，就是去做現在、此處的我可以做到的事情。

許多人總是充滿擔憂和不安，可是卻遲遲不做任何行動。為了「我」可以越來越擅長做自己喜歡的事情，就必須一直學習和執行。這也是為了活得像自己的重啟方法。

真正的祕訣是熱情

根據自身被關在奧斯威辛集中營的經歷提出「意義治療理論」（Logotherapy）的精神病學家維克多・弗蘭克（Victor Frankl）博士，曾在半夜三點接到一名女性的來電。

這名女性說：「我也不知道自己為什麼打電話給您。我原本打算自殺，吃藥的瞬間突然想起博士您寫的文章，我就在不知不覺中打了這通電話。」

博士為了阻止這名女性自殺，竭盡全力地說服她。他們討論得太過熱烈，直到天明，於是博士約這名女性持續進行諮詢，最終她終於改變心意，決定好好活下去。

這則軼事被傳開之後，大家都很好奇博士是如何說服她的，於是人們好奇詢問這名女性是聽到博士的哪句話之後，才改變心意的呢？

「其實我已經想不起來那時候博士說了什麼，而是當時博士想方設法讓我願意繼續活下去的熱情感動了我。」

原來博士的祕訣不是才能，而是熱情。

在我們的人生中，形成巨大差距的原因往往也不是才能，是熱情。下定決心獲得戰爭的堅定信念能影響勝負；不管擁有多厲害的武器，也無法戰勝豁出性命的對手。縱使獲勝了，也無法改變對手的精神——能保證成功的不是能力，而是一定要戰勝的熱情和意志。

同時擁有才能和熱情，當然再好不過了，但如果才能有些不足，也沒關係，只要找到有才能的人一起工作就可以了。可是沒有熱情就萬萬不行，因為熱情無法靠他人給予或輔助，也才能根據自己的情況而適時調整。在運動比賽中，再有才能的選手也會受到當天的身體狀態或周遭環境影響，只有擁有強烈的熱情才不會輕易被動搖。

熱情來自於愛，所以我們必須喜愛和享受自己的工作。真正的高手不會害怕逆境，反而是擔心對工作的熱愛會減弱，所以需要不斷地輸入熱情。

我直到離開公司，自己成為公司經營者之後，才真正知道上班族和企業家的差異在於：「你為什麼要工作？」面對這個問題，如果你無法說出「因為我喜歡這個工作」的答案，成功不會屬於你。強迫自己工作不會產生熱情，而沒有熱情的工作絕對不可能結出名為「成功」的果實。

不要讓欲望變成貪婪

畢業於麻省理工學院，曾在神戶大學經營研究所擔任教授的金井壽宏，研究三十多年人的欲望和領導力，他在《瘋狂想做》這本書中提到引發熱情最重要的關鍵是欲望——欲望不是由「刺激」而來，而是由「管理」而來。一時的欲望刺激，只能帶來短暫的效果。

「身心俱疲的現代人應該具備的真正重要能力，是當自己想要什麼的時候，可以在瞬間管理自己的欲望。」

在競爭激烈的組織生活或其他比賽中，你想怎樣被留下呢？「自我重啟」是管理欲望的方法。刻意暫停，把注意力放回自己身上，然後思考：我為什麼正在做這件事？我又是怎樣的人？以及我想成為怎樣的人？

這時候，創造出自己的「支柱」是很有幫助的。人生常常出現意外或原地轉圈的情況，就像雲霄飛車那樣曲曲折折。如果想在其中不被動搖、維持自我，就需要支柱。

你的人生支柱是什麼？可能是愛，也有可能是夢想或家人。這些支柱會讓你不論遇到什麼考驗或環境變化都不動搖，同時產生可以克服困難或壓力的絕大力量。在品嘗過痛苦和傷心後的成長，會讓人在面對迷路或挫折時變得更堅強。

許多人會把熱情或欲望錯認為是貪婪或野心。的確，為了避免情緒化或太過隨心所欲，培養控制自己的衝動和欲望並處之泰然的能力是很重要的，有時如果欲望太過強大，還必須把它克制下來，以免在通往成功的路上迷失。但只要像這樣不斷進行重啟，即使只是短暫暫停一下，也能夠幫助你堅定地繼續走下去。想要成功的你，一定要成為管理欲望的達人。

我的覺察

人群中的我 v.s. 唯一的我

我之中明明有「我」的存在，但常常失去「自我」，在人群中隨波逐流。人們想要什麼，我就誤認為自己也想要什麼。人們也相信看到的那個我就是真實的我，像這樣在人生中失去自我和自尊，日子當然會過得很痛苦。

我們要不停地問自己「我是誰」，並且邊追求自我邊活著。只有找到自我之後，我做的工作、我的人生才會成為一種哲學。在尋找自我的時候，我所說的、所做的一切才會串連起來，並協調發展。

世界最大零售商沃爾瑪百貨（Walmart）的創辦人山姆・沃爾頓（Sam Walton）是注重勤勞和誠實的人。他會為了節省五十美分去撿別人讀過的報紙，他唯一一次搭乘頭等艙是去非洲的時候，可是他也會對弱勢的人們欣然掏出鉅款。

他在創業的時候也很誠實展現自己。他不被權利誘惑，反而是真心地禮遇所有沃爾瑪的職員們。當他學會駕駛飛機，就開著小型飛機拜訪全國各地分店並激勵大家。他把家庭和職場放在優先順位，也總是對別人誇耀自己家採購的商品品質是最好的。

人們常常會為了想成功，扮演成其他人，不真誠地展現自己，走捷徑或昧著良心去做事。當感覺這樣做很不像自己的時候，還會自我說服「這是人情世故」。可是看看沃爾瑪，即使堅持自己的原則，依然可以把事情做好，還獲得了巨大的成功。

許多人比起自己更加關心他人，看不到自己的錯誤，卻總能揪出他人的錯誤並緊咬不放。但想要找出自我，最優先要做的事情就是誠實地面對自己。每個人都有不好的地方，唯有知道那個「不好」是什麼才能夠管理它。觀察自己，然後把缺點寫出來，你才能發現自己內心充滿了各種惡。

「我很懶惰、常常說謊、傲慢、把黑說成白、得過且過、忌妒更優秀的他人、容易得意忘形、用自己的標準任意評價他人、無法克制衝動……。」

像這樣把自己的錯誤或缺點羅列出來，或許一張紙都不夠用。很多人都是看別人很清楚，但是無法看清楚自己的愚昧之人。假如自己的內心中少了對對錯的判斷，那些對自己沒有疑問的人不可能變得成熟。我在當教授的時候，常常對學生說最重要的是「提出問題」。不提出問題，永遠得不到答案。想要設定自我，要將自問「我是誰」的行動內化。

我還想提醒一點，那就是不可以任意修改問題，提出問題後就要努力找出答案為止。只有這樣做，你才會知道自己擁有的和要拋棄的東西各是什麼。把該丟的丟掉，然後繼續發展擁有的才能，在這個過程中，就會發現之前自己也不知道的、專屬於自己的「自我」。

第六階段

Take-off

飛躍

行動重啟

做一件你認為做不到的事。
失敗的話，就再試一次。第二次會做得更好一些。
那些不曾跌倒的人是不曾站上高壓電線的人。
這是你的時刻。擁有它吧。

——美國脫口秀天后歐普拉（Oprah Winfrey）

一切都是為了飛躍

重啟是導入變化的有效工具。當你的生活一成不變或遇到難關時，可以通過重啟製造改變。

我來舉幾個例子。百事可樂即使被評價比可口可樂好喝，還是萬年位居老二，於是百事轉變策略，將主力從碳酸飲料放在開特力（Gatorade）、純果樂（Tropicana）等非碳酸飲料品牌上，終於在二〇〇五年十二月，一百一十二年來首次超越可口可樂奪下第一的寶座。西南航空在一九七一年六月成立時，只有三架波音 737，當時沒人覺得這家公司會成功。西南航空跟其他航空公司的不同之處，是它只選擇利潤高的航線，同時勇敢地取消了可以提高機票價位的機內餐點，此舉讓它快速開闢了多條航線，最終讓西南航空在短時間之內成為美國的四大航空公司之一。

這些企業在遇到難關或處於不利位置時，反而把它們當成墊腳石竭盡全力往上跳躍，費盡心思想出對應策略後，馬上行動，不再猶豫不決。這個方法也可適用於個人。

到現在為止，我們介紹了重啟的五個階段。「刻意暫停，調整呼吸後，再次出發」這些過程都是為了戰勝人生中遇到的苦難或倦怠，並讓我們重新取得主動權。準備好以後，最後一個階段便是「飛躍」。

不論是誰都曾體驗過「開始」，所以對於「開始很容易，但堅持很難」這句話或多或少都能產生共鳴和理解。只要下定決心，即使要花費不少時間，開始是相對簡單的部分。真正的考驗是開始之後要堅持到底，歷經考驗後獲得成功。持續保持成功、維持優秀表現、不斷往上跳躍確實不容易，但並非是不可能之事。通過重啟，就可以創造出更高的跳躍和成長。

為了跳躍，我們必須有所行動。到現在為止，我們都是為了克服成長的障礙物做準備。助跑完成之後，就要用力往上跳，而引出這個行動的就是「行動重啟」。如果說重啟的成敗關鍵在於「行動重啟做得如何」也不為過。如同「珍珠三斗，成串是寶」，只有暫停下來思考，最終做出決定之後，才能暢通無阻地行動，為了成長而堅持下去。為了更高的跳躍和成長，必須讓行動重啟習慣化和內在化，只有這樣才能夠再次成長。

相同行動只會得到相同結果

行動重啟的核心是回顧至今為止的經歷，刻意暫停後修正過往錯誤的行動。就像關閉開關那樣中斷錯誤的模式，找出為了正確導向目標而必須改變的行動，然後重新出發。也就是說，這會產生完全不同於以往的全新行動。

變化往往伴隨著衝擊。液體加熱後會變成氣體，玻璃杯被摔之後就會破裂，為了實現目的，我們必須改變行動，只是根據之前的方式去做、根據之前的方式生活，無法帶來真正的改變。一做再做卻總是出現差不多成果的原因，就在於慣性行動。唯有通過劃時代的行動，才能產生劃時代的變革，最終達成劃時代的目的。如果沒有行動重啟，就無法達成更大的目標，也就無法完成更高的跳躍。

如果想把危機變成轉機，就必須研究出可以減少費用的系統性方法。在各種方案中做出艱難的選擇，嘗試根本性的改變，避免掉入惰性——尤其是積極惰性（active inertia）是非常危險的。積極惰性是指無視未來變化，只會沿襲過去的豐功偉績或成功模式的傾向。大部分個人或企業都是因此陷入進退兩難的困境。

通過行動重啟可以給一成不變的生活帶來衝擊。在這個重啟過程中，我們就不得不去改變。想法首先會改變，想法改變了，態度和行動也會隨之改變。重新思考目的和方向時，我們的夢想和藍圖也會產生變化。而當變化到達沸點時，就是必須付出實際行動的時間點。全新變化的我會慢慢日常化，危機轉變成機會。

從現在開始做行動重啟吧。

行動重啟是根據以下四個階段進行：

刪除：捨棄不需要的部分

如果想要改變現狀，那就要懂得區分哪些是不需要的事物。我們總是緊抓著太多並不真的需要的事物活著。正因為滿手抱著太多不需要的，往往錯過真正需要的事物。

高速公路的自動收費系統解決了汽車為了繳費不得不放慢車速的問題。這場導入自動收費系統的變革，完全捨棄過去人們繳納費用的方式，帶來驚人的處理速度。像這樣好好檢視我們的生活中，是不是存在著這些不必要的慣例或習慣。為了更大的跳躍和成功，需要堅定地挖出這些不需要的事物並勇敢去除。

❹強化：補強核心價值

在改變行動的時候，要往最接近本質的方向增強，例如餐廳的本質是提供美味和健康的食物。因此不使用人工調味料，並提升食物美味是最高的準則。行動重啟時，就要往這個方向來強化。

在韓國也很熱門的日本餐廳 ORENO（俺の），雇用最高級的五星級廚師、使用最棒的食材，但價位只是一萬韓幣左右（依現行匯率相當於兩百四十元臺幣）。攤開成本來看，一般餐廳的食材費約占價格百分之三十，但 ORENO 餐廳卻高達百分之六十。然而，其他高級餐廳的翻桌率如果是一天一次，ORENO 餐廳則能達到三．五次。ORENO 餐廳用高級食材做出令人驚豔的料理，強化了美味和健康的核心，同時通過降低價位來提高翻桌率，當然獲得了成功。

強化真正重要的核心價值是至關重要的事。

❶ 混搭：加上這個那個

行動重啟時，也需要加進新事物。可是我們的時間有限，所以必須盡可能把同時可以做的事情疊加在一起。把改變所需的行動加進來之後，就能規劃出行動計畫。例如你打算開始運動，也想學習中文，那麼可以把行動計畫訂為：一天踩室內腳踏車半小時，同時背中文單字。

如果是企業，在滿足顧客需求時也可以採用混搭法。如今星巴克不只是咖啡店，還為顧客提供三明治或麵包。智慧型手機會加上音樂、相機等各種功能，也是為了滿足顧客的需求而混搭出各種類型手機。正因如此，我們才能單靠一支智慧型手機就可以解決各種日常問題。

混搭是帶來變化的主要做法。

❶單純化：將流程標準化

行動重啟的關鍵在於「執行度高低」，所以要把焦點放在單純化。最好的行動是盡可能毫無負擔地融入日常生活中的行動。如果想讓「每天運動半小時」的設定更可行，就需要考慮到每天的狀態或行程有所不同，計畫時需要留下變通的餘裕。例如今天是走路去上班，明天是去健身房運動，這樣才能夠讓行動重啟自然而然地發生。如果行動計畫過於複雜或固定化，很容易三分鐘熱度或是難以養成習慣。相反地，如果標準設定越單純，就越容易讓行動產生劃時代改變。在工作上也是如此。

日本的中古商品牌「BOOK OFF」是從二手書起家，最後擴展到各種商品，成為二手業的大型業者。BOOK OFF 採取「用原價百分之十收購，用原價百分之五十銷售」的基準，讓中古交易單純化，更衝擊了傳統書店的銷售。BOOK OFF 在經營其他中古物時亦採用相同準則，最終成為日本最具代表的二手書連鎖店。

標準化和靈活性是引出變化的重啟基準。

飛躍，需要毅力

據說超過四十歲的老鷹，羽毛就會變得雜亂和厚重，喙也會變得又重又鈍。當它的喙長到可以碰觸到胸口的程度，爪子也不再銳利時，就會陷入生存危機。這時候，老鷹面臨兩個選擇：一個是淒涼地變老，另一個就是通過全新的方式重生，繼續帥氣地活下去。

選擇重生的老鷹會用岩石把喙敲掉，讓新的喙長出來。當鋒利的喙重新長出來之後，再把自己的爪子一根根拔掉。雖然這會帶來極大的痛苦，但老鷹還是忍耐著把所有爪子用喙拔掉，因為這樣才能長出銳利的全新爪子。

老鷹最後還有一件事情必須做，那就是用喙把羽毛一根根拔掉。跟拔爪子的痛苦相比，拔羽毛根本就是小菜一碟。羽毛被拔光的地方會重新長出新的羽毛。經過六個月後，老鷹不再是原本的垂垂老矣，而是重生為帥氣的新鷹了。這樣成功變身之後的老鷹，還能再活上三十年。

這則老鷹寓言出自鄭光浩代表連載於報紙上的〈故事經營學〉，在企業界的變革、革新訓練中常常被引用。真實的老鷹不可能這樣脫胎換骨，但即使不是真的，這個寓言依然被許多人一再提起，原因就在於它帶給人們極大的啟示：老鷹的一生就好比我們的人生。假設人們可以活到八十歲，通常約莫五、六十歲時退休，人生還剩下將近三十年的時間，更何況如今是百歲時代，所以我們很希望自己能像老鷹那樣，站在人生十字路口的瞬間可以有所對策。即使你現在還不到即將退休的年齡，也可能遇到某種障礙，站在需要做出選擇的道路上。我們要這樣將就著活下去呢？還是要選擇再次重生呢？

如果你選擇後者，那就必須付出代價。那個代價就是「毅力」，是忍耐著痛苦把爪子一一拔掉，也把羽毛一一拔掉，像老鷹那樣堅毅地撐過艱難的歷程。

人們經常認為累積知識、擁有才能後，就可以成為具備競爭力的領袖。但其實不論知識多豐富、多有才能，也不等於優秀的領袖。因為想要成為有能力和競爭力的領袖，不可或缺的要素其實是毅力。

飛躍也需要付出名為毅力的代價。每次想要放棄時，通過重啟獲得重生，就能創造出循環週期。只要有毅力地執行，就一定能夠成功。

堅持毅力的執行

我是在遠離城市八公里之外，全村只有二十四個人的小農村長大。直到我高二時，村中才有電燈——這樣你應該可以想像我的故鄉是多麼鄉下的地方。我父親是最基層的公職人員，母親從事農業，兩人就這樣養活一家人。

在我幼小的心中，常常抱怨在這種農村生活是多麼的艱難和不公平。我母親看著這樣的我，總是說：「有夢想的人不會被打倒。擁有夢想的人，不論身處哪種環境都能夠克服萬難、堅毅的達成目標。」母親說要實現夢想需要三樣東西：第一是堅定相信夢想一定能成真，第二是不被動搖的決心，第三是每天實際堅毅的執行。然而，那樣比誰都堅信我的夢想能夠實現的母親，在我大一時就蒙主寵召了，那年她才四十九歲。

我當時受到極大的衝擊，感到莫名的徬徨。那時候讓我重新站起來的是我跟母親約定的夢想。至今母親好像還在我身邊，鼓勵著我：「有夢想的人不會被打倒。」四十年過去了，我幼年的夢想大部分也都實現了。當然也有運氣好的成分，但如果我不曾擁有夢想，想必就會沉浸在生不逢時的自怨自艾中，就此一蹶不振。

大家的夢想是什麼呢？為此有做什麼努力嗎？不論是多麼偉大的夢想，如果沒有為此堅毅的執行，夢想就只是夢想而已。為了實現決定好的夢想，就必須有毅力地執行。

安琪拉．達克沃斯（Angela Duckworth）曾獲被譽為「天才獎」的麥克阿瑟獎，在她的暢銷著作《恆毅力：人生成功的究極能力》（*Grit*）中探究了毅力與成就的高度相關性。

她在研究西點軍校學生的過程中，注意到西點軍校的入學考試非常嚴格，極高的SAT（美國大學入學測驗）分數和卓越的高中成績是必備條件。除了推薦信之外，在體力評比中也要獲得最高分，錄取率只有不到百分之九。更驚人的事實是這些經過激烈競爭後獲得入學資格的學生們，畢業前每五位就有一人輟學，而且大部分學生通常在入學七週內就會輟學。

想要考進西點軍校至少要準備兩年，他們居然在入學兩個月之內就退學了？她分析中途放棄的新生，其放棄的原因很少是因為能力不足。那些絕不放棄、堅持到底的學生反而留到最後。通過研究，她發現這個驚人的事實：堅持到最後的人，與處理危機能力高低毫無相關。

工作協商也是如此。協商的前提就是不輕易放棄。只要你認定這是為了團隊一定要去做的正確之事，那麼即使有可能因此使你離開現在的職位，也必須積極地進行協商。

我沒有正規的學過協商心理學，但我認為在協商和諮商中如果存在著唯一重要的原則，就是毅力。這個毅力不是只是等待時間過去的那種毅力，而是只要認定這是正確的事，即使沒有人認同也會竭盡全力堅持到底的毅力。

那麼，這種堅持到底的力量又是從何而來的呢？這是擁有夢想的人才擁有的力量。在美國西點軍校的入學新生中，實現夢想的想法越強烈的人，就更能夠產生克服困難的絕大力量，也發揮出更強的毅力。這些也是不輕易放棄夢想、堅毅地挑戰之人。我在很小的時候就領悟到比起窮苦，更可怕的是沒有夢想。因為沒有夢想，代表對未來也不懷抱任何希望。更何況，毅力絕對不會背叛自己。

先做不想做的事

大家在學生時期，每次學習前會先整理書桌嗎？花上好幾個小時整理書桌後，因為太累反而不想學習了，只好安慰自己「至少我把書桌整理好了」。真正重要的事情是學習，但因為討厭學習而選擇先做簡單的事情，都還沒學習到，精力全花在了整理書桌上。

工作也是如此。每個人都有不擅長的事。有些人害怕打電話，有些人害怕報告。當我們面前有好幾件事情要處理的時候，通常就會把自己不擅長的事情擺在最後，反而是先處理現在不做也沒關係的事情。還有一種情況是一早上班時，不立即開始工作，反而花些時間去做毫無意義的事情之後才要開始工作。

可是那些能夠做出最佳績效的人，一定會先做那些令人頭疼和困難的事情。特別是在充滿能量、注意力也最集中的早上，是我們最能夠能不受干擾地處理許多事情的時光。如果錯過早上的時間，即使是簡單的事情也會變得困難。大家是不是會習慣性地把困難的事情往後延呢？真正的專業人士會把優先處理困難事情的習慣內化。

越是迴避，困難會更難

人是為了目標而存在，而為了達成目標就有些不得不做的必要之事。即使是困難的事，也要無條件地去嘗試。如果一再推遲，內在的恐懼就會慢慢長大，最後演變成厭惡。這樣一來，這件事將變得比原本還要更加困難好幾倍。我們要像即將上戰場的將軍那樣，眼一閉、心一橫，從最討厭的事情開始處理。不論牆壁多高，當我們實際去碰撞時，說不定會意外地發現其實很容易被撞倒。

如果你是組織裡的領導，更應該帶頭去碰撞。領袖魅力的要旨就是身先士卒，以身作則。為了成為更優秀的人，自己必須先戰勝自己。

建議你每天晚上寫下「明日待辦清單」。從最困難的事情開始寫起，而且隔天早上醒來之後，要一件件地去完成。這樣做可以防止因為去做不重要的簡單瑣事而浪費時間。只要將之習慣化，不論何時都可以達成更高的跳躍和成就。

執行需要意志力

某天，有一位女大生來研究所找我。她就讀名校，出生於富裕家庭，生活看起來無憂無慮。但她有一個苦惱，那就是肥胖。她大部分時間都在學習，幾乎沒在運動，加上她喜歡透過吃來紓壓，就在不知不覺中變成重度肥胖了。

她來找我諮詢，想知道要怎樣做才能改掉暴飲暴食的習慣，也想知道有什麼方法可以忍耐想吃的欲望。我對她說：「本人已經意識到的習慣，反而更難改掉。」並對她提出兩個要求。

第一是當感到壓力很大時，馬上停止正在做的事情，改變身處的環境。離開現場是最簡單的方法。為了讓自己感受到環境的改變，就需要盡可能地製造大的變化，例如從室內走到室外、從學習轉移到聽音樂，或是去接觸大自然。如果原本是在自己房間內學習，可以轉移到圖書館學習，或改成去散步。這些都是可以馬上製造出變化的行為。當環境改變了，就可以擺脫目前的習慣。

第二是自己要意識到「想減肥成功，就必須通過艱苦的考驗」這個事實。另外，焦慮是絕對禁止的。開始減肥之後沒幾天，就覺得沒什麼成效而想放棄的話，不要說減肥了，根本任何事情都不可能做得到。我們必須知道，沒有付出努力和汗水就能夠輕易獲得的東西也很容易失去。所有事情都必須付出相對應的熱誠、熱情和苦功。最後我告訴她，以上都做到之後，只要採用「少吃多運動」這個普通原則就可以成功減肥了。

三個月之後，她回報結果，她真的減肥成功了。見面時我還差點認不出來，她渾身充滿自信、開朗地笑著，跟之前的樣子完全不一樣。從她身上散發一種成功人士常有的神采。我真的非常替她開心。我問她減肥會不會很辛苦？她說自己是靠著強烈意志堅持到底，最終減肥成功。

不是討厭，而是害怕

通常上班或創業三年以上的時候，就會開始覺得自己對工作內容和組織都相當熟悉，特別是面對負面事件時更是如此。然而，不論身處什麼位置，如果沒有做超過五年，絕對不可以說自己已經了解一切。三年只不過是開始具備某領域專業知識的階段，那些工作越久的人，越常說自己不知道的東西還很多；越是那種這邊看看、那邊瞧瞧，動不動就三心二意的人，反而像知曉一切那樣說話。這樣一來，只會讓自己陷入進退兩難的困境。

不論是誰都很會訂目標。每個人剛開始都想要達成目標，內心也非常堅定。可是一遇到小難關，原本堅定的心一下子就變得脆弱不堪。各種魔鬼誘惑的聲音不斷傳入耳中，開始對惡意評論神經兮兮。原本那個無論遇到什麼事情都要達成目標的雄心壯志，已經不知道跑去哪裡了，只會一直幫自己找各種藉口，而且也不找任何人商討，自己就下了結論：

「我能做的都做了。我總算知道這不適合我。」

然後馬上轉向其他目標——就算這些目標成功的可能性看起來也相當渺茫。因為當無法達成目標時，沒有任何藉口比「不適合自己」更好的了。

人們要說「害怕」時，常常會說成「討厭」，這是一種把自己行為合理化的做法。

因為誰都不喜歡承認自己會害怕。當目標無法達成時，誠實地說自己害怕目標是相當不容易的事情。人們以為說討厭這個目標或當初目標沒設定好這類的話，就可以掩蓋住自己的恐懼，但是這樣做並不會帶來任何改變。不管用哪種藉口，沒有達成目標這個結果不會改變。與其把力氣花在尋找藉口，還不如正面迎向目標，集中精力去努力。這樣做不是更好嗎？

不需要猶豫不決。把各種問題根據重要性排好優先順位後，一一攻破即可。首先要再次嘗試問題的核心——那就是無條件去衝撞。看起來很高的牆壁，實際去衝撞時，說不定沒想像中那麼難以攻破。為了成為更好的人，自己一定要戰勝自己。

我的覺察

改變通過鬥志而完成

大家的心還跟最初那樣堅定不移嗎？你還記得那個抱持凌雲壯志、初入公司的自己嗎？你還記得充滿期待去創業的自己嗎？那時候的熱情是否被澆熄了？堅定不移的心能讓我們不忘初衷，讓我們可以逃出誘惑和危險的沼澤之中，也在我們摔倒的時候帶來重新開始的勇氣。為了在遇到艱難時可以不放棄目標、堅定走向目的地，所以我們需要鬥志。鬥志會引導我們走向目的地。

被稱為「經營之神」的松下幸之助這樣說過：「我們公司一定能達成目標。因為會做到達標為止。」

即使看起來很愚蠢，但絕對不可以放棄。唯有堅持到底的人才能獲勝。團隊也需要鬥志。革新的真正敵人不是反對革新的人。要說服反對者之前，真正要面對的敵人是自己內心的脆弱。如果你確信革新是可以讓組織獲利的正確目標，就必須積極地說服反對者，逆轉局勢，讓大家願意跟你一起努力。革新最終是靠鬥志來完成。

我的人生轉折也是靠鬥志完成。許多人這樣問我：「過去有無數人都嘗試革新，但最終失敗了。你為什麼能成功呢？」

我是這樣回答的：「因為我下定決心一旦拔出刀，即使面對的是鬆軟的豆腐也毫不猶豫地砍下去。這就是鬥志。」

那麼，忍受所有指責和抱怨，堅持到成功為止的鬥志從何而來呢？當你積極正面地傳達革新對所有人都有益處的事實，鬥志自然就會展現出來。革新和變化隨時都要面對反對和對抗。如果對此感到害怕，那什麼事情也做不了。相對的，如果是沒有人反對的革新行動，其價值也很小。

畫出更大的藍圖吧，然後展現一定要實現夢想的決心，用強烈的意志去挑戰吧。擁有鬥志可以讓我們的人生更美好，更加發光發亮。什麼可以克服學歷自卑感呢？是什麼讓我們擁有面對失敗的勇氣呢？什麼是引領你走向正確方向的指南針呢？又是什麼讓你即使在窮途末路的時候，依然擁有堅強的心，不忘初衷做著現在的工作還不感到疲累呢？那就是鬥志。

你是真心誠意地渴望成功和成就嗎？那麼，與其在意他人眼光，還不如對目的貫注強大的熱情。把那個依附在團隊裡內苟延殘喘的習性拋棄吧。你應該開始用老闆意識面對工作，這樣一來你的內心才會充滿面對失敗的勇氣。

如果你有寄生蟲習性，就會對自己身為某某組織的一員這個身分感到滿足，只有薪水是重要的。相反地，如果你有老闆意識，因為自己是老闆的關係，不論做什麼事情，給人的印象都會很耀眼。如果用「我是老闆」的意識來工作，就會認為使命和成果都很重要。大家都要擁有「即使明日是世界末日，我也要種下一株蘋果樹」的堅定意志。

鬥志是在訓練和成長過程中產生的能量。對於目標的渴望、一再挑戰的勇氣、即使死亡來臨也要往前邁進的悲壯感，這些都會成為自己最強的武器。強烈鬥志能夠展現自己魅力四射的存在感，也能幫助自己直到目標達成、獲得成功之前都能夠一再忍耐和挑戰，最終成為自己專屬的特質。

結語
暫停的勇氣

不論是個人還是組織，都為了更加美好的未來以及創造出成果不斷地努力和進行激烈的競爭。但是，好像沒有人說「暫停一下也沒關係」。

其實，暫停需要非常大的勇氣。在我暫停的期間，也會擔心同事們是不是就此超越自己，或是自己從此落後他人。當你為了挑戰而付出努力，在暫停時也需要相對的勇氣。

重啟不是因為他人的意思，而是遵照自己的想法而做。你可能是在被公司解僱、因過勞昏倒、精神上再也無法支撐時才不得不暫停，這些都可以通過重啟來克服。不過，我建議在這些情況發生之前就要自發性、積極地刻意暫停，進行重啟。

還有，重啟不是做一次就可以，而是到死之前都要不停執行的行動。我認為一旦停止重啟，就像失去了繼續活下去的欲望和希望。

重啟可以讓我們一再打造初心，當重啟習慣化之後，就可以常保初心，因此千萬不要忘記那份往後退一步，重新檢視自己後再次出發的勇氣。在我們的人生中，如果沒有暫停和重新開始，就難以維持初心，也無法期待成長和跳躍。

某次我跟教會牧師談話。在牧師所說的話中，我對於以下這句話印象最為深刻：「我為了不讓自己倒下，常常對自己反覆說『我是不是正在過不讓教徒和我的兒女們羞愧的人生呢？』」

我在對朋友提供建言時，也會發現其實我自己根本無法那樣活著。不是我不知道該怎麼活，而是由於過去的習性不知為何就是改不過來——這時候就需要重啟的勇氣。

當我發現自己正在走的方向跟自己所要的不同，就要勇敢且狠心地拋棄過去的想法、習慣、生活模式。同時，為了不讓自己沉迷於現在的生活，不遺失客觀的眼光，最好隨時檢討自己的目標。站在他人立場來回顧自己的人生，也有助於觀察自己。

重啟是我通過自己的經驗以及收集許多我所諮商和指導的案例之後，領悟出來的一套工具。我很清楚重啟是我們人生旅途中必備的過程，經過深入研究之後整理出重啟的模型。我非常開心能夠跟讀者們分享這些內容。

我希望看完這本書的讀者們至少可以學會如何檢視自己。我們總是按自己能力所及把每一天的時間表排得滿滿的，然後忙碌生活著。時間自然地流逝，一切事物也順利地進行著，因此我們甚至無法意識到自己的疲累。我希望大家務必常常回顧自己，跟自己進行對話，最好能夠培養出「暫停的勇氣」，讓自己開啟新的成長階段。我誠摯希望大家通過重啟讓人生過得更幸福、充滿活力和熱情。

最後，請各位讀者們原諒本書的不足之處。這些是我蒐集各種經驗獲得的內容，但我也知道天底下每個人的人生和處境不可能完全相同，因此我希望大家的人生可以通過從「暫停」到「飛躍」的重啟過程，達成各自的成功和成長。

在此，我希望能將本書獻給每位渴望在校園、職場、人生中常保熱情和初心的所有人，並將所有榮耀歸於引領我們的上帝。

參考文獻

書籍

《恆毅力：人生成功的究極能力》，安琪拉・達克沃斯（Angela Duckworth）著，洪慧芳譯，天下雜誌（2020）

《搜尋你內心的關鍵字：Google 最熱門的自我成長課程！幫助你創造健康、快樂、成功的人生，在工作、生活上脫胎換骨！》，陳一鳴（Chade-Meng Tan）著，謝儀霏譯，平安文化（2013）

《馬雲，未來已來》，馬雲著，天下文化（2017）

《藍海策略：再創無人競爭的全新市場》，金偉燦、勒妮・莫伯尼（W. Chan Kim, Renée Mauborgne），黃秀媛、周曉琪譯，天下文化（2015）

《比努力更關鍵的運氣創造法則：除了天賦、努力與方法，意料之外的機運才是決勝條件》，法蘭・強納森（Frans Johansson）著，陳儀譯，商周出版（2013）

《冷靜的恐懼：絕境生存策略》，勞倫斯・岡薩雷斯（Laurence Gonzales），馬紅軍譯，張老師文化（2009）

《組織意象》，加雷思・摩根（Gareth Morgan）著，戴文年譯，五南（1997）

《瘋狂行動力》，高原，印刷工業出版社（2016）

《壓力的理解和管理》，金正浩、金善洙著，Sigmapress（2010）

《人力資源管理》，鄭鐘鎮、李德努著，法文社（1998）

《組織行動：人類，組織的理論和問題》，吳世哲著，PY Book（1997）

《現在感到辛苦的話，就表示做的很好》，全玉杓著，中央圖書（2018）

《善意的競爭：改變競爭觀點的賢明智慧》，全玉杓著，Business Books（2015）

《核心目標：最優秀專家才知道的成果產出祕訣》，全玉杓著，Wisdom House（2010）

《AGAIN! 獲勝的習慣》，全玉杓著，弘齋（2018）

《The Success Code》，Dr. Joe Rubino，Vision Works Publishing（2006）

《An Oasis in Time: How a Day of Rest Can Save Your Life》，Marilyn Paul，Rodale Books（2017）

《Flying without a net :turn fear of change into fuel for success》，Thomas J. DeLong，Harvard Business Review Press（2011）

《The Mosaic Principle: The Six Dimensions of a Remarkable Life and Career》，Nick Lovegrove，PublicAffairs（2016）

《Sabbath in the Suburbs: A Family's Experiment with Holy Time》，MaryAnn McKibben-Dana，Chalice Press（2012）

《Satisfaction: A Behavioral Perspective on the Consumer》，Richard L. Oliver，McGraw-Hill Education（1997）

《The Social Psychology of Organizing》，Karl E. Weick，Random House（1979）

雜誌文章

〈以自己為中心來制定戰略的時代已經過去，必須靈活快速地重整核心力量〉，高承縯，《東亞商業評論，2019年1月，264期》

〈Brand Management: moving beyond loyalty〉，Dun Gifford, Jr.，《哈佛商業評論，1997年3月，第75期）

HEART
心|視野　心視野系列 085

刻意暫停
讓疲倦的你，再次充電的技術
리부팅 REBOOTING

作　　者　全玉杓
譯　　者　劉小妮
總 編 輯　何玉美
責任編輯　洪尚鈴
封面設計　張天薪
內頁排版　theBAND・變設計— Ada

出版發行　采實文化事業股份有限公司
行銷企劃　陳佩宜・黃于庭・蔡雨庭・陳豫萱・黃安汝
業務發行　張世明・林踏欣・林坤蓉・王貞玉・張惠屏・吳冠瑩
國際版權　王俐雯・林冠妤
印務採購　曾玉霞
會計行政　王雅蕙・李韶婉・簡佩鈺
法律顧問　第一國際法律事務所　余淑杏律師
電子信箱　acme@acmebook.com.tw
采實官網　www.acmebook.com.tw
采實臉書　www.facebook.com/acmebook01

I S B N　978-986-507-529-3
定　　價　320 元
初版一刷　2021 年 11 月
劃撥帳號　50148859
劃撥戶名　采實文化事業股份有限公司
104 台北市中山區南京東路二段 95 號 9 樓
電話：(02)2511-9798　傳真：(02)2571-3298

國家圖書館出版品預行編目資料

刻意暫停 : 讓疲倦的你，再次充電的技術 / 全玉杓著 ; 劉小妮譯 .
-- 初版 . -- 臺北市 : 采實文化事業股份有限公司 , 2021.11
面 ;　公分 . -- (心視野系列 ; 85)
譯自 : 리부팅 (REBOOTING)
ISBN 978-986-507-529-3(平裝)

1. 自我實現 2. 成功法
177.2　　110014250

HEART

心視野

HEART
心|視野

HEART

心|視野

HEART

心 | 視野

HEART

心|視野

HEART
心|視野

DEDICATED

THE CASE FOR COMMITMENT IN AN AGE
OF INFINITE BROWSING

選擇障礙世代

受困於「無限瀏覽模式」，
將成為現代最危險的文化病症

Pete Davis
皮特・戴維斯——著　吳宜蓁——譯

不是不可思議的行為，而是顯而易見的存在結論。
不是陌生，而是同樣特質的飛躍。
成就。平等的忠誠。但新鮮。
不是浪子回頭，也不是浮士德。而是潘妮洛普。
那東西平穩而清晰。然後高潮。
真實的形式。抵達高潮。再超越。
不是意外。而是驚訝的理解。他們的婚姻，
不是這個月的狂歡。不是例外。
那種美，持續一段時日。穩定而明確。
這是屬於長期成就的平常卓越。

——傑克．紀伯特（Jack Gilbert），
〈反常不是勇氣〉（The Abnormal Is Not Courage）

目錄
contents

PART 3
液態世界中的堅實之人

好評推薦

「聆聽內在的聲音，遠離雜訊。鎖定目標，屏住呼吸，下好離手。優雅轉身，好好享受自己的決定。」

——王意中
王意中心理治療所所長、臨床心理師

「如果你曾經掙扎著想達成某項艱困任務，或想要投入某個將屏除其他選擇的事物，那麼這本書就是為你而寫的。皮特．戴維斯為我們這個時代提出了一個具有煽動性的反主流文化議題，解釋了為什麼決心和毅力如此短缺，以及該如何在一個無限瀏覽的時代中，學會專心致志。」

——安琪拉．達克沃斯（Angela Duckworth）
《恆毅力》（*Grit*）作者、品格實驗室（Character Lab）創辦人

「《選擇障礙世代》是一本相當有權威的書，講述了人們處於關注金錢和恐懼的膚淺文化中，『承諾』這種反主流文化的道德行為。皮特戴維斯的智慧之深和知識之廣令人吃驚，對於行為準則和民主的強大願景更是令人信服。」

——康乃爾・韋斯特（Cornel West）
哈佛大學哲學教授

「這是一本精采的書，定義了這個世代的困境：我們總想擁有更多選擇。皮特・戴維斯是當代迫切需要的新鮮智慧之聲——《選擇障礙世代》是二十一世紀追求幸福和成功的必讀之書。」

——亞當・格蘭特（Adam Grant）
《給予》（*Give and Take*）、《擁抱B選項》（*Option B*）作者

「在現代文化中，你所能做的最反主流的行為，可能就是承諾長期、甚至是永遠投入某件事。現在的已婚夫妻經常迴避的詞彙，不是『愛』、『榮譽』或『服從』，而是『永遠』或『整天』。皮特・戴維斯在這本頗具煽動性的新書中，告訴我們為什麼承諾投入對現代人來說如

此困難。然而，如果我們想完成任何有價值的事或過上有深度的生活，全心投入不僅有益，而且是必要的。」

——詹姆斯・馬丁（Fr. James Martin, SJ）
《學會禱告》（*Learning to Pray*）作者

「在一個注意力短暫、選擇無限的時代中，如何找回意義、目的，以及持久投入的滿足感，這是個引人入勝的議題。這本書是二〇一八年哈佛大學畢業典禮演講的放大版。皮特・戴維斯向他這一代人——以及我們所有人提出挑戰，呼籲人們與真正重要的團體和關係重新建立連結，建設一個更美好的世界。」

——德魯・吉爾平・福斯特（Drew Gilpin Faust）
哈佛大學前校長

「皮特・戴維斯是美國最具創意、最能鼓舞人心的年輕作家之一，他的熱情閃閃發光，超越了他的年齡。在這本書中，他向他的同儕提出挑戰，請大家透過投身於比個人更偉大的志業，讓自己和國家變得更好。這就像是布道，或許吧，但它比布道有意思多了。而我們這些年紀稍大的人，也可以藉由偷聽學到一、兩件事。」

——羅伯特・普特南（Robert D. Putnam）

哈佛大學教授、《國家如何反彈回升》（*The Upswing*）作者

「在一個充滿無限可能的社會裡，我一直覺得承諾投入有點激進。皮特・戴維斯沒有讓這種洞察力如轉瞬即逝的想法一樣流逝，而是致力於探索同樣的直覺，結果就是一份深思熟慮、原創、博學、且鼓舞人心的宣言。我們可以不斷地瀏覽各種選擇，然後一直停留在淺灘上，或是限制選擇，連結到一個更深、更令人滿意的層次。把你的注意力投入到本書的智慧中，就是一個很好的開始。」

——阿絲特拉・泰勒（Astra Taylor）

紀錄片導演、美國圖書獎得主

PART 1
無限瀏覽模式

第1章

兩種文化

Two Cultures

沒人想被鎖在一扇門裡面，但也沒人想永遠住在走廊裡。在「開放選擇的文化」和「承諾的反主流文化」這兩者間具有一種緊繃關係，這種緊繃存在於個人的內心，也存在於整個社會當中。

無限瀏覽模式

你可能有過這樣的經驗：夜裡，你打開網飛（Netflix）開始瀏覽，想找部影片來看。你滑過不同的標題，看了幾個預告片，甚至還讀了幾篇評論，但就是無法下定決心要看哪一部電影。三十分鐘就這樣過去了，你仍然困在**無限瀏覽模式**中，所以你乾脆放棄，你現在已經太累，什麼都不想看了，你決定在此停損，直接睡覺。

我認為，這就是我們這一代人的典型特徵：**保持選擇的開放性**。

波蘭社會學家齊格蒙・包曼（Zygmunt Bauman）曾提出一個詞彙，能適切地形容我所說的這種現象——「液態現代性」（liquid modernity）。包曼解釋說，人們從不想屬於任何一種身分、地方，或社群，所以我們就像液體一樣，處於一種可以適應任何未來形式的狀態。而且不僅人們如此，人們周圍的世界也像液體一樣。我們不能期待任何工作或角色、想法或志業、團體或機構，會以相同的形式長期存在——同樣地，它們也不能這樣認定我們。這就是液態現代性：它是無限瀏覽模式，但適用於生活中的一切。

對許多人來說，離開家去外面的世界，就像進入一條長長的走廊。我們走出了自己成長的房間，來到了這個有著數百扇門的世界，可以無限地瀏覽。我看過擁有這麼多新選擇帶來的好處。我看過當一個人找到更適合真實自我的「房間」時，他們感受到的那種快樂。我發現做重大決定不再那麼痛苦，因為你隨時可以退出，隨時可以移動，隨時可以分手，走廊永遠在那裡。大多數時候，我看到了朋友們瀏覽各種房間的樂趣，經歷了歷史上任何一代人都不曾經歷過的新奇體驗。

但隨著時間推移，我察覺太多扇門帶來的負面影響。當然，沒人想被鎖在某一扇門裡面，但是，也沒人想住在走廊裡。當你對某件事失去興趣時，擁有一些選擇是好事，但我發現，我從一個選項跳到另一個選項的次數越多，我對這些選項就越不滿意。現在，我最渴望的體驗不再是新奇的衝擊，而是那些完美的週二晚上，和認識很久的朋友一起吃晚餐的時刻——那些你用心珍惜的朋友，不會因為找到更好的人而離開你的朋友。

承諾：反主流文化

隨著年齡增長，那些退出無限瀏覽模式的人反而越來越能激勵我。這些人選擇了一個新的房間，離開走廊，關上門，完全安頓下來。

電視節目先驅弗雷德．羅傑斯（Fred Rogers）錄製了八百九十五集《羅傑斯先生的鄰居》（*Mister Rogers' Neighborhood*），致力於推動兒童電視節目朝更人性化的模式發展。天主教工人運動（Catholic Worker）的創始人多蘿西・戴（Dorothy Day）每晚都和那些社會邊緣人待在一起，這樣的承諾與付出對他們來說事關重大。還有小馬丁・路德・金恩（Martin Luther King Jr.），不僅曾於一九六三年時面對高壓水槍鎮壓，還於一九六七年時，主持了他的第一千次冗長規劃會議。

這類新型英雄讓我產生了欽佩之情，我開始欣賞與小時候所景仰的偶像完全不同的人物。那些「很酷的老師」在我記憶中漸漸消失了，我甚至想不起某幾位的名字；但那些慢條斯理且沉穩的老師，卻始終徘徊在我記憶中。

我高中時，學校裡有一位令人生畏的劇場人員和機器人技術組長，巴盧先生，他在學生中培養出一批不合群的維修匠和未來的工程師。他似乎獨占了學校的某個區域，裡面擺滿進行到一半的案子、數十年累積下來的技術成果，以及穿著黑色T恤的忠誠學生信徒。學校裡的大多數人，包括我在內，都有點怕他，害怕自己會妨礙到他，或者弄壞那裡的某樣東西。但這就是他那套方法的關鍵，如果你願意面對自己的恐懼並與他接觸，他會教導你幾十種工藝技術中的一種。

有一次，我和朋友為學校的娛樂表演拍了一支搞笑影片。他看了之後告訴我，我「完全不會取景構圖」，這支影片不夠好，不能展示給觀眾看。其他老師都只是為學生做了某些東西而高興，對我十幾歲時拍的影片總是給予讚賞。巴盧先生則不同，他堅持認為，如果你想從事一門技藝，就應該好好磨練。我還記得我抱怨他對我太苛刻了。

但巴盧先生的方法也有正面之處。有一次，我想在學校的庭院裡搭建一個音樂會場地。每個老師都認為這個想法很荒謬，不可能辦到。但當我告訴巴盧先生時，他一點也不吃驚。他說，如果我學會使用工程軟體，並設計出一個藍圖，他就會支持我，把這個東西做出來。這才是真正的老師——對你要求很多，但如果你致力於學習，他就會全力支持你。

我跟蓋特利太太學鋼琴，她在她那間房子的客廳裡，同一架大鋼琴旁邊的同一把椅子上，坐了四十年。當我的朋友花一到兩年，自由地進出鋼琴課，學習他們想學的流行歌時——凡妮莎·卡爾頓（Vanessa Carlton）的〈千里迢迢〉（A Thousand Miles）和酷玩樂團（Coldplay）的〈時鐘〉（Clocks）是我那年代的流行歌——蓋特利太太的教學方式看起來就是老古董，她的學生不只要學習音階和演奏古典音樂，上蓋特利太太的課，就等於加入一種沉浸式的體驗，這種體驗比學鋼琴更重要，甚至比你更重要。

你不能只是每週去上課，所有學生都必須按照蓋特利太太的日程表來安排活動，像是秋季的獨奏會、耶誕節的音樂會、奏鳴曲節、六月的獨奏會——而且每項活動之前都有相應的練習，所有學生都要一起準備。你必須學習鋼琴的歷史，巴洛克時期和浪漫主義時期的區別，以及演奏結束後鞠躬的正確方式。

你也不能真的退出。中學時，有一次我問蓋特利太太，我是否可以休一年的假。

「可以吧，」她回答，「但我們這裡並沒有休假一年這種事。」

我最後在蓋特利太太那裡上了十二年的課，在那個客廳裡學到了比鋼琴更多的事情。我看著一些年紀較大的學生演奏我覺得自己不可能學會的曲子，但到了最後，我也學會了。而且因為蓋特利太太認識我的時間夠久，以她對我的洞察和權威，能提供比其他老師更深刻的建議，比如她告訴我：「你的生活步調有點快，如果你慢下來，可能會感覺好一點。」我父親過世時，多年來在各種音樂會上都會與他碰到面的蓋特利太太也來參加葬禮，這件事意義深重。從那些讓你在第一堂課就演奏〈千里迢迢〉，並在你第一次感到無聊時就同意你退出的老師那裡，你是不可能得到這些體驗的。

像蓋特利太太和巴盧先生這樣的人，以及多蘿西．戴、弗雷德．羅傑斯和小馬丁．路德．金恩這樣的典範人物，我並不是隨便湊在一起談的。我認為他們是同一種反主流文化的一部分——承諾。他們都採取了同樣的激進行動，對特定事物做出長久投入的承諾，無論是特定的地方或社群、特定的志業或行業，還是特定的機構或個人。

我用「反主流文化」一詞，是因為這樣的行為，並不是當今主流文化敦促我們去做的事。主流文化敦促我們去豐富自己的履歷，而不是被某個地方束縛住；它敦促我們重視可以應用於任何地方的抽象技能，而不是只能做好一件事的技藝。主流文化告訴我們不要對任何事情投入過多情感，最好是保持距離，以防公司被出售、收購、縮編，或「提高效率」；它告訴我們，不要太認真堅持任何事情，而且當別人不這麼做的時候，也不要感到驚訝。最重要的是，它告訴我們要保持選擇的開放性。

然而前面提到的那些人，都是這種文化的反叛者，他們的生活方式與主流文化格格不入。

他們是**公民**——認為自己對社會上發生的事情有責任。

他們是**愛國者**——熱愛自己居住的地方以及這些地方的鄰居們。

他們是**建設者**——從長遠角度來看，他們會把想法變成現實。

他們是**維護者**——監督著機構和社區。

他們是**匠人**——為自己的手藝感到自豪。

他們是**同伴**——花時間與人們相處。

他們與特定的事物建立關係，並透過長期努力，來表達他們對這些關係的愛——為此關上其他的門，放棄其他選擇。

好萊塢電影在講述勇氣的故事時，通常會採用「屠龍」的形式，也就是故事中會有一個反派，而勇敢的騎士在某個重要時刻，做出了一個決定性的選擇，冒著一切風險為人民贏得勝利。所謂的勇氣，就是那個站在坦克前的人，或衝上山的軍隊，或在完美的時機做出完美演講的候選人，所展現的特質。

但我從前述長期奮鬥的英雄身上學到的是，並不是只有面臨「屠龍」式的情境才叫勇氣，那甚至不是我們應該仿效的英雄主義類型，因為大多數人在生活中並不會常常面對戲劇性的、決定性的時刻，至少不會經常碰到突然冒出來的關鍵時刻。大多數人只是面對著日常生活：一個接一個的平凡早晨，我們可以決定開始去做或繼續做某件事，或者是不去做。**生活最常給予我們的，不是偉大而勇敢的時刻，而是一連串平凡而微小的時刻，我們必須從中找到自己的意義。**

這些反主流文化而專心致志的英雄們，日復一日、年復一年地努力，這本身就是一件戲劇性的事了。阻礙他們前進的巨龍，是每天的無聊、分心和不確定性，這些都會對長期的承諾造成威脅。他們的重要時刻，看起來並不像是揮劍，而比較像是耕種。

緊繃關係

本書講的就是「開放選擇的文化」和「承諾的反主流文化」這兩種文化之間的緊繃關係。這種緊繃存在於在走廊瀏覽和進入房間之間，在保持選擇的開放性和成為長期奮鬥的英雄之間，不僅存在於個人的內心，也存在於整個社會當中。

現代年輕人的行為就像瀏覽者一樣，我們周圍到處都是這樣的例子。我們很難對一段感情做出承諾，總沒完沒了地瀏覽潛在伴侶；我們經常把自己連根拔起，從一個地方跳到另一個地方，尋找下一個更好的東西。有些人不選定自己的職業道路，是因為擔心會困在不適合自己的事情上；有的人則是被不穩定的經濟狀況逼著不斷換工作。而對我們很多人來說，兩者都有一點。

我們通常不信任有組織的宗教、政黨、政府、企業、媒體、醫療、法律體系、國家、意識形態……幾乎所有大型機構都包含在其中，而且我們不願意公開自己與任何一個機構有所連結。與此同時，我們接觸的媒體內容，書籍、新聞、娛樂等，都變得越來越短。這不只是因為注意力的持續時間變短了，也是因為承諾投入的時間變短了。

但是，若你仔細審視我們真正喜愛的是什麼，自己欽佩的是什麼樣的人，尊敬的是什麼特質，記住的是什麼事物，你就會發現，當中很少有來自開放選擇文化的人物。我們喜愛的是那些大師。生活中，我們一直在尋找可能的伴侶，但當網路上出現一篇老夫婦慶祝結婚七十週年紀念日的故事時，我們就感動不已。我們經常改變生活方式，但我們會去那些知名的街角披薩店和有五十年歷史的傳奇小餐館排隊。我們喜歡簡短的推特和短片，但我們也會聽三個小時的 Podcast 訪問、狂追八季奇幻影集、閱讀詳盡解釋航運貨櫃如何運作或鳥類如何遷徙的長篇文章。

如果你去問一群屬於無限瀏覽世代的年輕人，他們最珍貴的記憶是什麼，你還是會聽見某些人提到夏令營。說到承諾這種反主流文化，營隊就是一種固定的、有著幾十年傳承的社群，一遍又一遍地重複同樣的歌曲和傳統，由參加的學員和隊輔共同組成，代代承襲下去。甚至連參加夏令營的前提——你承諾在這個地方和同一群人共處幾個星期，而且通常不能用手機，這都與開放選擇的文化不一致。

在體育活動中，如今被最多人記住的，不是那種一次性的精采時刻，而是史詩般的職業生涯，像是帶領公牛隊獲得六屆NBA總冠軍的麥可．喬丹（Michael Jordan），帶領愛國者隊在超級盃奪冠六次的湯姆．布萊迪（Tom Brady），以及獲得二十八面奧運獎牌的麥可．費爾普斯（Michael Phelps）。這也是為什麼小威廉絲（Serena Williams）和老虎伍茲（Tiger Woods）是二十一世紀最常被談論的運動員。看著一個人逐漸成長，並在一門技藝上持續幾十年保持領先，沒有什麼能比這更偉大了。

當周遭的一切漸漸消失，我們會去抓住更持久、更有意義、更有力的東西，而非充斥數位時代的所謂「連續資訊的斷奏記號[1]」。從現在很流行基因檢測和家譜學就可以看出這一點，這樣的行為，來自於我們希望將自己的人生置於更宏大的歷史故事之中。也可以在文化懷舊熱潮中看到這一點，過去十年，包括樂團、黑膠唱片、打字機、寶麗萊相機、復古風的公司標誌和運動服，以及《廣告狂人》（*Mad Men*）和《怪奇物語》（*Stranger Things*）等復古影集，全都蓬勃發展。創作歌手喬．帕格（Joe Pug）提出了正確的問題：「你可以把活在過去的人稱為老派，但你能責怪他渴望某些東西一直延續下去嗎？」

在一段關係最甜蜜、最親密之際，我們也會感到這種緊繃感。我們想去外面的世界，來一場偉大冒險，但在許多人內心深處，也夢想著和最好的朋友住在同個社區。然而，就算這些都消失了，就算大部分人喜愛新鮮感超過了深度，重視個人特質甚於群體，偏好保持靈活大過專注於某個目標，我們的文化仍然認為婚姻和為人父母是神聖的，是最後一個瀕臨絕種的共同承諾。

這種緊繃是有道理的，當某樣東西差不多要消失時，你就會開始思念它，然後你會去抓住保存下來的珍貴典範。唐．德里羅（Don DeLillo）的小說《白噪音》（*White Noise*）最後，修女告訴無所作為的主角傑克：「隨著信仰在這世界上漸漸萎縮，人們反而比以往更覺得需要有人可以相信。洞穴裡的瘋狂男子。黑衣服的修女。不說話的僧侶。我們只能相信。傻瓜，孩子。那些放棄信仰的人，一定還相信我們。」

歷史學家馬庫斯．李．漢森（Marcus Lee Hansen）在他的「第三代興趣原則」（principles of third-generation interest）中提到一個類似的主題：「那些兒子想忘記的東西，就是孫子

1　引用自歌手保羅．賽門（Paul Simon）〈氣泡中的男孩〉（The Boy in the Bubble）的歌詞。

想要記住的東西。」但是，儘管我們對那些堅持下來的大師們充滿了愛和尊敬，許多人仍然無法自己也成為大師。這是屬於我們這個世代的聖奧古斯丁詩句：「我想承諾投入，但不是現在。」

為什麼會有這樣的猶豫呢？為什麼我們喜歡那些投入承諾者，自己卻表現得像個瀏覽者？我認為原因來自三種恐懼。第一，**害怕後悔**：我們擔心如果自己對某件事做出承諾，以後會後悔沒有做其他事。第二，**害怕連結**：我們認為如果對某件事做出承諾，容易受到這種承諾對自己的身分、聲譽、控制感帶來的混亂。第三，**害怕錯過**：我們覺得如果對某件事做出承諾，隨之而來的責任將阻止我們接觸其他人事物。

由於這些恐懼，所以緊繃感揮之不去。我們表現得像瀏覽者，我們喜歡承諾投入的人，但自己又太害怕縱身一跳，所以就卡住了。這種個人和集體層面的緊繃關係，正是這本書的出發點。

化解緊繃

但本書不只是診斷，還有一種肯定的作用。本書是要以一種恰當的方式，幫助我們化解瀏覽和承諾之間的緊繃感。我說「恰當」，是因為有些力量試圖透過排斥或壓迫來解決這種緊繃感。有人會說，想逃離緊繃感就得讓時光倒流，回到那段非自願投入承諾的時代。他們說：「如果我們回到過去的輝煌時代，對自己要成為怎樣的人沒什麼選擇，那麼我們就會再次感覺良好。」還有一些人，他們不是在回顧理想的過去，而是在承諾理想的未來，在那個未來裡，所有的不確定性都將消除（必要的話，就強制消除）。這就是我們從各種狂熱信徒身上得到的：以過多的沉重意義，與無意義的世界鬥爭。

對於那些想讓時光倒流到人造伊甸園，或想讓時光加速以實現烏托邦的人，我們通常會保持著正確的懷疑態度。但對於那些誘人的道路，我們又很難提出積極正向的替代方案。而且在我們等待某種選擇出現之際，我們就是保持著現狀——無限瀏覽模式，徘徊在走廊上，讓選擇保持開放。

但這種開放選擇文化，並不等於保持中立的模式，這種文化會讓我們吝於對特定的東西忠誠，比方特定的社群、人物、使命等等。在這種文化中，榮譽（引導人們走向善，遠離惡的行為）被冷漠所取代。這種文化重視追求進步（打造履歷和成功的階梯）甚於專注投入，無論是投入一門技藝、志業，還是有能力的群體。

這種文化不講究持續，它讓人放棄社群、地方、機構，和改革努力，並讓那些不忠誠的人隨時都有可以追求的真空地帶。如果我們，無論是個人還是集體，長期維持著選擇開放的狀態，就會陷入麻煩。

本書為非自願承諾和開放選擇文化提出了一個積極的替代方案。很簡單也很明顯，就是**自願承諾**。這是一種選擇，可以決定是否投身於特定的志業、技藝、場所、社群、職業和人群。並不是說要完全臣服於他們，而是要與他們建立一種忠誠的關係。也不是要忽視所有的不確定性，而是要願意降低我們自身的疑慮，讓承諾持續更長一點，更密切一點，對我們更有權威性一點。**我們不是要變成僵化的固體，來逃離這個液態世界，而是要藉由成為堅實的人，來改變我們的世界。**

警語

接下來，有幾點必須注意。前面提到的現象可能已經讓某些人產生了共鳴，但我相信，對於我一個人如此籠統地談論這個時代的巨大緊繃局勢，有些人可能會心生懷疑。我尊重懷疑論，因為討論這樣的事情有四大風險。

第一個風險是以偏蓋全。沒有人能夠全面通透地理解一種文化，而試圖理解文化的人所說的話，或許並不適用於所有人。對此，我只能說，我就只是一個人，正在辨識並試圖闡明我注意到的一種模式。認識這種模式對我很有幫助。它給了我一種視角，幫助我更加了解自己和同儕。沒有確切的科學證據，而且如果你的經歷有所不同，那麼世界上所有精心挑選的資料，都無法讓你與這種模式產生共鳴。

提出這個論點的第二個風險是，陳述的東西太模糊，所以絕對是真的。這與第一個風險正好相反，不是冒著出錯的風險，而是為了讓一切都正確，結果根本沒提出什麼深刻的洞見。畢竟，誰不喜歡承諾投入呢？為了避免這一點，我會列舉這種現象的複雜特性——無限瀏覽模式的快樂和痛苦，開放選擇文化的歷史，哪些恐懼造成我們普遍害怕投入承諾，以及最重要的，長期投入之後，另一端的回報是什麼。

第三個風險，在我看來也是最重要的一個，是目標受眾只有一小部分人，而不是所有的人。全世界有各式各樣的人，有些人生活在街上，根本沒有多元選擇的權利。有些人只希望生活中能多一個選擇，有些人從未找到愛，從未有個稱之為家的地方，或從未有一份穩定的工作。因此風險在於，有些人讀到這些內文後可能會想：「擁有太多選擇？這是多麼奢侈的煩惱啊！」

這是很嚴重的風險。我就是一個人而已，在我的一生中，得到了許多選擇。這本書只是我個人狹隘的視角，但我採取了一些措施來降低這種風險。首先，我在書寫時，儘量不把「年輕人」等同於城市、白人、富有的年輕人。在寫這本書的過程中，我訪問了五十多位不同背景的英雄，努力蒐集各種聲音，來拓寬我的視野。

但我確實認為，在無限瀏覽模式下掙扎，並不是一種奢侈的困境。**今天，每個人都面臨著選擇過多的問題。**如果你糾結的不是去哪裡工作、選哪所學校，就是到底該愛誰、歸屬於哪裡、該相信什麼。我有幾個朋友在監獄裡待過，在監獄裡，大部分的東西都是安排好的，但他們仍然得煩惱在裡面時自己想成為什麼樣的人，應該參加這個禮拜儀式還是那個？應該採信這種哲學還是另一種？應該這樣消磨時間還是那樣？因此，這本書也一樣適合他們。

關於這個風險，還有一點要注意，如果你關注的是持續進一步的解放，要帶給人們更多選擇，讓人們從更多非自願的承諾中解脫出來，那麼你也需要關注承諾投入這件事。我們之所以能有今天的自由，就是因為有許多公民、愛國者、建設者、維護者、匠人和同伴的全心投入。正因為有夠多懷抱著奉獻精神的人挺身而出，今日仍然存在的每一場爭取正義的鬥爭，才得以有所進展。

最後一個風險：我有什麼資格談論這些？說白一點，我自己離成為一個長期投入的英雄還差得遠呢。我跟現在的其他年輕人一樣，掙扎著不知該對什麼許下承諾。但我是承諾的超級粉絲，過去幾年裡，我一直在蒐集大師們的例子和故事、訣竅和技巧、反思和經驗法則。一位詩人朋友告訴我，有一年夏天，他每天都花一點時間看一片苔蘚，直到他真正明白它，直到那時，他才允許自己寫一首關於苔蘚的詩。我想這就是我嘗試在做的事：長時間地觀察承諾投入，直到我理解它，然後，才開始寫下我學到的東西。

賭注

我會寫這本書，是因為我相信，我們能否化解這種緊繃感是至關重要的——是否會有更多人跳出無限瀏覽模式，投入承諾這種反主流文化。這是很大的賭注。從個人面來說，賭注很大，是因為永遠在瀏覽可能會導致強烈的絕望，而承諾奉獻可能會帶來極大的快樂。但在社會面上，賭注也很大。現在的世界有太多問題需要解決，有太多體制需要改革，有太多機構需要重建，有太多漏洞需要修復。我認為，解決這些問題的最大障礙，就是沒有足夠的人致力於解決這些問題。沒有足夠多的公民在進行改革，沒有足夠多的愛國者在慶祝，沒有足夠多的建設者在建造，沒有足夠多的維護者在參與，沒有足夠多的匠人在精煉，也沒有足夠多的同伴在陪伴。全心投入是改變世界的第一步，而我們對承諾的恐懼則阻礙我們投入。

為什麼改變需要全心投入？因為改變是緩慢而非快速的。任何重要的事情都需要時間，沒有捷徑，教育學生、推動事業、消弭分歧、糾正不公、振興城鎮、解決難題、啟動新專案，全都需要時間。如果改變能瞬間完成，我們就不需要奉獻承諾了，只要最初的興奮或憤怒就已足夠。但是，當改變需要時間時，我們就需要更多東西，一些能讓我們度過無聊、分心、疲憊和不確定性的東西，這些東西會阻撓任何長期的努力。

想要改變，做出承諾也是必要的，因為做出改變通常不像是設計和執行一個作戰計畫，比較像是培養和維持一段關係。與其說它是機械性的、像執行工程一樣，不如說它是有生命的，必須隨機應變。有些過程不可能「照做就好」、「規模化」或「自動化」。人以及跟人有關的組織，都過於複雜多樣，無法完全按表操課。我們改變組織、社群和人的唯一途徑，就是與他們建立關係，透過學習他們的細微差別，建立融洽的關係，得到足夠的信任和流動性，靈活地應對意外的情況。這就是為什麼最好的老師不是最精通課本知識的人，而是那些與學生關係最深厚的人；最好的市長不是最聰明的人，而是那些最忠誠地為城市付出的人。

小馬丁·路德·金恩在他的最後一本書中談道：「進步的道路從來不是筆直的。一個社會運動在某段時間內可能沿著直線前進，然後會遇到障礙，路徑也會轉彎。這就像你要去某一座城市時，得繞著山路走。你常常會覺得自己好像在後退，看不到自己的目標，但事實上，你正在向前走，很快你就會再次看到這座城市，離你更近了。」

事實上，在成功的社會運動中，必須堅守的不是作戰計畫，而是對這項行動的願景和價值觀的承諾。社會學家丹尼爾·貝爾（Daniel Bell）對信念也有類似的見解。他寫道：「你可以製造出小工具，可以設計出程式……但是信念具有一種有機的性質，它無法靠指令來召喚。一旦信念被摧毀了，就需要很長的時間才能再次成長，因為它的養分來自於經驗。」同樣地，改變需要的是有奉獻精神的園丁，而不只是聰明的工程師。

《洋蔥報》(*Onion*) 曾刊出一篇專欄文章，標題是〈對於所有的問題，應當有某人出來做點什麼〉。我寫這本書，是因為這個「某人」，除了我們以外，沒有別人了。如果我們不能成為更專注付出的人，如果我們不能掌握培養關係的漫長工作，那麼「所有的問題」就會不斷堆積。我們常常認為一些尖銳而迫在眉睫的威脅（比如說外國的入侵者或國內的煽動者）會導致文明的毀滅。但是，說到文明終結，這種終結也可能來自一些沒那麼戲劇性的事情，像是我們無法持續做一件事情。讓我們夜不能寐的，可不只是炸彈或壞人，還包括未開墾的花園、不受歡迎的新來者、無家可歸的鄰居、沒有人理會的陌生人、無人聽見的公眾聲音、醞釀已久且仍在持續的災難。但我們不必害怕，因為我們有能力執行漫長但必要的工作，把願景變成計畫，把價值變成實踐，把陌生人變成鄰居。但前提是，我們必須投入承諾。

專注奉獻

個人的快樂和集體的繁榮就已經很吸引人了，但還不只如此，我發現，承諾能讓我們的存在更加平靜。

在這個時代裡，我們很難確定任何事，不知道該相信什麼，該相信誰，甚至不知道明年會發生什麼事。我們不知道什麼事物值得投入時間，到底什麼才有意義，什麼則是海市蜃樓。對於這樣的不確定性，有些人的反應是尋找僵化的真理，並緊抓不放，但對今天的許多年輕人（包括我自己）來說，那種原理主義[2]並不適用。我們並不是否認世界上可能存在真理，但即使有，我們現在能看見的，也只有如《哥林多前書》所寫的：「彷彿透過玻璃觀看，模糊不清。」這種不確定性，就是難以做出承諾的一部分原因。既然什麼都不確定，我們可能會覺得待在走廊裡還比較安全。與其選錯房間，不如乾脆不選。

但深刻的承諾可以是虛無主義和原理主義之間的中間道路。做出承諾，就是制定一部分的確定性：願意長期嘗試某件事，將其體現出來，並看看會發生什麼結果。它與僵化的原理主義不同，原理主義通常是從外部帶入確定性，而承諾是讓信念於我們的內在有機地成長。隨著我們的承諾不斷加深，對於什麼是真善美，會逐漸有更清晰的理解。疑慮自然也會隨之而來，但是，正如古老的精神格言所說：「我不會被移動。」這裡指的「我」並不是一根插在地上的木樁，而是「栽種在水邊的樹」。

不確定性不但會讓我們感覺自己的存在失去了平衡，它其實也是死亡。有一個嚴峻的事實迫在眉睫：我們的時間有限。對許多人來說，這個事實潛伏在無限瀏覽的背後，它引發的恐懼驅使某些人去嘗試無盡的新奇事物，試圖在狂歡節結束前，把每一種遊戲都玩到。對另一些人來說，恐懼則癱瘓了他們，加劇了他們的猶豫不決。詩人瑪麗·奧利弗（Mary Oliver）曾問我：「告訴我，你打算如何度過你這狂野而寶貴的一生？」我想她的用意是鼓勵我們，但有些人可能會覺得這個問題就像揮之不去的夢魘：如果我的計畫錯了怎麼辦？

但我從長期投入的英雄身上學到的是，**一旦開始行動，這些恐懼就會消退（至少會消退一部分）。**「奉獻」（dedicate）這個詞有兩個意思，我非常喜歡。第一個意思是使某物變得神聖（如「貢獻一個紀念館」），第二個意思是長期堅持某件事（如「她致力於這個專案」）。我認為這不是巧合，當我們選擇對某件事做出承諾時，就是在做一件神聖的事。

大部分承諾的核心，是關於控制時間。死亡控制著我們生命的長短，但我們能控制自己生活的深度。承諾是在面對生命有限的狀況下，選擇追求無限的深度。

專注奉獻的人不會否認不確定性或死亡，但他們會比較平靜地看待它們。透過奉獻出自己的時間，透過使其變得神聖，他們找到了消除恐懼的解藥。我希望這本書能幫助你加入他們，反抗液態的現代性，成為承諾這種反主流文化的一部分，並讓自己致力於奉獻之中。**對**

---

2 fundamentalism，此處指嚴格遵守基本原理。也稱「基本教義派」。

我們而言，最好的時刻就是現在，讓我們跳出無限瀏覽模式，選定一部電影，然後在睡著之前看完它。

第2章

無限瀏覽模式的愉悅

The Pleasures of Infinite Browsing Mode

我想到二十歲左右的時候，那是一段解放的時期，彷彿終於逃離一個上鎖的房間，進入一條長長的走廊，有許多不同的門可以瀏覽。瀏覽還是有其好處，它給了我們成長的空間，且沒有太多風險，讓我們更加自在，最有趣的是，得到很多新的經歷。

在我提出反對一直保持選擇開放的理由之前，我想先說，瀏覽還是有其好處的。說到瀏覽的好處，我想到的是二十歲左右的時候，那是一段解放的時期，我終於脫離了被強加的義務，獲得了自由。在這段時期，許多人會覺得自己終於逃離了一個上鎖的房間，進入了一條長長的走廊，有許多不同的門可以瀏覽。

我看過這個階段的所有好處。我看到大家興高采烈地來往於各種人際關係、職業道路，還有業餘愛好中。大家都明白，每個人都儘量保持著輕鬆和沉著，當有人想要回到走廊時，彼此也不會有什麼不舒服的感覺。我看過朋友們找到更適合他們真實自我的社群或身分時，流露出的那種快樂——一個出身醫生世家的孩子發現自己想成為喜劇演員；一位東正教女性拒絕家族賦予的性別角色，找到了自己的空間；一些與伴侶交往很長時間的人，發現彼此根本不合適。

大多數時候，我看到的是人們在無盡的「第一次」中找到的快樂：第一次喝雞尾酒，第一次跳騷莎舞，第一次在別人家裡醒來，第一次在酒吧打架，第一次看午夜恐怖電影，第一次和別人分享長久以來的祕密……第一次這個、第一次那個，所有都是第一次。

關於瀏覽，最初的格言或許來自莎士比亞的《溫莎的風流婦人》（*The Merry Wives of Windsor*）：「世界是你的牡蠣。」[3] 對於年輕的成年人來說，這句台詞再貼切不過了。劇作中，法斯塔夫爵士說他不會再借錢給僕從畢爾斯托，法斯塔夫說：「我不會借你任何一分錢了。」於是畢爾斯托回答：「那麼，這個世界就是我的牡蠣，我要用劍把它打開。」當然，這其中帶著開路的浪漫，同樣的精神也出現在約翰·史坦貝克（John Steinbeck）的遊記《查理與我》（*Travels with Charley*）、威利·尼爾森（Willie Nelson）的歌曲〈再次上路〉（On the Road Again），還有艾方索·柯朗（Alfonso Cuarón）的電影《你他媽的也是》（*Y Tu Mamá También*），柯朗自己用一句話介紹這部電影：「幾個青少年開始一段公路旅行，從中學習到一兩件關於生活、友誼、愛情和彼此的故事。」這句描述可以套用在許多有名的電影上。

我們最精采的故事，往往來自於我們四處瀏覽、嘗試新身分，還沒有太多承諾的時候。就像一段夢幻的夏日戀情，做著一些奇怪的打工，比如送花員、龐克樂團的演唱會工作人員，或某個怪家庭的保姆。在緬因州捕龍蝦船工作的那個季節，還有在哥倫布潛水時，那個你只記得一部分的夜晚，無限瀏覽模式是最佳的故事生成器。

瀏覽確實很有趣，它給了我們成長的空間，而且沒有太多風險，讓我們更加自在，而且最有趣的是，得到很多、很多新的經歷。

3 意思是世界是可盡情揮灑的舞台。

靈活性

靈活性就是當你不再喜歡某樣東西時，可以抽身的能力，這是瀏覽最明顯的樂趣，它意味著每一個決定都不是那麼重要，因為你可以隨時改變主意，繼續瀏覽別的事物。

這種輕盈的感覺在我們年輕時很珍貴，通常這就是一種解脫的感覺。在青少年時代結束時，我們大多數人已經在體制中度過了將近二十年，這些體制控制了我們絕大部分的生活。而這些體制，不管有多好，都會讓我們很有壓力。這就是為什麼以無名者的身分去一個新地方時，會帶來巨大的快樂，因為你不需要再背負別人對你的看法或期望。

就算這些看法和期望是正面的，也一樣很沉重。當你終於可以回到無名者的狀態時，你可能會鬆一口氣，因為不會再有人期待你就是個隨和有趣的人，或一個熱心的人。這就是開啟新旅程的樂趣，你可以從任何地方出發，成為任何你想成為的人。當地人不需要知道你過去是個數學書呆子還是舞會皇后，是唱詩班男孩還是吸大麻的人。

如今，在初次約會時說這樣的話，已經是陳腔濫調了：「我剛結束一段長期的感情，現在只想保持輕鬆的狀態。」對許多人來說，這是我們還年輕的時候，想讓世界認識我們的方式：「我剛剛擺脫長期以來背負的這個家庭、這個地方、這個角色，現在還不想馬上進入一個全新的固定角色。」這就是為什麼在人生的這一階段中，不「保持輕鬆」的人往往會很困擾。若大學一年級的第一天，你在大廳裡剛認識的那些人，馬上宣布你是他們的死黨，或一個男人在一次美好的初次約會後，就開始談論孩子要取什麼名字，這些都是很危險的信號。在《生命中不能承受之輕》(*Nesnesitelná lehkost bytí*)一書中，米蘭．昆德拉（**Milan Kundera**）將完全沒有負擔描述為讓人的存在「比空氣還輕，漂浮起來，遠離地面，變得似真非真」，一切動作變得「自由自在，卻又無足輕重」。有些人可能會把這種描述理解為嘲諷，但如果你正處在低風險的情境中，花點時間到處探索，並沒有什麼錯，甚至是有助益的，至少在這段時期內是如此。

靈活性不只是一種解脫，也是探索的先決條件。如果你覺得每件事都很沉重，如果你總想著：「如果我加入這個，就不能退出；如果我跟這個人約會，我們就得結婚。」那你就限制了自己。而且在這個時期，我們其實並不完全了解自己。

我這輩子大部分時間都想著我找不到另一半，而當我覺得自己似乎有機會找到伴侶時，我整理出了一些具體的條件，詳細列出她要是個什麼樣的人。但有一年夏天，我的朋友喬告訴我，我想的全都錯了。

他說：「你的另一半又不是一台有詳細規格的新電腦，把所有條件都放下吧，單純交給你的心去判斷。」

那一年，我回到學校後，就試著讓戀愛變得輕鬆些。我不再去思考，而是開始去感受它，後來我喜歡上一個和想像中完全不同的對象。如果我沒有對整個經歷放輕鬆，這件事根本就不會發生了。再說，知道什麼不適合我們，跟知道什麼適合我們一樣，都是在認識自己的過程。沒有靈活性，就無法探索，而如果沒有探索，你永遠沒有機會發現自己是什麼樣的人。

真實性

靈活性以及隨之而來的探索，帶來的最重要成果，就是瀏覽的第二種樂趣：擺脫被強加的承諾之後所產生的「真實性」。體制強加於人的承諾，並不能反映一個人的真實自我。

天主教神祕主義者托瑪斯・默頓（Thomas Merton）經常探討「虛假自我」的概念，也就是伴隨我們身邊的「虛幻之人」。虛假自我是我們誤以為自己想要成為的那種人，也許是我們認為最能取悅家人和朋友的人，或是能在群體中獲得認可，或是確保我們在社群中的地位。但是默頓說，這個自我是一個幻覺，它在現實之外，在生活之外，甚至(對默頓來說)在上帝對我們的內在呼喚之外。

默頓解釋，我們無法看穿幻覺，是因為我們「為這個虛假自我披上外衣，把它的虛無建構成客觀真實的東西」。我們把快樂和榮耀當成綁帶來覆蓋虛假，這樣我們自身和世界才能看見它，彷彿它是一個看不見的身體，只有當某種看得見的東西覆蓋著它的表面時，才能夠看見它。你可以在青少年身上看見很多這種掙扎：一個女孩表現出不必要的攻擊性，想讓每個人知道她不好欺負；那個在活頁本裡塞滿聖經語錄的男人，想讓每個人知道他是個虔誠的人；那個在閒聊中提到黑格爾或尼采的自大辯論者，想讓每個人知道他很聰明。這就是默頓所說的為虛假自我披上外衣。

但默頓提醒我們，無論你把隱形的身體包裹得多麼嚴實，虛假自我仍然是空的。他寫道：「沒有那些外在的東西，我就是空無一物，只剩下我自己的赤裸與空洞，告訴我，我就是自己的錯誤。」這或許不能讓人安心，但可能會有一個圓滿的結局。默頓寫道，如果我們能喚醒真實自我，我們就能拋棄「虛無縹緲且破壞性的自我」，否則它總有一天也會因自身的空虛而崩潰。年輕的時候，瀏覽可以幫助我們擺脫虛假自我，這是一段我們有空間和勇氣把自己從不真實中解放出來的時期。

我大一的時候，發現很多同儕只是將他們的高中生活變成了大學的版本。也就是說，如果他們高中時參加管弦樂隊，他們就會報名加入大學的管弦樂隊；如果他們是數學天才，就會選很多數學課。然後，在大一結束後的夏天，湧現一股退出潮。我認識的許多人都是這樣，在拉開一段距離後，某一天醒來，心想，我好像不再那麼喜歡這個了。這種狀況經常符合默頓的比喻，這些同學有社團 T 恤、獎盃、固定的晨間活動，以及特定的社群媒體身分，與他們長期親密相處的某個世界相關。然後有一天，他們會把這一切都踢倒，那個世界會在瞬間崩潰，因為關於這些活動的內在經驗，已經成為了空洞。

尋找真實感，也可能是一種新使命出現，把舊使命推出去。有種狀況是這樣的：當你愛上某個人時，這段關係的充實感，會讓你質疑自己以前的身分。而有時恰恰相反，你找到了生命的某種新意義，也許是透過一份新工作、一種新宗教信仰，或一場新政治運動——而隨著這個新使命的到來，你會覺得以前的關係很膚淺。

近幾十年來，最明顯的例子就是出櫃的過程。在櫃內的體驗，通常與默頓描述的虛假自我一樣，一個人以特定的方式說話和行動，給人一種他是異性戀的錯覺。出櫃讓這一切都消失了，取而代之的是輕盈。

作家梅爾・米勒（Merle Miller）在一九七一年出櫃時寫道：「我意識到這些年來的空氣是多麼令人窒息。」演員艾略特・佩吉（Elliot Page）同樣在出櫃時表示：「我厭倦了躲藏，也厭倦了隱瞞。」政治記者史蒂夫・科納基（Steve Kornacki）形容自己感到「恐懼和偏執消失了」，對於他重要的人來說，他的人生「終於有了意義」。自由、空間、開放、解脫、完整，真實就是這種感覺。

雖然只有一些人會有出櫃的經歷，但大多數年輕人都會經歷相似的過程：重新審視過去，反思哪些部分是真實的，哪些是不真實的，放棄那些承襲下來但感覺就是不太對的承諾，重新掌握我們告訴這世界的、關於我們自己的故事。非裔美國作家托妮．莫里森（Toni Morrison）說得很好：「你是你自己的故事，因此你可以自由地想像和體驗生而為人的意義是什麼。」你不能百分之百控制自己的故事，但你絕對可以「創造它」。

新奇性

瀏覽最單純的樂趣就是新奇性，每次我們嘗試新事物時，都會感到一陣興奮。今日年輕人體驗的新奇事物，比歷史上任何一代人都還要多。現代人可以更輕易地去各種地方旅行、學習各種事情、認識各種人。可以說過去五十年最大的發展，就是那巨大的新奇機器——網際網路，讓我們能夠與整個世界聯繫，根據自己的需求獲得新奇事物。

馬克．祖克伯（Mark Zuckerberg）甚至曾說，他認為社交網路的新奇性中有個摩爾定律（Moore's law）——分享量每年都會翻倍，因此「十年後，人們分享的東西將是現在的一千倍」。二〇一五年時，他稍微調整了一下想法，在給剛出生的女兒的公開信中寫道，他夢想她那一代人的經歷「比我們今天多一百倍」。至於經歷多一百倍的生命會是什麼樣子，我想這還有待觀察，不過重點是，目標是新奇性。

在過去十年裡，這種盡可能讓生活沉浸在新奇事物中的觀念，甚至有了一個口號：YOLO（You only live once），意思是「你只活一次」。它還有一個聽起來很相似的表親FOMO（Fear of missing out），因為生命只有一次，若沒有澈底體驗，就會被遺憾所困擾，因此會有一種「害怕錯過」的感覺。作家格雷迪．史密斯（Grady Smith）把跟這種精神有關的流行音樂稱為「#YOLO流行樂」（#YOLO pop）。這種類型的音樂強調活在當下、永不停歇，用歌手凱莎（Kesha）的話來說，就是「整個夜晚都像我們會英年早逝一樣」。

許多人說體驗新奇感，就像「重新感覺自己像個孩子」。這種孩子般的好奇心，在你習慣舒適的日常生活時就會消失。二〇一〇年，記者盧．安．卡恩（Lu Ann Cahn）由於渴望這種孩子般的好奇心，開始進行一項活動，承諾每天至少要做一件她從來沒做過的事情。在那一年裡，她買了一張彩券、玩了高空滑索、逛漫畫書店，參加了一場健美比賽……還有其他三百六十一種「第一次」。在「第一次的一年」結束時，她覺得自己擺脫了困住的感覺，她說：「生活以驚人的方式敞開了。」這些「第一次」的新奇性，就像新鮮的空氣、新鮮的生活。無限瀏覽模式，至少在某段時間內，是生活真正的亮點。

第3章

無限瀏覽模式的痛苦

The Pains of Infinite Browsing Mode

總有一刻，你會完成探索，準備開始深入挖掘。體會了無限瀏覽模式帶來的靈活性、真實性和新奇性之後，繼續瀏覽可能會讓你感到癱瘓、孤立，或淺薄。擁有的選項越多，從一個選項跳到另一個選項的次數越多，你對這些選項就會越不滿意。

然而最終，所有的樂趣會開始變質。總有一刻，你會完成探索，準備開始深入挖掘。也許威利．尼爾森的〈再次上路〉聽起來不那麼真實了，反而是傑森．伊斯貝爾（Jason Isbell）的歌詞「我以為公路愛我，但她像打鼓一樣打擊我」開始引起共鳴。在你澈底利用了走廊提供的靈活性、真實性和新奇性之後，繼續瀏覽可能會讓你感到癱瘓、孤立，或淺薄。

癱瘓

無限瀏覽模式的靈活性帶來了「決策癱瘓」的痛苦。你擁有的選項越多，從一個選項跳到另一個選項的次數越多，你對這些選項就會越不滿意，也就會越來越沒有自信承諾任何事物。心理學家貝瑞．史瓦茲（Barry Schwartz）在《只想買條牛仔褲：選擇的弔詭》（*The Paradox of Choice*）一書中推廣了這個觀點，史瓦茲描述了一個困擾我們日常生活的現象：從食物到衣服再到生活用品，我們必須選擇消費的每一樣東西的每一個細節。如果你曾經為了尋找一個新電腦鍵盤，而在亞馬遜上逛了三十分鐘，或者一面討論午餐吃什麼，一面在評價網站 Yelp 上搜尋，你就會知道史瓦茲在說什麼。

史瓦茲解釋說，沒有選擇的生活將令人「幾乎無法忍受」。當選擇開始增加時，我們確實獲得了一些好處，像是更多自主權、更加個人化，還有更多靈活性。但在某種程度上，選擇不再是自由，而是在削弱。悖論就在此，從概念上來說，我們似乎總是想要更多選擇，但在實踐時，我們往往不這樣做。

這樣的例子隨處可見，例如那些注重簡化選項而大獲成功的企業。美國連鎖喬氏超市（Trader Joe's）透過精簡一切，建立了一群狂熱的追隨者，它們減少總商品量，也減少每一類商品的量，沒有大品牌商品，沒有網路商店，也沒有促銷活動。連鎖墨西哥速食店奇波雷（Chipotle）也採取了同樣的做法，將菜單縮減到大多數顧客都能憑記憶念出來的程度。

選擇的悖論也會出現在更重要的情況下。我念大學時，和學校裡的摩門教徒是朋友。虔誠的摩門教徒通常覺得他們只能和摩門教徒約會，意思就是，這些朋友們只能從那一區大約三十個摩門教徒中挑選對象，而不是像我們其他人一樣，可以從數千個學生中挑選對象。一開始，我認為他們一定會覺得很受限，但我驚訝地發現，他們大多數人並不這麼覺得。相反地，他們對待約會的方式與我們這些世俗的朋友不同，他們不像其他人那樣一直在尋找絕對完美的伴侶，而是根據表面的差異，很快地刪除不能成為伴侶的對象。他們傾向於給對方更多的機會，避免「別處草更綠」的陷阱。他們認為，夫妻關係之所以能維持下去，主要是因為雙方對彼此和一些核心價值觀的承諾。

史瓦茲問道：「為什麼我們的選擇自由明明擴大了，卻越來越不滿意？」一個最簡單的解釋就是購物疲勞。我們所有的選擇，都會導致經濟學家弗雷德・赫希（Fred Hirsch）所謂的「小決定的肆虐」——數千個「白麵包、小麥麵包，還是黑麥麵包？」這類的問題，會消耗掉我們的日常能量、意志力和工作記憶。如果我們能滿足於那些「這樣就夠了」的選項，就不會有什麼大問題了。但史瓦茲解釋說，有太多人被訓練成「最大化者」——除非他們確信每一次購買或決定都是「最好的」，否則就不會滿足。

我們沒選擇的東西，也會困擾我們。如果你去買冰淇淋時，直接點了巧克力，你會享受它的美味。但如果你在那掙扎到底要選巧克力、香草還是草莓，然後點了巧克力，你就不會那麼喜歡了，因為你會繼續糾結是不是應該選另外兩種口味比較好。史瓦茲解釋說，**你越是探索各種選擇，就會生出越多「被拒絕的選擇」。無限瀏覽模式會滋生幽靈。**

甚至，我們不只會被現實生活中沒有選擇的事物困擾，還會被想像中的選擇困擾，這些選擇「結合了實際事物的迷人特徵」。比方說，若你決定搬到芝加哥，你不但會一直想著住在邁阿密、華盛頓特區，或奧斯丁的生活，心中還會一直縈繞著一個想像中的神祕城市——同時擁有邁阿密海灘、華盛頓特區博物館，和奧斯丁美食。

過度的選擇讓我們陷入癱瘓，史瓦茲提出的最後一個理由是，因為它讓我們承擔了過多責任。**在生活中，我們可以掌控的方面越多，所要承擔的責任也就越多。**回想一下，你上一次為一大群人挑選餐廳的經歷。沒人想做這種事，因為沒人想為不好的選擇負責。所以人們才會拋硬幣來做決定，這樣他們就可以責怪硬幣，而不是怪自己。

這一切加起來，就是期望值的全面提升。如果你得花大把時間在購物上，如果你要被所有沒有選擇的東西困擾，如果你選擇的東西會受到嚴厲的評判，那麼你做出的選擇一定要很棒！**但我們永遠達不到這個標準。就算選項再多，就算我們付出了極大的努力來滿足期望，最終還是沒有那麼滿意。**心理學家唐納德．坎貝爾（Donald Campbell）和菲利普．布里克曼（Philip Brickman）稱之為「享樂跑步機」（hedonic treadmill），我們一直在追逐一種永遠無法達到的滿足感，這種滿足感會因為我們的追逐而變得更遙遠。幾個世紀前，哲學家聖奧古斯丁（St. Augustine）曾描述過同樣的概念，他提到一種需要靠馬整天繞圈行走的古老工具：「欲望沒有休息，它本身是無限的，沒有盡頭……是一個永久的馬架，或稱馬磨（horse-mill）。」

關於這種現象，我最喜歡的例子是一九九八年心理學家大衛．舒卡德（David Schkade）和丹尼爾．康納曼（Daniel Kahneman）的一項研究，題為「住在加州會讓人快樂嗎？」這兩位研究人員調查了中西部地區和加州的生活，看何者滿意度高，結果是一樣的。儘管我們對加州有一堆夢想，但逃到陽光明媚（無論是實際上還是意境上）的加州，並不會讓人比現在更快樂。靈活性，讓人能夠做出不同的選擇，放棄一切，踏上旅途，這在某種程度上是好的，但光是靈活性還不足以讓我們感到快樂。事實上，它還經常礙事。

脫序

無限瀏覽模式也會導致孤立——一種與任何事物都沒有連結、沒有人對你有期望的不適感。放下那些迫使你變成另一個人的連結、角色，甚至整個社群，你會感到一種解脫。但在我們解脫之後，就會渴望加入另一個社群。換句話說，被困在一個上鎖的房間裡是令人沮喪的，但住在走廊裡也是如此。

一八九〇年代，社會學家艾彌爾．涂爾幹（Emile Durkheim）開始研究人們為什麼會自殺這個問題。他的研究被認為是首批現代社會科學的項目之一，在此之前，沒有人用現代的資料蒐集和觀察方法，對一種社會現象進行過如此細緻的研究。在研究這個特定問題時，涂爾幹就跟後來無數仿效他的社會學家一樣，試圖用一個相當狹隘的主題，來解釋關於社會組織的廣泛見解。

這是一個很難回答的問題，因為人們自殺的原因非常多樣。這些原因之間有關連嗎？還是只是隨機的？在蒐集了證據之後（例如不同人口群體、歷史時期和地點的不同自殺率），涂爾幹列出了一系列分類，從中梳理出隨機性的模式。在涂爾幹的分類中，有一項是高度整合和規範的文化。在這種文化中，你會覺得自己是群體的一部分，你會被要求成為群體中的一員，每個人都在照顧其他人，無論是好的方面——在你生病時給你端湯；或壞的方面——

在你打破文化規範時懲罰你。與此相對的文化，整合和管理的程度相當鬆散。在這些文化中，你並不覺得自己是一名「成員」，也沒有人照顧你，同樣無論是好的方面——你想做什麼都可以；或壞的方面——沒有人關心你發生了什麼事。

涂爾幹發現，根據人們與這些不同文化之間的關係，會衍生出不同的自殺類型。[4] 有一種類型的自殺，是當你的個性與所屬文化的期望過於緊密時產生的。這種人會很想自殺，是因為他們覺得自己的文化太過嚴格或太多束縛，用涂爾幹的話來說，「這些人的未來被無情地封鎖，激情被壓抑」。壓迫囚犯、家庭或社群中不守成規的成員，都是這樣的例子。

與此相對，涂爾幹也發現了另一種自殺類型，是由於人們脫離了社會和期望而導致的。他解釋說，有些人感到絕望，是因為他們知道外面有一個可以歸屬的群體，但他們卻不屬於這個群體。另一些人感到絕望，則是因為他們目光所及之處缺乏社群，也因此缺乏指引，不知該追求什麼、如何行動、信仰什麼、滿足於什麼，以及如何安排自己的生活。這是無意義、冷漠和虛無主義的絕望。

4 要特別注意的是，涂爾幹只關注文化原因，而沒有注意個人和醫學原因，而且這篇文章是出現在對於臨床憂鬱症和相關自殺原因有更多理解之前。

涂爾幹稱這種類型的自殺為「脫序型自殺」(anomic suicide),其背後的感覺為「脫序」。這是個貼切的名稱,「nomos」在希臘語中是「法律」的意思,而脫序感是指沒有標準或法律來組織一個人的生活的感覺。沒有外界的幫助,我們很難理解生活的意義。涂爾幹寫道:「不管任何外部監管力量,我們的感覺能力本身就是一個貪得無厭的無底深淵。……但如果沒有東西能抑制這種能力,它只會成為折磨自己的來源。」脫序不是輸掉比賽的絕望,而是沒有記分牌的絕望;不是在旅途中迷路的絕望,而是沒有值得去的終點的絕望。

當然,這是用學術的方法解釋脫序。另一種表達同樣觀點的方式是說,事實上,你可能太輕鬆。作家阿拉娜·瑪西(Alana Massey)在她爆紅的文章〈對抗輕鬆〉(Against Chill)中,描述了男朋友只想永遠「隨興相處」的痛苦,他稱讚她不想把關係看得太過認真。瑪西寫道:「『輕鬆』這個概念,現在已經滲入了我們的浪漫生活,迫使那些想要交流感情和責任的人,只能和約會對象在『無動於衷奧運會』上競爭。」

瑪西這樣描述輕鬆的負面影響,完美解釋了二十一世紀的脫序之痛。長時間對人際關係感到無動於衷是不快樂的根源。瑪西打趣道,標籤不是手銬,它們是人們「在火災中找到出口,並確保他們在蛋糕中加的是香草精而不是砷」的方法。輕鬆的反義詞不是壓抑,而是溫暖。瑪西總結說:「我們需要一點這種溫暖,去做些像墜入愛河這樣毫不輕鬆的事情。」

瑪西的文章是關於浪漫關係,但這個論點也適用於生活的其他部分。也許你會遇過某個人，他對某個任務、專案、社群或工作態度太過輕鬆。我想起了我和室友相處的情況，大多數時候，你會希望室友相處起來輕輕鬆鬆的，但偶爾，當你積了一堆髒盤子時，那個會叫你出來整理的室友，才是真的幫了大家的忙。當廚房裡滿是螞蟻時，沒有紀律就不是有趣的事情了。

脫序的解藥是真誠的社群。我們需要和我們懷抱著共同意義的人、我們關心在意的人，以及反過來關心在意我們的人。當真誠的社群是我們所缺少的東西時，尤其當它是我們曾經擁有過的東西時，我們會感到缺失。

記者賽巴斯蒂安·榮格（Sebastian Junger）在他的書《部落：歸鄉與歸屬》（*Tribe: On Homecoming and Belonging*）中，描述了返鄉的士兵從戰鬥回到「自己做自己的事」的社會時，所感受到的迷失感，士兵原是受任務驅動的群體，回到社會後，社會期待他們就像其他人一樣，成為獨立的「齒輪和消費者」。榮格採訪了一位退伍軍人，他描述這是他有生以來第一次，進入一個「彼此可以毫無畏懼地互相幫助」的社群，沒有競爭，單純以一個十五人的單位，一起完成一項共同任務。

榮格寫道，有些士兵無法適應平民生活，我們通常就用醫學手段解決他們的問題，用針對個人的療程和藥物來處理這些症狀，卻不去討論他們內心感受到的文化脫節。一個士兵的不適應，可能會得到正式的心理診斷，但這樣的症狀底下可能包含某種脫序的感覺，因為失去共同的承諾而感到痛苦。退伍軍人並不是唯一有這種感覺的人，如今，每個人都渴望歸屬於有意義的社群。當今美國最流行的一種觀點，就是我們需要更常接觸彼此，去認識我們的鄰居，聚在一起。這個觀點可能是目前政治演說中最保險的口號，因為它能引起非常多人的共鳴。

但是社會脫序不僅僅是缺乏社群，也與缺乏規則有關，即缺乏文化規範、道德準則和規矩。人們渴望的不只是朋友，我們也渴望屬於一個有使命的社群時，所帶來的責任感。光有溫暖的感覺是不夠的，我們還需要滿足期望，追求抱負，贏得榮譽。

這就是為什麼，當組織不只是滿足成員的需求，還要求成員承擔更多責任的話，更能夠蓬勃發展。這就是為什麼那些說「你想什麼時候來就什麼時候來，能做什麼就做什麼，都沒關係」的組織，招募的志工數量會比那些說「我們需要你，我們已經準備好讓你工作，我們都依賴你」的組織少。這就是為什麼在學校裡，那些最執著的老師和教練，那些對學生期望最高的人，往往擁有最忠誠的追隨者。**人們希望擔當責任，因為責任賦予我們意義。**

哲學家威廉·詹姆斯（William James）在一九〇六年的演講「戰爭的道德對等物」（The Moral Equivalent of War）中提出了類似的觀點。詹姆斯是在內戰期間成年的那一代美國人，他們的整個人生、事業和前景，都被那個時期的國家記憶蒙上了陰影。他的演講一開始就提出一個令人震驚的問題：他這個年齡的人，是否願意拿內戰的經歷來換取另一段歷史？在這段歷史中，戰爭的結果是同樣的——聯邦勝利，奴隸制廢除，不過戰爭本身並沒有發生。

答案引出了演講中最令人困惑的核心部分：很少人會接受這筆交易。詹姆斯說：「戰爭中那些祖先、那些努力、那些記憶和傳奇，是一種神聖的精神財富，比所有流出的鮮血更有價值。」當然，當被問及是否願意再經歷一場內戰時，沒有一個人會贊成這個提議。這是一個難題，沒有人想要生死鬥爭，然而當這些爭鬥強加到我們身上，而我們奮起應對時，它給了我們一種寶貴的公共意義感。

為了解決這個困惑，詹姆斯鼓勵人們發展「戰爭的道德對等物」，共享一些具有正面特質的任務，一些需要奮鬥、活力、忠誠和勇氣的任務，並避免負面的特質，如分裂、無人性化和流血。如果我們能讓人們致力於「建設性的利益」（詹姆斯針對自己所處的特定時代，舉出「到貨運列車或冬季捕魚船隊上工作」等例子），把這類工作看作是英勇集體鬥爭的一部分，我們就會拋棄不成熟的想法，擁有更健康的同情心和更清醒的思想，並更加自豪地踩在這塊土地上。

當然，詹姆斯這種世紀之交的公民浪漫主義，在二十世紀初仍有些不安之處，如果這個想法應用於比冬季捕魚船更黑暗的目的時，可能就會發生很可怕的事。但大致上這個觀點是成立的：我們內心深處渴望真誠的社群，有了它，就有了值得為之奮鬥的東西。

淺薄

我朋友曾經進行一次為期三十天的徒步旅行，為了學習戶外技能。他和一小群徒步旅行者，在寒冷的雨中，艱難地在林木密布的山中爬上爬下。行程進行到一半時，其中一個人因為膝蓋疼痛而離開了團隊。一開始她很失望，因為必須放棄徒步旅行，但後來她興奮地把時間拿去做其他人無法做的活動：高空彈跳、洗熱水澡、吃比露營爐煮出來的食物更好吃的東西。當他們回來後，互相交換了回憶，她分享了獨自冒險的照片，而我的朋友則講述了旅途中特別慘烈的事件，但看得出來，她還是寧願和大家待在一起。當一群人花三十天的時間一起徒步旅行時，必然會發生一些非常特別的事情，那是再多高空彈跳也無法彌補的。

無限瀏覽模式是有代價的。當我們花時間瘋狂尋找新的體驗時，我們便錯過了只有長期堅持才能獲得的、更深層次的體驗。

Facebook 曾經發表一則廣告，開頭是一個年輕人和她奶奶一起吃晚餐。奶奶一直在說些無聊的事情，所以孫女低頭看手機。當她滑動螢幕時，投射出一個鼓手、一個芭蕾舞者，和一場雪仗，都在她的面前上演。我們從這個廣告中得到的資訊應該是：有了 Facebook，你不必和家人待在同一個空間裡，你的手機是你永遠的逃生艙。

當我們說 FOMO（害怕錯過）時，通常是指錯過一些新奇的體驗，比如高空彈跳。我們的手機為這些體驗提供了捷徑，當你被困在某處做一些無聊的事情時，你至少不必錯過享受更好事物的替代品。但廣告中的孫女真正錯過的，是她奶奶那些無聊的故事，或者是與奶奶建立更深厚關係的機會，如果她願意投入與奶奶互動的話。我們的祖父母也是只活一次，我們真正應該擔心錯過的經歷是什麼？

做出承諾，我們可能會錯過最新鮮的事物。**但如果不做出承諾，肯定會錯過那種唯有傾注所有心力的十年（甚至十分鐘！）之後，才能享受到的深刻快樂。**持續地參與是我們形塑世界的唯一途徑，也是我們區分重要與不重要的唯一途徑。這就是為什麼培養注意力是教育的主要目標之一。教育家瑪麗亞．蒙特梭利（Maria Montessori）寫道：「孩子發展的首要要素是專注。」詹姆斯稱這種「一遍又一遍、有意識地把飄移的注意力喚回來」的技巧，是「判斷、性格和意志的根本」。

深度通常會戰勝新鮮感，這種原理甚至有一個名字——林迪效應（Lindy effect）。林迪效應以紐約一間歷史悠久的熟食店命名，它假設一個想法或做法既存在的時間越長，未來存在的時間就越長。這就是為什麼雖然二〇一七年夏天的熱門話題是指尖陀螺，但到了一百年後，比較有可能繼續存在的是跳繩，或者五十年後比較有可能仍有人觀看的，是我們現在還在重溫的經典老電影，而不是今年的轟動強片。如果某樣東西已經持續存在了這麼長的時間，那麼普遍來說，它將比那些尚未證明自己的東西更持久。

持久性是衡量深度的粗略標準，至少在生活的某些方面是如此。大多數時候，我們可以透過多年後是否記得這件事，來了解這件事對我們的影響有多深。這些年來，你讀過的所有零星推特，都像雪花一樣消失了。但有一個夏天，你決定認真投入研究武士，把所有你能找到的、關於武士主題的東西都讀遍了。你瀏覽的所有影片都是模糊的，但那部你花了兩小時看的深度紀錄片，卻會在你的腦海裡縈繞多年。

這些關於新奇事物淺薄程度的觀察，沒有一個是新奇的。幾十年來，一直有人針對現代生活膚淺的危險程度提出警告。不幸的是，大多數悲觀論者都是診斷有餘，治療不足。不過，近幾十年來有一場文化運動，在闡述回歸深度的道路可能是什麼模樣這方面，做出了很大的貢獻。

這一切都始於一九八六年，一家備受爭議的義大利麥當勞。當這間漢堡連鎖店在羅馬最著名的廣場之一——西班牙廣場（Piazza di Spagna）開店時，義大利各地爆發了強烈抗議，數千人聚集反對，在義大利人看來，這是對歷史文化中心的褻瀆，象徵著膚淺的消費主義。其中一位反對者，記者卡羅．佩特里尼（Carlo Petrini）認為標語和憤怒的口號，還不足以傳達抗議資訊的深度，於是他走到廣場上分發義大利麵，這是義大利悠久烹飪傳統的象徵。佩特里尼和他的同胞們手裡拿著筆管麵，喊道：「我們不要速食。我們要慢食！」

那一天，國際性的慢食運動誕生了，他們以蝸牛為標誌，發起了一項夢幻般的「慢食宣言」，反對那些「破壞習俗，甚至入侵到我們家中的『快生活』」。信徒們被號召來「重新發現豐富多樣的當地美食」，藉由培養品味找到真正的文化，並捍衛「緩慢而持久的享受」。

慢食運動在世界各地傳播開來。對這個時代而言是完美的時機，此時，人們開始注意到全球化力量的缺點，也就是優先考慮數量而非品質，優先考慮布局而非深度，優先考慮抽象與普遍，而非具體與在地，當然，還有優先考慮快速而非緩慢。慢食運動背後的意涵比食物更深遠，它是一種完全不同的心態，帶來了一種完全不同的風氣，與當時的跨國公司所呈現的截然不同。

三十年後，「慢」運動的浪潮已經蔓延到生活的其他領域。建築師約翰．布朗（John Brown）提出了「慢家園」，這種方法可以抑制便宜簡單的郊區擴張。心理學家大衛．崔瑟默（David Tresemer）提出了「慢諮詢」，改正了一套治百病的治療法。蘇珊．克拉克（Susan Clark）和沃登．蒂奇奧（Woden Teachout）提出了「慢民主」，一種地方性的、以社群為基礎的政治形式，與電視新聞辯論節目和總統競選廣告中，那種迎合觀眾的大眾政治正好相反。甚至還有「慢遊戲」，一種更人性化、更能反思、更個人化的電玩。

速度和淺薄往往是連結在一起的。齊格蒙．包曼喜歡引用愛默生（Ralph Waldo Emerson）的名言：「在薄冰上滑冰時，安全取決於我們的速度。」當淺薄的日常活動表面之下並沒有太多東西的時候，最好是快速移動，從一個新奇事物移到下一個新奇，轉移這樣的淺薄。當我們強迫自己再次放慢腳步，就像慢運動號召我們做的那樣時，我們就得面對它。這種面對可能很可怕，但當我們穿過它，就可以開始重新發現深度。

我們想要瀏覽的靈活性、真實性和新奇性，但又不想要伴隨而來的癱瘓、脫序或淺薄。我們喜歡無限的選擇，但也喜歡喬氏超市。我們想要從虛假的承諾中解放出來，但也想要道德上的戰爭。我們希望新奇機器每天與我們分享一些有趣的事情，但也希望與老朋友在慢食時進行深入的交談。

亞里斯多德告訴我們，建立美德就是平衡極端的藝術，勇氣是在懦弱和魯莽之間取得平衡，機智是在無聊和滑稽之間取得平衡，友誼是在爭吵和奉承之間取得平衡。我們都想知道正確的平衡是什麼，但哪裡才能找到沒有癱瘓的靈活性，沒有脫序的真實性，沒有淺薄的新奇性？

這就是為什麼承諾這種反主流文化會如此吸引人的原因之一。長途跋涉的英雄們似乎找到了正確的平衡點，他們似乎找到了另一條路，既不是上鎖的房間，也不是走廊，而是人們自由選擇的房間。經過一段時間的安定之後，對於依然在折磨其他人的緊繃情緒，專注的人已經找到了解決的方法。

第4章

在解放與投入之間

Between Liberation and Dedication

人們之間的連結已經鬆開，信任已經減弱，「保持選擇開放的狀態」成了我們這代人的座右銘。在解放和投入之間，我們很慶幸自己不是僵化的，但在紛亂的流動中，我們又渴望一種更堅實的生活。

你可能會想：不管在什麼樣的時空背景下，這種緊繃感本來就是所有年輕人都會感受到的啊？沒錯，但我相信今天的我們尤其困在無限瀏覽模式中，因為近年社會經歷了新選項的爆炸性成長。對於一般美國人來說，二十世紀增加的選擇——可以把握的機會、選項、新奇體驗和生活方式——數量大增的程度再怎麼誇張也不為過。

一、兩個世紀以前，多數人的大部分生活，完全被非自願的、繼承的承諾所拖累。對許多人來說，這是因為實際上的需要，你必須與家人和社群待在一起才能生存。陽光和季節構成了日和年，你一生中遇到的人，和你所看到的生活方式的多樣性是很有限的，你的選擇就是如此有限。

政治和宗教制度強制人們執行一些非自願的承諾。根據法律，女性的大部分經濟和社會生活，都必須仰賴父親和丈夫。如果你不是白人，你可能出生在種族隔離的醫院，在資金不足的學校接受教育，被迫從事特定的工作，進入特定的社群。如果你是殘疾人士，你的社群對你的人生期望很低。如果你是同性戀，你必須隱藏自己的某些部分。如果你跟其他人不同，比方說你是一個留長髮的男人、穆斯林或無神論者，一個想用不同方式歌唱的音樂家、一個想用不同方式生活的家庭，或者一個想用另類文化來建立生活的人，那麼，你能得到的、受到大眾認可的生活方式就很少了。在很長一段時間裡，許多人的人生，都與他們的家鄉、父母的願望、繼承的宗教和職業，以及高中時的戀人連結在一起。對大多數人來說，「保留選擇餘地」的想法是很陌生的，因為一開始就沒有太多選擇。

但是，二十世紀一連串的解放鬥爭和發展，使得許多非自願的承諾解除了。由於新科技和正義運動的發展，人們對非自願選擇的地點、角色、生活方式和期望，已經沒有那麼強烈的依附感。更多人在更多方面，都有了大量的選擇。

這並不是說這些解放性的轉變已經完成，尤其是上個世紀的正義運動，很多仍在持續進行中。相對地，我是要指出，我們大多數人都沉浸在一個從非自願承諾中解放出來的大時代。

我們的文化頌揚這種解放的道德。很多電影的情節似乎都是圍繞這種主題展開的，主角一開始身不由己地做著某件事，卻設法掙脫，讓自己成為不同的人。《星際大戰》(*Star Wars*）中，可憐的孤兒路克·天行者（Luke Skywalker）渴望一種比塔圖因星球更美好的生活。大家都認為《金法尤物》(*Legally Blonde*）的艾兒·伍茲（Elle Woods）永遠不可能從事法律工作，但她蔑視這種偏見，並證明了她確實做得到。鐵達尼號上的傑克和蘿絲，阿格拉巴的阿拉丁和茉莉，他們本不應該相愛，但還是掙脫了束縛。

在《舞動人生》(*Billy Elliot*）中，十一歲的主角比利·艾略特是礦工的兒子，他夢想著離開家鄉去跳芭蕾舞。在電影一開始，比利的父親很震驚，他對比利要成為什麼樣的人、要做什麼、去哪裡，都有既定的期待。但比利的夢想比這些期待更遠大。在電影結尾，比利從自己的命運中解脫出來，去了芭蕾舞學校。這就是我們這個時代的美麗故事：解放的故事。

進退兩難

但光解放是不夠的。我們需要從非自願的承諾中解脫出來，但這種自由不足以實現充實的人生。汽車帶我們去各個地方，網路讓我們看到各種東西，但幸福不是自動到來的。如果傑克和蘿絲的戀情得以延續，那麼在最初的火花熄滅後，他們仍然會有一些問題：該怎麼感受，該做些什麼。愛情電影通常都結束在死亡或婚禮，我們很少看到真正的婚姻。

這同樣適用於尋找真實性的重大時刻。在你把真實的自己告訴別人之後，在那個呈現出真實自我的勇敢之日過後，然後呢？當比利．艾略特開始覺得芭蕾舞學校很乏味或很疲憊時，會發生什麼事？當他開始思考自己應該去當牙醫還是木匠時，或當他必須在教芭蕾舞和陪伴孩子之間取得平衡時，會發生什麼事？

自由對人類整體來說也不夠。就算我們擁有所有的解放工具，有自由思考的能力，能夠看穿虛假客觀性的謊言，能夠從他人陳述的故事中找到所有漏洞，但我們想要生活的新世界，並不會自動從舊世界的灰燼中浮現出來。我們這個時代的解放精神，幫助我們摧毀了不良的制度，卻沒有幫助我們建立新的制度；它幫忙避免了一些悲劇，但並沒有帶來世界和平；它有助於診斷我們這個時代的疾病，但還沒有找到治療方法。

即使是促進解放這個任務本身——計畫下一場正義運動、建立下一個聯盟、組織下一個行動，這些需要的也不只是解放的工具。批判、懷疑和分析是不夠的，還需要創造力、信念、團結和靈感，才能打造出自由的世界。《箴言》中說：「沒有異象，民就放肆。」這是因為解放只是故事的一半，另一半是奉獻。**人們想要自由，但我們想要自由之後，再去做一些事情。**

你可以在各種地方找到這種「解放-投入」的迴圈。它建立在結婚儀式中，人們與各自的家庭分離，然後結合在一起，組成另一個家庭。這也是人們改變信仰時會經歷的，先是褻瀆，然後重新奉獻。你可能會與舊的社群疏遠，對它失去信心，甚至脫離它，也許還借助於一些褻瀆神明的行為（例如不敬的笑話和批評性的評論），讓你鬆開某個制度的控制。但隨後你在一個新的社群中發展出信仰，並再次與之建立連結，通常是透過重新神聖化的儀式。將你生命中繼續尋找神聖的部分擱置一邊。

這個迴圈是古代煉金術練習的關鍵。雖然現在大多數人把煉金術視為一種奇怪的原始化學形式，但煉金術的實踐者將其視為一種豐富的神話體系，可以協助個人的靈性轉變。「化鉛為金」的煉金術過程，是對靈性轉變過程的一個精巧比喻：將鉛灰色的人類靈魂提升為神聖的黃金靈魂。

煉金術的物質轉換過程包括三個階段。第一個階段是黑化（Nigredo），或稱黑度階段，包括剝離、分解、熔解鉛。第二階段是白化（Albedo），熔化的鉛被洗滌和純淨化。在第三個階段紅化（Rubedo），將材料放入火中固化成一種新的形式。這個過程的最後就會出現黃金——光變成了固體。

對煉金術士來說，這就是練習如何成為一個完整的個體，把自己從承襲常規的沉重負擔中解放出來，投入到嶄新的、更肯定生命的信念和意義。但，難以接受的部分是，這個過程中的對立面——分裂和抽離、分離和合成、熔解和固化，都不是自動完成的。你必須學會如何解放自己，以及如何投入自己。

投入需要培養所謂的「投入美德」。這需要想像力，一種設想尚未出現之物的能力。它需要合成，一種建立連結的能力。關鍵在於專注（集中心智的能力）和堅持不懈（這樣你就可以一次又一次地回到同一個任務上，即使它沒有什麼新鮮之處）。以及熱情，持續參與所須的熱切情緒。還需要一種對某事感到尊敬讚嘆的能力，因為沒有敬畏就不會有熱情。**最重要的，投入需要承諾，也就是儘管還有其他選擇，仍堅持做某件事的能力。**

要拍一部關於投入的電影很難。例如，《進擊的鼓手》（*Whiplash*）就是《舞動人生》的反面。一開始，是一個孩子在新爵士樂團當鼓手的第一天。孩子的父親沒有叫他不要打鼓，孩子沒有在三更半夜偷偷溜去上打鼓課，電影中沒有戲劇性的一番對話，最終讓孩子大喊：「我不想當會計，我想打鼓！」這部電影的兩小時中，就是一個孩子學習打鼓的過程，一次又一次地嘗試和失敗，為了跟上他心目中打鼓英雄們的步伐。電影本身看起來也不是那麼令人愉快，這可能就是為什麼《舞動人生》這樣的電影會比《進擊的鼓手》更加受歡迎的原因。

只知道如何解放自己，卻不知道如何投入自己，這讓我們陷入了「解放－投入」的煉獄。我們已從許多非自願的承諾中解脫出來，但很難做出自願投入的承諾；我們離開了，但不團結；我們褻瀆，但不聖化；我們熔化，但不會固化成別的東西。

液態現代性

我們有能力把東西熔解，卻沒辦法讓它們再次凝固，這種困境的結果，就是包曼在創造「液態現代性」一詞時所指的東西。對包曼來說，現代性的定義是熔化傳統「固體」的過程，比如舊的忠誠、無關緊要的義務、世襲的財產、家族的枷鎖等，各種「倫理義務的稠密組織」都消失了。

但包曼指出，這些傳統被熔化掉，目的是要用其他東西取代它們。一開始，事情確實是這樣的，我們用憲法、民族國家、官僚機構、企業、軍隊、工廠和重型機械取代了傳統社群。一切都要大：成為一家強大的公司，代表要有一間大工廠；成為一個強大的國家，代表要擁有強大的軍隊；成為一個強大的城市，代表要有大型橋梁和車站。個人可以透過加入這些大型、持久的組織來找到出路，而這些組織存在的時間很長，如果你年輕時加入一家企業，可以期待到你退休時，它依然存在。

但到了二十世紀下半，包曼認為事情發生了變化。熔化本身成了目的，變化成為唯一的永恆，不確定是唯一的確定。現在賺最多錢的不是工廠老闆，而是資訊、能源和金融網絡的控制者。過去，權力來自於持久性——龐大、安全、持久的企業；但在這種新穎的、流動的現代性中，力量來自於靈活性——在各種變化中成為一種新形式的能力。對於公司來說，目標不再是進行投資，以確保能夠掌握未來，而是釋放出一些附屬物，以確保它們未來能夠轉變。企業的專案開始使用大量短期約聘人員，而不是建立穩定的勞動力。包曼寫道，你將不再「為了擠檸檬汁而種植一整片檸檬樹」，你會為檸檬做一筆短期交易，然後就此收工。

在這種現代化的新形式中，無論是人還是結構，一切都變得像希臘海神普羅透斯（Proteus）一樣，他可以隨心所欲地變化成任何形狀。因此，液態現代性的核心意義是：流動性，就是無法保持既定的形狀。**當你被困在解放和奉獻之間時，就會發生這樣的事——你被熔化，但找不到重新變成固體的方法。**

你可以看到液態的現代性就在我們周圍運作，我們的工作方式、約會方式、消費方式、移動方式，以及做為公民的行為方式，都因這種寬鬆的特質而發生了改變。

二〇一九年，非千禧世代與千禧世代換工作的比例是一比三。德勤（Deloitte）的一項研究發現，四〇%的千禧世代希望在兩年內離職。這個趨勢與年輕無關，而是一代人的轉變。過去二十年裡，大學畢業生在畢業後的五年當中，工作的地方從一九八六年至一九九〇年的一・六個，增加到二〇〇六年至二〇一〇年的二・八五個。

其中一些人是自願跳槽的，但大多數人是被迫進入不穩定的大規模裁員和勞動力的零工化。據估計，在這種所謂「不穩定的經濟體」中，有五千五百萬名勞工，包括自由工作者、臨時工、分包商和零工，比如 Uber 司機或 Taskrabbit[5]。即使在這些不穩定的勞工中，有許多人其實想穩定從事某種職業，但經濟結構卻阻止他們這樣做。

人際關係也出現了這樣的鬆散狀態。一九六二年，三十歲以下的美國人中有五分之三已婚，五十年後，這個比例降至五分之一。但千禧世代雖沒有選擇婚姻，卻也沒有濫交。聖地牙哥州立大學的一項研究發現，千禧世代年輕時的性伴侶，比嬰兒潮世代或 X 世代少。年輕人會推遲結婚，部分原因是他們接觸到的人比他們的父母多很多，也因此有更多的潛在伴侶。我們被優柔寡斷所癱瘓，總是在想下一個更好的伴侶是否就在不遠處。像 Tinder 這樣的交友應用程式，已經把盡可能接觸到潛在伴侶變成了一種科學計算，但也沒有幫助。Podcast 主

5 媒合業主與自由工作者的平台，類似於台灣的「小雞上工」。

持人P．J．沃格特（PJ Vogt）曾經說過：「最難的部分，是跟所有看起來不錯的人約會。」

許多年輕人也被離婚和家庭解體的記憶所傷害，他們想確定自己不會面臨同樣的命運。所謂的「依戀實體」（如俱樂部、教會、工作團體）也在減少，在這類場所，你比較有機會深入認識另一個人，不只是看到表面而已。當然，最重要的是，普遍的經濟不安全感讓人們無法安定下來。

與此同時，許多年輕人已經接受了所謂的共享經濟，從汽車、自行車到衣服，甚至是家常菜，越來越多商品正在被重新包裝，不再是我們自己擁有或製作的東西，而是租用這項服務或購買預先分裝好的東西。但「共享經濟」並不是最貼切的名稱，共享經濟指的是一種共享的文化，是一種感覺彼此有互惠義務的社群。研究員吉安娜．艾克哈特（Giana M. Eckhardt）和芙洛拉．巴迪（Fleura Bardhi）提出一個更貼切的詞彙：獲取權經濟（access economy）。在這種經濟模式中，你無須承諾投入任何東西，就可以（如果你夠有錢的話）獲取一切。你可以租用一個共同辦公空間，而不必去投資一間辦公室；不用購買整張專輯，可以用Spotify聽單首歌曲；不必規劃餐點並且去購買食材，就可以讓餐點和食材自己送上門。

上述最後一項例子的發展，特別具啟發性。在過去，準備和消費食物一直是判斷所有權、身分和社群的重點之一。我們如何購買、保存原料、烹飪、裝盤、服務、享用、回收和種植我們的食物，一直是個人自豪感的來源。但近年，我們經歷了一場轉變，訂購餐點的廣告隨處可見，休閒速食連鎖店[6]正在蓬勃發展，「幽靈餐廳」——只提供外送服務的餐廳，在美國的各個城市如雨後春筍般出現。根據食品行銷研究所（Food Marketing Institute）最近的調查，美國成年人幾乎有一半的餐食是獨自用餐的。

在很大程度上，由於職業不穩定、房租飛漲，加上買房難度增加，許多年輕人在一個又一個街區、一個又一個城市之間遷徙。如此頻繁地搬家，讓我們感覺與自己所居住的社群連結越來越少。三分之二的年輕人表示，與自己的社群沒有連結，一半的人說沒有時間參與當地的活動。我們對鄰居的信任度，比其他任何世代的人都要低。在一項調查中，題目問及是否曾進行過十項「鄰里友好行為」（例如對鄰居微笑、記住鄰居的名字、進入鄰居家等）時，年輕人的得分遠低於年長者。

這一切的結果就是滿滿的孤獨。三〇%的年輕人經常感到孤獨，二〇%的人根本沒有朋友。當然，友誼以及培養和維持友誼的機制，全都需要承諾投入。

6 介於一般餐廳與速食餐廳之間，冷凍加工食物少，烹調食物的營養價值高於速食店，但不提供完整桌邊服務，通常採自助式取餐。

在過去的半個世紀裡，幾乎所有美國機構的信心值都在下降。調查發現，我們對政府、總統和國會的信任比以前少了，更加不信任新聞媒體，更加不信任醫療、法律和教育體系，對宗教和公司的信任也越來越少。一半的美國人認為「整個體制」辜負了他們。這還是對所有年齡層的美國人進行調查，對機構的信任狀態已經是這樣了，如果只對年輕人進行調查的話，信任的數字會更低。對銀行、司法體系、矽谷、市長、州長、聯邦政府和新聞媒體「非常有信心」的年輕人，不到三成。

因此，與祖父母那一輩相比，我們與大型機構和身分的連結要少得多。在六十五歲以上的美國人中，幾乎有三分之二的人屬於某個宗教團體，而三十歲以下的美國人中，只有四〇%的人屬於宗教團體。儘管這幾代人反映出「對宇宙的好奇心」或「思考生命的意義和目的」的程度差不多，但年輕一代中「有靈性觀念但不信宗教」的人，幾乎是年長一代的兩倍。雖然大約有一半的美國年輕人稱自己是政治獨立人士，但當中有很大一部分的人，始終投票給同一個政黨，這表示這些人實際上並不是意識形態獨立的人，只是不願意被貼上某一種標籤。

我還可以繼續說下去，但你明白我的意思了。我們之間的連結已經鬆開，信任已經減弱，「保持選擇開放的狀態」成了我們這代人的座右銘。包曼說對了：我們是流動性世界中的流動人。在解放和投入之間，我們很慶幸自己不是僵化的，但在紛亂的流動中，我們又渴望一種更堅實的生活。

不能回去，也不能留在這裡

瀏覽和承諾之間的緊綳關係，在個人層面上呈現出來，縈繞在靈活、真實和新奇的樂趣，以及癱瘓、脫序和淺薄的痛苦之間。它也在集體層面上演，把我們困在液態現代性之中。有些人將這種緊綳描述為一種潛在的焦慮、倦怠或普遍的不安感，有人稱之為「集體不適」、「大範圍瓦解」或「集體異化」，有些人說這就是陽痿的感覺——一種想做某事卻做不到的感覺。有些東西被關掉了，但我們該怎麼辦？

有人給出的答案是，我們應該回到非自願的承諾。如果你回顧過去一個世紀所有的解放發展和鬥爭，一定會發現一些團體一直致力於讓時光倒流。有些人渴望回到僵化的階級制度，另一些人則固守舊體制，扮演人們失去信任之前所謂的輝煌歲月，還有一些人假裝他們的認知是「普遍的」，他們的判斷是「中立客觀的」，他們個人對社會的看法是「完全自然且必要的」，有些人甚至放棄了汽車和網路，去森林裡生活。

有時，「回到確定性」——回到非自願的承諾——指的根本不是回到過去。你也可以「往前走向確定性」。詩人W．H．奧登（W. H. Auden）曾寫過兩種人夢想著「不知何為苦難和邪惡的快樂之地」，那就是世外桃源人（Arcadians）和烏托邦人（Utopians）。世外桃源人是「讓時光倒流」的類型，他們夢想著一個伊甸園，一個世外桃源，在那裡，當前世界的矛盾還沒有出現。在世外桃源，沒有人需要談論承諾，因為每個人都完全適合自己的生活方式，他們甚至沒有意識到自己是怎樣生活的。烏托邦人想要的正好相反，他們夢想著一個「新耶路撒冷」，在那裡，當今世界的矛盾終於得到解決。在烏托邦中，沒有人需要談論承諾，因為每個人都對自己在新秩序中的角色如此地投入和滿意，以至於他們甚至不需要去想它。

但我們不能，也不應該回到過去，或前進到未來的確定之境。正如作家麥克．韋斯（Michael Weiss）所指出，世外桃源人傾向於忽略所有的痛苦，才能在自己的私人伊甸園中平靜地生活。他們可能不會造成人類的痛苦，但他們的冷漠會加深這種痛苦。選擇「藝術與美」而不是「活生生的人」，這樣的人會變成什麼樣子？與舊世界相安無事的人很容易渴望它，但對於那些並非如此的人，對於那些被舊世界壓迫或束縛的人而言，這種懷舊是令人不安的。

至於烏托邦人，並沒有一個烏托邦能讓所有人都舒適地融入其中。哲學家羅伯托．昂格爾（Roberto Unger）寫道：「人性的一個重要特徵是，我們能超越我們的環境。」我們內在所包含的東西，無論是個人還是集體，都比任何可能的社會安排還要多。哲學家伊曼努爾．康德（Immanuel Kant）也很好地闡述了完美秩序不可能存在：「從人性這種彎曲的木料做出來的東西，沒有一件是筆直的。」而且，正如韋斯指出的「許多人會很樂意涉過血流成的河，到達他們的新耶路撒冷」，烏托邦主義者往往會忽略為了迫使每個人進入他們的完美願景，而必須做的事情。

所以我們還在「解放－投入」的中間狀態。回到非自願的承諾，被關在一道鎖住的門後，是站不住腳的，它不適合我們。我們需要一些靈活性，找到真實的自我，體驗一些新奇事物。但生活在走廊裡也一樣站不住腳，我們想要的不是癱瘓、脫序和膚淺。而如果我們在解放和投入之間徘徊得太久，當我們找到機會時，可能已經沒有一個世界可讓我們投入奉獻了。這就像酒吧打烊時，酒保很常說的一句話：「你沒有一定得回家，但你不能待在這裡。」

PART 2

承諾：反主流文化

第5章

長期奉獻的英雄主義

Long-Haul Heroism

真正的改變跟好萊塢式的屠龍完全不一樣，因為建立一段關係需要很長時間，修復破裂的關係也需要很長時間；形成社群需要很長時間，修補社群分裂也需要很長時間。長期奉獻的英雄克服了恐懼，擊退了威脅，堅持承諾。他們的努力可能會在某個重大時刻達到頂峰，但那必須是成千上萬個小小努力的結果。

一八六三年新年的午夜，《解放奴隸宣言》開始生效。這個時刻具有里程碑的意義，長達幾個世紀的反對美國奴隸制鬥爭，正式達到了頂點。為了慶祝，數千名廢奴主義者聚集在波士頓音樂廳。

詩人亨利．華茲華斯．朗費羅（Henry Wadsworth Longfellow）和愛默生幫忙組織了這次活動。二十年前，朗費羅發表了《奴隸制詩集》（*Poems on Slavery*）支持廢奴運動，並在接下來的二十年裡，持續贊助廢奴運動的活動和組織，資助奴隸尋求自由，並努力支持參議員查爾斯．索姆奈（Charles Sumner）立法結束奴隸制。十九年前，愛默生就開始宣講反對奴隸制，他利用自己共同創辦的雜誌《大西洋》（*Atlantic*）來推動這項事業，甚至邀請廢奴主義激進分子約翰．布朗（John Brown）到他家中作客。

那天晚上，當人們注意到哈里特．比徹．史托夫人（Harriet Beecher Stowe）在音樂廳走廊上時，他們開始揮舞手帕，高喊著：「史托夫人！史托夫人！史托夫人！」據報導，史托夫人的臉上「洋溢著喜悅和興奮」，她走到欄杆前鞠躬，抹掉眼中的淚水，看著激動的人群。大約十年前，在她十八個月大的兒子死於霍亂後，史托受到啟發，寫了《湯姆叔叔的小屋》（*Uncle Tom's Cabin*），這本書成為廢奴運動中最有影響力的書籍。

廢奴主義者威廉．羅伊．葛里森（William Lloyd Garrison）也在現場。三十二年前，他創辦了《解放者報》（*Liberator*），這是一份週報，也是這場運動的社群布告欄。報紙的創刊號就明確地闡述了他的使命：「我不會含糊其詞，我不會原諒，我不會後退一寸，我的聲音一定會被聽到。」到了一八六〇年代，人們可以在州議會大廈、州長官邸、國會辦公室，最終在白宮看到《解放者報》。葛里森擔任編輯期間，曾遭暴徒攻擊，在多個州遭到起訴，並被上流社會排斥。

但那天在波士頓音樂廳，瀰漫著歡喜的氣氛。愛默生朗讀了一首為這個場合寫的詩，一整個唱詩班演唱了孟德爾頌的〈讚美詩〉和韓德爾的〈哈利路亞〉。在街區另一端的翠蒙堂教堂裡，威廉・庫珀・內爾（William Cooper Nell）主持著另一場慶祝活動，他宣稱：「從大西洋到太平洋，將不會再有揮舞鞭子的暴君，也不會再有佩戴鎖鏈的奴隸。」大約四十年前，他的父親幫助創建了麻薩諸塞州有色人種協會（Massachusetts General Colored Association）。二十年後，內爾追隨父親的腳步，幫忙成立了新英格蘭自由協會（New England Freedom Association），幫助逃亡奴隸，抵制《逃亡奴隸法案》。受人尊敬的查爾斯・班尼特・雷（Charles Bennett Ray）也在教堂裡。三十年前，他做為地下鐵路[7]的推動者以及另一份廢奴主義報紙《美國有色人種》（*Colored American*）的編輯，開始參與這項事業。

7 在美國歷史上，曾是黑奴逃跑的祕密路線，後來用於指稱幫助奴隸逃亡和支持廢奴的團體。

當晚最後一位演講者是弗雷德里克・道格拉斯（Frederick Douglass）。二十四年前，他逃離了奴隸制。隨後的幾十年裡，他成為一名享譽世界的演說家，在各種廢奴主義會議上擔任領袖，是《解放者報》的作者之一，也創辦了自己的報紙《北極星》（*North Star*），還寫了一本關於自己被奴役時期的暢銷回憶錄，也是多位政客的說客，包括林肯總統。那天晚上，在他的演講中，不時響起「阿門！」「上帝保佑！」等歡快的呼聲。道格拉斯說，美國的「黑暗時期」已經進入了「光明的黎明」。

人們不斷往返電報局，想知道公告是否真的發布了。道格拉斯後來談到：「八點、九點、十點來了又走了，還是什麼消息也沒有。」有些人擔心林肯違背了他的承諾。但這時有人跑了進來，喊道：「它來了！它傳出來了！」不久之後，有人大聲將宣言讀出來：「我命令並宣布所有被奴役的人……從今以後將是自由的。」

人群歡聲雷動，道格拉斯後來形容那是一幅「狂野而壯觀」的景象，人們紛紛把帽子拋向空中，老宿敵們互相擁抱。道格拉斯的朋友開始唱他最喜歡的讚美詩，群眾也加入歌唱的行列：「在埃及黑暗的大海上響起響亮的鼓聲，耶和華勝利了，他的人民自由了！」當他們在午夜被請出音樂廳時，人群步行到第十二浸信會教堂，這座教堂曾被稱為「逃亡奴隸教堂」，因為它長期以來一直是波士頓地下鐵路的樞紐。他們一直慶祝到天亮，這群廢奴主義者幾十年的努力得到了回報，他們為人類贏得了勝利。

我們經常聽到人說「事情就是這樣」，好像什麼都不會改變，我們也無能為力。這是錯的。一八六三年新年發生在波士頓的事情告訴我們，當你承諾投入一件事，多年來不斷地推動它，把你的各種才能投入其中，戰勝那些阻礙你繼續前進的事，例如讓你分心的東西、不確定性和疲憊，有時候你確實會成功。我們沒有理由不去想，如果我們也致力於我們這時代的召喚，如果我們努力成為長期奉獻的英雄，那麼，期待已久的勝利也在等待著我們。

好萊塢屠龍

我們多數人都會被吸引去做一些比自己更偉大的事情，這是青春的浪漫願景，成為英雄，為某個目的而戰，讓自己有所成就，拋棄一成不變的單調生活，去追求高尚的冒險。這樣的衝動，可以引導我們在無限瀏覽模式和非自願承諾之間，選擇第三種方式。就是自願承諾投入的道路，離開走廊，選擇一個房間；解放之後，再次投入；瀏覽之後，決定奉獻。

但我們常常把這種承諾與重大而勇敢的時刻連結在一起。好萊塢電影透過戲劇中的屠龍，來證明主角的奉獻精神。儘管人們普遍認為年輕人以自我為中心，但我認為，其實我們已經準備好為比自己更宏大的東西而戰了，只要我們需要戰鬥的龍，在某個特定的時間，以某種特定的形式出現。如果入侵者進入我們的房子，我們已經準備好保衛家庭；如果有奧客出現在我們店裡，我們準備好要把他們趕出去；當反對各種議題的大遊行開始號召群眾時，我們已準備好加入。

也許你看過美國廣播公司（ABC）的熱門節目，約翰．昆紐內斯（John Quiñones）主持的《你會怎麼做？》（What Would you do?）。節目在一些熟食店、餐廳或街角設置了隱藏攝影機，演員們為了測試毫無戒心的旁觀者反應，會上演一些道德敗壞的場景。演員有時會扮演未成年的孩子，拜託你買酒或菸給他們，有時會扮演有種族歧視的女服務員，有時演員在雜貨店結帳隊伍中扮演缺錢的飢餓家庭。當你看到旁觀者糾結於是否要干預時，你也會跟著思考：「如果遇到類似的情況，我會怎麼做？」

這就是我所說的好萊塢屠龍，一種「你會怎麼做」的英雄主義，是要在某個特定時刻採取行動，來實現你的自願承諾。這就像莎士比亞的一句台詞：「有些人天生偉大、有些人是努力掙來的、有些人是別人硬塞給他們的。」最後一種就是我們已經準備好的：讓我們看到惡龍，我們就會殺死它。

但好萊塢式的屠龍有一個問題：在現實中，當這種戲劇性情境出現時，它們並沒有真正改變什麼。在完美時機發表的動人演講，其實並不會改變他人的觀點。大型集會或是精采的一擊，也沒有多大幫助。當你和一個有煩惱的孩子坐在一起，告訴他說哭也沒關係（弦樂在你的腦海中響起），這種戲劇性的場景並不能解決孩子的問題。把壞人扔進監獄並不能治療社會。在雨中播放浪漫的歌曲，也不能鞏固你們的關係。

如果只需要站在志趣相投的人群中，大喊「總統先生，我反對！」然後收下所有掌聲，我們就都是騎士的話，英勇也就沒什麼價值了。過了一段時間，你就會發現，推特只是一個讓你每小時都能殺死一條龍的平台，而且做起來如此簡單，表示這些努力是多麼徒勞。好萊塢式的屠龍很廉價。

真正的屠龍者

真正的改變跟好萊塢的屠龍完全不一樣，因為真正的改變需要經歷很長的時間。建立一段關係需要很長時間，修復破裂的關係也需要很長時間；形成社群（把陌生人變成鄰居，把空間變成據點）需要很長時間，修補社群分裂也需要很長時間；建立制度需要很長時間，恢復已經腐敗的制度也需要很長時間。沒有什麼完美的藍圖可以讓你迅速實現想要的結果，這個過程是緩慢而有生命的，而不是快速而機械式的。

政治變革尤其需要更長的時間。正如麥克斯・韋伯（Max Weber）所描述的那樣：「政治是一種強大而緩慢的枯燥硬板。」要從「不可想像的」到「可以想像但邊緣的」，再到「有爭議的」，再到「大眾的」，再到「共識的」，是一段冗長艱難的過程。記住那句老話：「一開始他們無視你，然後他們嘲笑你，然後他們與你戰鬥，最後你贏了。」每個階段都會持續一段時間。

而真正在阻礙你實現目標，讓你難以與特定的想法、人物、技藝、社群建立並維持關係的龍，與你在電影中看到的龍完全不同，它們更加狡猾可怕。首先是阻止我們做出承諾的恐懼，它們是：對後悔的恐懼——如果我們承諾投入某件事，以後會後悔沒有認真做另一件事；對連結的恐懼——如果我們承諾投入某件事，就很容易受到這個承諾給我們的身分、聲譽和控制感帶來的混亂；以及對錯過的恐懼——如果我們承諾投入某件事，隨之而來的責任將阻止我們去體驗其他的人事物。

阻礙我們前進的，不單只是對做出承諾的恐懼，還有維持承諾的困難。這些真正的龍看起來不像卡通裡的壞人，比較像是日常生活中的無聊、分心和不確定性，這些會侵蝕我們長期致力於任何事情的能力。

若這些東西是真正的龍，那麼**真正的屠龍者就是那些做出改變，而且維持很長一段時間的人。**他們是長期奉獻的英雄，他們克服了恐懼，擊退了威脅，堅持承諾。他們的努力可能會在某個重大時刻達到頂峰，比如《解放奴隸宣言》，但那必須是成千上萬個小小努力的結果。改革家雅各布．里斯（Jacob Riis）是這樣描述的：「看石匠敲打石頭的模樣，也許敲了一百下，還是連一條裂縫都看不見。然而，一旦打到第一百零一下時，它就裂成兩半了。我很清楚，這並不是最後一擊造成的，而是之前做過的一切累積成的。」

民謠歌手皮特．西格（Pete Seeger）則將之比作蹺蹺板，一邊被巨石牢牢地壓在地面上，在空中的那一邊，上面擺著一個空籃子，一小群人有耐心地往籃子裡裝沙，每次一湯匙一湯匙地裝。圍觀的人群嘲笑他們，因為什麼也沒有改變。但是有一天，整個蹺蹺板將會翻轉，不是一點一點，而是一下子跳起來。人們會問：「怎麼會發生得這麼突然？」而答案，當然是多年來累積的小湯匙量。

長期奉獻的歷史

歷史上充滿了專注奉獻的人，他們拒絕相信什麼都不會改變，但他們明白改變需要很長時間。匈牙利醫生伊格納茲．塞麥爾維斯（Ignaz Semmelweis）花了二十年時間，才讓洗手可以防止疾病傳播的觀念變得普及。他曾經被忽視、被解僱、被騷擾，並因堅持自己的發現而被稱為極端主義者，最終他變成本世紀公共衛生的偶像之一。今天，有一所大學、一家醫院、一枚硬幣，甚至還有一個星球，都以他的名字命名。

想想吉米・卡特總統（Jimmy Carter）和麥地那龍線蟲病。卡特在他人生的前五十年裡，都在追求更高的職位，但在一九八〇年，隨著他的總統連任競選失敗，這一切都瓦解了。他本可以退休，利用他的名聲賺錢，然後對公眾人物生活感到厭煩。但他反而投入了幾個單純的目標，走上漫長的道路，其中一個目標就是根除麥地那龍線蟲病。卡特開始研究龍線蟲病時，這種寄生蟲病每年折磨三百五十萬人，造成巨大痛苦，加劇了全球貧困。這不是一個多華麗的志業，也不會立即成為頭條新聞，但疾病很可怕，而治癒方法是可以找到的。今日，多虧了他建立的卡特中心，每年僅出現不到五十起龍線蟲病例。卡特現在已經九十幾歲了，當被問及晚年的希望時，他回答：「我希望最後一條麥地那龍線蟲比我早死掉。」

或者看看女性參政論者的長期鬥爭。一八四八年七月，紐約少女夏洛特・伍德沃德・皮爾斯（Charlotte Woodward Pierce）和六個朋友搭乘馬車前往塞內卡福爾斯大會（Seneca Falls Convention），這是美國有史以來第一次重要的婦女權利大會，大會中最熱門的話題，是該組織是否應該倡導女性投票權。想想看：這是美國最激進的邊緣女權主義者集會，女性投票的想法在這群人之間都還有爭議！然而，包括皮爾斯在內的出席者在會議結束後，承諾要一起走爭取選舉權的漫長道路。七十二年間，經歷了幾十個組織、數百本書和報紙、數千場運動、數萬次遊行、數十萬封信和數百萬次有說服力的談話，到了最後，這個曾經不可思議的想法終於變成了法律。當一九二〇年，美國憲法第十九修正案[8]被批准時，皮爾斯所有的同黨都去世了。皮爾斯是唯一活得夠久的人，能看到她和夥伴們所有付出的頂點。改變需要時間，但它確實發生了。

關注任何領域，你都會發現有長期奉獻的英雄在幫忙建構。一九二〇年代，妮娜・奧特羅－沃倫（Nina Otero-Warren）擔任新墨西哥州聖達菲縣公立學校的督學，並致力於改善農村、西班牙裔和原住民學生的教育。她修復破舊的建築，提高教師的工資，啟動一個高中和成人學習專案，並向聯邦政府施壓，要求為原住民教育提供更多資金。她透過談判，將聖達菲的學校轉變為三重文化的機構，將當地和西班牙的藝術、工藝、文學和實作融入課程。她加入了董事會和婦女組織，在聖達菲的各個利益集團和派系之間達成協議，並保護了聖達菲和陶斯的歷史建築。她甚至在一份全國性雜誌上，發表了一篇關於西南地區之美的文章，讓全國人民了解她所在地區的文化和環境。奧特羅－沃倫的生活中，並沒有什麼戲劇時刻能激發出這些成就，只有幾十年來不斷改善這個社區的努力工作。在人類歷史中的每個角落，都有成千上萬個奧特羅－沃倫。

8 規定美國公民的選舉權不得因性別而被剝奪或限制。

在黑人的自由鬥爭中，除了廢除奴隸制，還有一系列漫長的奮鬥。一八九二年春天，艾達・威爾斯（Ida B. Wells）的一個朋友被私刑處死後，她便開始有系統地調查私刑的各種資訊。那年秋天，她出版了一本小冊子《南方恐怖：林奇法的各個階段》（*Southern Horrors: Lynch Law in All Its Phases*）。這本書出版後，威爾斯在英國和美國巡迴演講，以獲得盟友。在巡迴期間，她還是持續調查私刑，以強化她的論點。這項工作在一八九五年的書籍《紅色紀錄：美國私刑統計與據稱之原因》（*A Red Record: Tabulated Statistics and Alleged Causes of Lynchings in the United States*）中達到頂峰，這是美國現代資料新聞的典範之一。在整個過程中，她努力說服北方和外國投資者，私刑是一種對經濟發展的無政府威脅，並鼓勵他們抵制南方，以避免風險，直到反私刑立法通過。

威爾斯不僅抵抗反對者，同時也向盟友施壓。她積極敦促新成立的全國有色人種協進會（NAACP）將反私刑法列為優先政策，當該組織沒有採取足夠的行動時，她就與之保持距離。在一九二〇年代末期，她厭倦了從外部遊說政府官員，所以她自己去競選伊利諾州參議員。當她年事已高，無法像以前那樣激進地活動時，她投身於寫一本實用的自傳，向年輕人傳授這場鬥爭。

在她的第一本小冊子出版的二十五年後，國會開始討論反私刑立法，再三年後，總統表態支持。整個一九二〇年代，隨著地方和州政府更加重視這場危機，私刑大幅減少。經過幾十年的寫作、研究、交談、旅行、審視自己的論點、尋找相關資料、測試不同的途徑、向各種友好和不友好的團體施壓，並在多個戰線發起運動，威爾斯終於贏得了勝利。

我們都記得小馬丁．路德．金恩的戲劇性屠龍時刻——他招牌的演講和對抗，但我們沒有看到的，是為了那些時刻而進行的長期努力。金恩在關於蒙哥馬利公車抵制運動的回憶錄《邁向自由》(*Stride Toward Freedom*) 中明確表示，他花了非常多時間在贏得社群信任、加入當地組織、透過多次會議組建聯盟、以及策劃有效的公共集會等平凡的工作上。

很多人應該都不知道，金恩最初來到蒙哥馬利，是因為他想要成為當地浸信會教堂的牧師。他那本回憶錄的開頭，是關於組成教會委員會這種不太令人興奮的工作：宗教教育委員會、社會服務委員會、獎學金籌款委員會和文化委員會。他寫道，早年在蒙哥馬利，他大部分時間都花在主持婚禮和葬禮、準備每星期的禮拜、探望病人和參加各種教堂規劃會議上。他寫道：「幾乎每個星期我都要參加五到十次這樣的小組會議。剛開始，我大部分的晚上都是這樣度過的。」

而當金恩領導公車抵制運動時，為什麼人們肯相信他呢？因為在此之前的幾個月裡，他一直辛勤地參加各種當地組織的會議。他先加入了NAACP的當地分部，幫助他們籌措資金。隨後，他加入了阿拉巴馬州人際關係委員會（Alabama Council on Human Relations），這是一個由牧師組成的跨種族團體，旨在幫助阿拉巴馬州爭取種族平等。然後，他開始參加公民協調委員會（Citizens Coordinating Committee）的會議，一個建立地方領導人連結的組織。我們會這樣形容蒙哥馬利公車抵制運動：「羅莎．帕克斯（Rosa Parks）坐下來，而群眾站起來。」然而當中忽略了最重要的部分：事實上，帕克斯、金恩，和其他數百名熱心人士，在抵制開始之前，就已經一週復一週地努力維持當地組織的運轉。帕克斯英勇的對抗是火花，但是沒有長期蒐集的火種，光有火花也沒有意義。

這還不包括為了建立組織而召開的所有會議，這些組織組成了協調機構，召開關於抵制活動的會議。金恩在德克斯特大道浸信會教堂的聚會之所以能夠政治化，是因為該教會的前任牧師弗農．約翰斯（Vernon Johns）多年來一直在組織和動員這群會眾。而之所以有一個婦女政治委員會可供金恩動員，原因是九年前，有四十一名婦女共同成立了這個委員會。國際泥瓦匠聯盟（International Union of Bricklayers）在當地的分支機構，提供了辦公空間給金恩使用，他們能夠這麼做的原因是，在過去四十年裡，當地的泥瓦匠建造並管理著一個工會大廳。儘管在人們的記憶中，羅莎．帕克斯是一個屠龍者，但她本身也是一個長期奉獻的英雄，當她被捕時，她已經擔任NAACP蒙哥馬利分部的祕書十年了。

最後，這個公車抵制運動持續了三百八十一天。你可以基於對戲劇性事件的激情反應，參加一個星期的行動。但是，要維持一個長達十三個月的運動，你需要比激情反應更深層的東西——你需要承諾。這讓我想起民權組織者艾拉．貝克（Ella Baker），一九四〇年代時，在給團隊總部的一份報告中寫道：「我現在得走了，去參加一個夜間在教堂舉行的小型會議，這種會議通常比立即的回報更累人，但這就是基礎工作的一部分，所以只能這樣了。」**為行動做準備的基礎工作，就是真正的長期英雄主義。**

在一九五〇和六〇年代，人們可能會被派到一個新的城市，幫忙發展該地的公民權利運動。「運動」組織（Movement）的資深工作者多麗絲．克倫肖（Doris Crenshaw）回憶說，到了新的地方，除了一個接應他們的家庭外，根本誰也不認識。從那時起，基礎工作就開始了，從一個會議開始，為公民運動累積一點經驗，任何一點點進步，都能讓他們找到活力。她說：「如果你有兩個人，又找到兩個人願意加入，這就是個開始。耶穌只有十二個門徒，你就是必須繼續前進……這不是短跑，而是長跑。」

我曾經參觀過一位民權運動傳奇殉道者麥加．艾佛斯（Medgar Evers）的家。他家門前的牌子上寫著：「一九五五年，麥加和米莉．艾佛斯帶著他們的孩子，達雷爾和里納，搬進了這間房子，當時，麥加剛成為密西西比州第一位NAACP的地區祕書……一九六三年六月十二日，午夜剛過，他在參加完會議回家的途中被暗殺了。」

我們得知艾佛斯的勇敢之處，他之所以成為英雄，是因為他為自己的志業而犧牲。但我們不能忽視牌子上的最後一部分：艾佛斯是「在參加完會議回家的途中」被暗殺的。把生命奉獻給一項志業是高尚的，但把日常生活奉獻給它就更高尚了。

第6章

認識反主流文化者

A Tour of the Counterculture

主流文化越是貶低忠誠，我越覺得專注的付出很可貴。我也開始注意到，每次有人講起自己尊敬的人，通常都是因為他們很欣賞這個人對某件事的承諾。我開始把這個液態世界中的堅實人物，看作一種類似於反主流文化的東西。為了抵抗無限瀏覽的誘惑，他們開闢了另一條生活道路。

有一次，我在酒吧看到一塊招牌，上面寫著：「罪惡感——由猶太人發明，被天主教徒發揚至完美。」這可以拿來當我家的徽章，我是天主教徒和猶太教徒的後裔，他們很重視「牽連」這個概念。今天，「牽連」是「有罪」的簡單同義詞，但它最初的定義是——「捲入」或「糾纏」。有時，在我的家庭裡，這種隱含的感覺，會以現代所謂罪惡感的形式出現：總是擔心自己是否虧待了別人。不過大多數時候，它代表的意義比較沒有那麼神經質，而是感覺我們對周圍和世界各地的人有一種責任感。它最崇高的形式，是偉大的拉比亞伯拉罕．約書亞．赫舍爾（Abraham Joshua Heschel）這番話當中的意涵：「對邪惡的冷漠，比邪惡本身更糟糕；在一個自由社會中，有些人是有罪的，但所有人都有責任。」

我的祖母克拉拉．萊維．古賓斯（Clara Lewe Gubbins）在她所屬的伊利諾州社區中，是居住時間最長的居民。從一九二〇年代到二〇〇〇年代，她在河濱鎮度過了八十年，只有上大學和第二次世界大戰時離開過。她養育了七個孩子，一輩子都為當地天主教教區、市民團體和民主黨服務。身為當地天主教團體聖母軍（Legion of Mary）數十年的成員，她到有需要的鄰居家中進行了數百次家訪。她還受到愛蓮娜．羅斯福（Eleanor Roosevelt）的啟發，寫了數百封信給當選的官員，給予他們讚揚、批評和建議。

我祖母的父親約翰．萊維（John C. Lewe）是鎮上的法官和公民領袖。我的家人發現萊維法官在一九五〇年代末寫給媳婦的一封信，他在信中表達了對人們變得過於「專注於自己的瑣事」，而對公共事務漠不關心的擔憂。他寫道：「政府不是『他們』，而是『我們』。我們每個人都必須發揮自己的作用。」他用了幾個段落譴責麥卡錫主義[9]如何破壞了富蘭克林．羅斯福（Franklin D. Roosevelt）所代表的一切，並在信件結尾寫道：「如果你的鄰居不同意你的觀點，不要對他們生氣。試著和他們講道理，但無論如何要有耐心、寬容、睦鄰友好，最終你會贏得他們的尊重。」

我母親繼承了這些特質，她擁有對地方的認同感、對政治價值觀的執著，以及堅固不摧的鄰里關係。在她的職業生涯中，一直在為兒童和學生爭取權益，同時維護著我和姐姐有時稱之為「工廠」的東西：一個全天候運轉的家，總是在為不同階段的人們準備禮品，像是給嬰兒的針織帽、給附近學校的美術用品、給同事的布朗尼蛋糕、她認為我們可能會感興趣的新聞剪報，還有她知道我們的朋友會喜歡的詩——沒有任何一個時刻是微不足道而不需要重視的。她擁有一種越來越罕見的特質，既是直言不諱的政治家，又是有同情心的傾聽者。即使是與她意見相左的鄰居，也無法抗拒她敞開的胸懷和富有同情心的傾聽。

我的父親是猶太移民的兒子，在匹茲堡東區長大。他童年的樂趣是參加艾瑪考夫曼夏令

9 廣義上是指用大規模宣傳和胡亂指責，特別是在沒有充分證據的情況下，造成對人格和名譽的誹謗。

營，這是一個由當地百貨公司巨頭創建的夏令營，幫助城市裡貧窮的猶太孩子們呼吸新鮮空氣。我父親不斷地回到那個營地，持續了十多年，一開始是參加營隊的學員，接著成為「廚房小幫手」，然後是顧問，最後是營地自然主任。營地的負責人都是社工，所以他也想學習社會工作。一九六〇年，他進入安蒂奧克學院（Antioch College）時，一開始修的是社會學，是最接近社工的系所。

在六〇年代初就讀安蒂奧克學院，是一種獨特的公民體驗。用校長的話來說，學生們最引以為豪的，是「願意冒險挑戰傳統，以便有機會領導人道事業，解決人類的問題」。這所學校的校訓源自其創始人賀拉斯．曼（Horace Mann），清楚地表達了人們對安蒂奧克學院畢業生的期望：「羞於死去，直至你為人類贏得一些勝利。」最重要的是，小馬丁．路德．金恩是我父親的畢業演講嘉賓——金恩的妻子科麗塔．史考特（Coretta Scott）就是安蒂奧克學院的校友。他呼籲一九六五年安蒂奧克學院的畢業生「發展世界觀」和「對不公正之事表示不滿」。

我曾經發現父親在畢業後寫的一封信，他在信中說，他的人生目標是「能夠以一種微小的方式，為二十世紀的人類危機採取行動」。本著金恩號召畢業生發展世界觀的精神，他成為一名積極的人類學家，花了半個世紀的時間創立非營利組織、主持會議、撰寫書籍和報告、聯繫團體、在龐大的機構內部進行激烈的鬥爭，目的是幫忙提高原住民社群的發言權，讓他們得以擁有支配自己生活的力量。十年前我父親去世時，他朋友的信件如潮水般湧來，我還得查一下「不屈不撓」是什麼意思，因為很多人都這麼說他。但在我長大的過程中，我對他工作的全部認識，就是我目睹了二十年的、如僧侶般的例行公事：他每天早上在同一時間醒來，吃同樣的全麥麥片；他拿著筆，一頁一頁地翻閱報告，在重要的部分畫線，在空白處快速做註解；他在世界各地旅行時，用完全相同的方式收拾和打開他的衣物。在我理解父親的工作內容之前，我就先理解了他工作的穩定性。

我也是在一個小鎮長大的——維吉尼亞州的福爾斯徹奇市，那裡有著強烈的地方認同感。當地有一個小型學校體系和豐富的鎮民生活——尤其是對兒童來說——男女童軍、地球觀察行動、青少年足球、每週六上午的少年聯盟、每週四放在每戶人家門口的《福爾斯徹奇報》（*Falls Church News-Press*）、十月的秋季慶典、五月的陣亡將士紀念日遊行。在鎮上，每一個受人喜愛的機構背後，都有非常敬業的人，霍華·赫曼（Howard Herman）負責每週一次的農夫市集，妮琪和艾德·韓德森（Nikki and Ed Henderson）負責一年一度的藍調音樂節，尼克·班頓（Nick Benton）維持《福爾斯徹奇報》的營運，巴布·克拉姆（Barb Cram）負責當地的藝術表演，蘇·約翰（Sue John）管理幼稚園。

安妮特·米爾斯（Annette Mills）和戴夫·艾克特（Dave Eckert）是我們這社區的超級公民。安妮特不知怎麼做到的，把鎮上的小型回收和預防亂丟垃圾計畫，變成了一個有趣的社區活動，包括學校社團、野餐和T恤，數百個孩子參與其中。戴夫是一人公民孵化器，他幫忙成立了一個又一個當地機構，從城市溪流特別工作組，到在鎮中心舉行的除夕夜街區派對，再到慶祝福爾斯徹奇黑人歷史的街頭節日。安妮特和戴夫都很擅長吸引人們深入社區，安妮特會一邊散步清理垃圾，一邊講當地的歷史故事；戴夫會製作關於鎮上溪流的紀錄片，讓大家更加關注福爾斯徹奇的自然世界。

戴夫對我們小鎮的付出，實際上是從一個小小的承諾開始的，是鎮中心的一小塊土地。三十年前，戴夫聽說那個有一條小溪穿過的小樹林，有被賣給私人開發商的危險。他直接去找媒體，在福爾斯徹奇樹木委員會中引起了軒然大波，他認為這塊地應該變成公園。他後來也承認：「我從來沒有參與過這種類型的社區倡導活動，確實有點不自量力了。」戴夫說，鎮長糾正了他，並向他提出了一個挑戰：「如果你真的想做什麼事，你必須加入我們，幫助我們，而不是叫我們去做什麼。」

他接受了他們的建議，並加入了當地的村莊保護與改善協會（VPIS）。但不久，戴夫想拯救一小塊土地的小小行動，就逐漸形成了大漩渦。經由VPIS，戴夫開始從事其他社區改善專案，從農夫市集的攤位到家庭音樂會活動。他回憶道：「我當時有一大堆想法，而且非常享受。」

安妮特說，她和丈夫能夠一直從事市政工作，祕訣在於「社交」。她認為，如果沒有建立人際關係，市政工作是難以推行的。安妮特的計畫總能越滾越大，而且她一直充滿靈感，因為她設計這些計畫，就是為了讓鄰居們透過他們的工作互相認識。舉例來說，她不是單純要求市政府種植更多的樹，而是在鎮上發起一個社區植樹計畫，幫忙居民們一起種樹，並在這個過程中，讓社區緊密連結。戴夫插話道，當你把人們聚集在一起，並從中獲得樂趣時，這些付出能讓你「滋養自己」。社區工作賦予了他們生命的意義，安妮特說：「我想在入土前說，我已經盡我所能，讓這個社會、這個世界朝著更好的方向發展了。」

二〇〇〇年代初，安妮特和戴夫搬走了，但他們的許多在地計畫仍在福爾斯徹奇繼續運作。我在寫這本書的時候，想要休息一下時，我會到家附近一個很棒的公園裡散步尋找靈感，這是一片小樹林，有一條小溪穿過，全都為居民保留了下來，這是戴夫和安妮特付出的眾多成果之一。

隨著年齡的增長，我被同樣專注奉獻的人所吸引。在大學，我找到了長期奉獻的英雄做為導師，從一位花了半世紀時間，與濫用公司權力者鬥爭的活動分子，到一個研究美國社會趨勢長達數十年的古怪社會科學家，再到多年來默默努力研究理解社會的新方法的固執哲學家。

主流文化越是貶低忠誠，我就越覺得專注的付出很可貴。有一個陌生人，多年來的每週一晚上，都在街上那間酒吧裡為常客們表演美國民謠；有一個鄰居，讓她認識的每個人都參與當地的收容所事務；有幾個同學，總是定期去探望他們的老朋友；有一個同事，始終保持著她的家庭傳統。我開始觀察那些最能使我活躍起來的東西——老朋友和老地方，每個季節的例行儀式，無止境的朋友間才懂的笑話，讓我放鬆的書籍和彈了無數遍的琴譜，這些都來自長期的承諾。

我也開始注意到，每次有人講起自己尊敬的人，通常都是因為他們很欣賞這個人對某件事的承諾。一個把所有精力都投入到斑鳩琴（或寫劇本，或木工）上的鄰居；一對在某處扎根並開始建立家庭的夫婦；一個全身心投入打造農場（或成為牧師，或學習巴西柔術）的朋友，他們讓每個人都認為「哇，他是認真付出的」，那些人贏得了深深的欽佩。即使沒有人真正喜歡這個人，但至少會給予尊敬，例如：「我受不了她，但沒辦法否認她是個真正的藝術家。」「他這個人很難聊，但你必須尊重他對這個活動的承諾。」「我不喜歡他的觀點，但他是個盡職的父親。」這就是一種有價值的承諾。

我在蒐集這些例子的時候（同時也注意到我們的文化一直在朝相反的方向發展），我開始把這個液態世界中的堅實人物，看作一種類似於反主流文化的東西。為了抵抗無限瀏覽的誘惑，他們開闢了另一條生活道路。

想要成為這樣的反叛分子，途徑很多，因為有許多特定的事情都可以讓人做出承諾。你不需要成為像艾達．威爾斯或麥加．艾佛斯那樣的改革者，或像安妮特．米爾斯或戴夫．艾克特那樣的市民巨星，志業只是其中一種可以奉獻自己的方向。其他還有工藝、專案、地方、社群、機構，甚至人，都需要我們的奉獻投入。如果你想知道在這種承諾的反主流文化中，你該投入哪個方向，那麼你會很高興知道，選擇其實有很多（雖然有點諷刺）。

公民

一九八三年，伊凡·沃夫森（Evan Wolfson）還是法學院的學生時，他三年級的論文主題是同性婚姻的憲法權利。這觀點在當時還處於非常邊緣的地位，甚至還沒有贏得廣泛的同性戀族群支持。一九八〇年代初期，大多數同性戀權利律師只是在爭取基本法律面的保護，比如不因同性戀身分而被驅逐或解僱。

但沃夫森還是著手努力。經過三十二年的鬥爭——花了十年來說服同性戀權利組織發起一場婚姻運動，再花十年讓一個州完全承認同性婚姻，然後又花十年，逐州發起運動，讓同性婚姻在全國普及化，最後，沃夫森見證了最高法院宣布美國的同性婚姻合法化。將自己的想法從最微不足道的學術寫作（一份法學院的論文），推向最重要的形式（一份最高法院的裁決），這個過程是非常曲折的。前一刻，他在夏威夷贏得了一場承認同性婚姻、勝算不大的官司，接下來，他又在與全國的強烈反對進行抗爭。某一天，他在為一項婚姻策略尋求支援時，被其他活動人士拒絕了，但接下來，他又發起了「婚姻自由」運動，這是一項資金充足的運動，準備在美國進行婚姻平權抗爭。

當有人觸怒他，或其他人太膽小、太難對付時，沃夫森就讀歷史。林肯、甘地、金恩，女性選舉權運動、解放戰爭，甚至古代的歷史，閱讀過去的抗爭能帶給他很大的安慰。「你必須相信你能贏，」他說，「你必須相信事情是可以改變的，你必須調整自己的節奏，耐心且堅韌。」

在這幾十年的起伏跌宕中，沃夫森很少哭泣，他以簡潔、堅忍和理性著稱。但在二〇一五年六月，當他走到桌前閱讀奧貝格費爾訴霍奇斯案[10]的判決書時，眼淚流出來了。他閱讀的當下，多年的點點滴滴都湧現心中，他說：「每一段都讓我想起我和某人的爭吵，或是和我一起努力但已經去世的人，或是我在抗爭的這個時期做了什麼——這一年，這個狀態，這場鬥爭。」

二〇一六年，經過三十年的不懈努力而獲得成功後，沃夫森解散了他的組織。沃夫森堅持：「一場運動就是把一個策略變成一個目標。」當目標達到時，運動就結束了。這是一個很好的提醒，要造成改變，未必是要與不變的秩序維持著永無止境、悲劇性的關係，它可以是一個旨在達到最終結果的離散策略。雖然挑戰需要時間，有時甚至需要三十二年，但並不代表它們是無止境的。

沃夫森這種形式的長期英雄主義，是最容易辨認的——這是對志業的承諾。**這是一種公民的工作，這些人掌握著社會的命運，努力推動社會朝著他們認為有利的方向發展。**公民們將願景與初步的步驟結合起來，把正義的崇高理想與具體行動結合起來，推動社群和機構朝著理想的方向前進。在獲得勝利之後，承諾投身於志業聽起來很棒，但走在其中時是極其困難的。我們稱那些成功實現志業的人為「英雄」，卻稱那些正在努力實現志業的人為「瘋子」。

洛莉・沃拉赫（Lori Wallach）是大眾公民（Public Citizen）底下的全球貿易觀察組織（Global Trade Watch）創始人，在許多全球自由貿易談判中發揮重要作用。一九九〇年代初，洛莉在華盛頓從事食品安全方面的工作，她已經很熟悉國會聽證會的節奏：當某個保護食品安全的立法案被提出時，溫和派人士會作證說這項立法是好的，而產業組織則會作證說這項立法將是一場災難，會終結所有商業，然後洛莉就會說，這個法案還不夠好。直到有一天，當一項殺蟲劑的法案被提出來討論時，發生了一些變化。

10 美國聯邦最高法院對於同性婚姻的重要判例。判決指出，憲法保障同性戀者與異性戀者相同之結婚權，各州政府不得立法禁止同性婚姻。

溫和派說：「這個法案是對的。」

洛莉站起來說：「這個法案不夠好。」

然後殺蟲劑遊說者站起來，只是他沒有說「這是世界末日」，他說的是：「你們不能通過這項法案。根據食品法典（Codex Alimentarius）的規定，這是違法的。如果你們想這樣做，就必須把它寫入多邊貿易協定。」

「那個人到底在說什麼？」洛莉說她當時這樣想著，那人一定是午餐時喝了六杯馬丁尼。但她查閱了食品法典，發現這是農藥標準國際貿易協定的一部分。那位遊說者是對的，如果不針對國際協議重新談判，國會就不能修改法案。

幾個月後，同樣的事情發生在一個肉品聽證會上。一個來自全國養牛人牛肉協會的人說，根據北美自由貿易協定，國會不能要求在肉類上標註「原產地」。

「感覺就像是上次聽證會時暴露的神經，受到了第二次刺激。」洛莉回憶道。有可疑的事情在發生。

她解釋說：「我理應是食品安全的前門守衛，但當我站在那裡看著可疑人物走過去時，才發現這裡有一扇後門。我不知道後門是什麼，但它與貿易有關。」

那一刻，就是洛莉這段長期奮鬥的開始，她開始去了解和監督國際貿易協定中的企業瀆職行為。她說，需要有人「解釋所有技術上的瘋狂之處，而那人就是我」。一開始，洛莉對當時的國際政策所知甚少，在貿易戰的公共利益方面，幾乎沒有人知道正在發生什麼事。但她是從法學院畢業的，具備分析能力，能夠深入研究複雜的文本並拆解它們。這並不容易，洛莉說，全球貿易協定是一份「故意讓人無法理解的法律文本」。另一方可以收買幾十個人來理解這些文本，但她擁有的只有她自己，至少一開始是這樣。

但她還是跳了進去。她將大型貿易協定的整個篇章（包含諸如「衛生標準」之類的標題），逐字逐句地翻譯出它的意思，比如食品安全、殺蟲劑、肉類檢驗或標籤等。她的目標是向人們解釋，這種貿易協定如何影響「你家裡面、廚房餐桌上、你孩子身邊的各種事情」。在接下來的幾十年裡，她不斷重複著這個過程，解釋了一份又一份貿易協定。

在九〇年代，大多數當權集團都反對洛莉，她列舉了各種對她的批評如：「我們是錯的，我們是孤立主義者，我們是貿易保護主義者。」她惹怒了很多人，以至於當她登上一本重要的外交政策雜誌封面時，有兩個人辭去了該雜誌董事會的職務。有一次，在失去兩張重要的國會選票後，她在工作時哭了起來，她覺得自己受夠了，於是去見了她的老師拉爾夫·納德（Ralph Nader），尋求一些建議。他說，她得考慮得長遠一些。

納德告訴她：「你基本上是在一條狹窄的巷子裡，被企業權力的壓路機追著跑。你可以躺下來，讓它從你身上壓過去，或者你可以一直想辦法，看怎麼把它堵在另一邊，把沙子塞進齒輪之類的。一旦你真的讓它停下來，就能開始扭轉局面，贏得你想要的政策。」

洛莉和她的小型國際人脈網絡，從馬來西亞消費者聯盟，到印度食品正義活動人士，再到烏拉圭記者，一直堅持不懈。他們頑強地蒐集證據，拒絕接受強大利益集團的說法，終於在對話中獲得了立足點。到九〇年代末期，他們已經從人稱的怪人，變成了主流辯論中站得住腳的批評者。到二〇一〇年代中期，也就是洛莉開始抗爭的二十多年後，她和盟友終於能夠阻止一項由企業推動的貿易協定。我和洛莉談話時，她已經持續這趟旅程二十七年了，她覺得自己終於到了讓壓路機停下來的時刻。現在她可以開始下一個三十年的計畫了——扭轉局面。

愛國者

另一種形式的長期英雄主義，是對居住的地方和社群的承諾，做出這些承諾的人叫做愛國者。愛國主義由於被濫用而變得極端，所以在今天看來，是個令人擔憂的概念。政客們利用它來通過最新的法案，或掩蓋他們最新的醜聞；揮舞著旗幟的民族主義者，利用它逼迫持不同政見的人屈服。以至於現在，許多人把愛國看成是一種膚淺的美德，是中場表演和遊行揮舞彩旗的行為，而不是認真的奉獻。

但我們不應該這麼快就放棄對地方的熱愛。我最喜歡的國慶歌曲是〈我是愛國者〉（I Am a Patriot），這首歌是由E街樂團（E Street Band）的成員史蒂文．范．贊特（Steven Van Zandt）創作，將愛國主義的含義描述得非常貼切：「我是一個愛國者，我愛我的國家，因為我只知道我的國家……我沒地方可去了。」在這種對愛國主義的解讀中，你並不是因為自己的國家是「最好的」而愛它。你愛你的國家，不是因為它特別偉大或公正，也不是因為你認為你的同胞比其他人更值得關心。你喜歡它，是因為它是你的一部分，這是你所知道的、與你緊密相連的。這不是一種主宰和排斥的愛國主義，而是對一個地方及其人民付出的愛國主義。

這種類型的愛國主義，比較容易在小範圍內找到。熱心的地方主義者比爾．考夫曼（Bill Kauffman）描寫了美國小城鎮和社區中「深刻的非帝國主義之愛國主義」——不是「當炸彈照亮他的電視機時，坐在沙發上唱著『上帝保佑美國』的虛偽愛國主義」，而是對「音樂、詩歌、地方、怪癖和共同性、歷史奇談、神聖的傻瓜和著名的堪薩斯人」的熱愛。愛國主義保護了異質性，讓各個受人喜愛的地方蓬勃發展，每個地方獨有的行事方式，並不會為了顧全整體而被消除，而是被視為——用社會活動者西蒙．韋伊（Simone Weil）的話來說——「價值無限、稀世珍寶，值得呵護，就像最嬌嫩的植物」。

但是愛國主義，即使是地方愛國主義，也不是一成不變的。正如哲學家理察．羅蒂

（Richard Rorty）所說，一定程度的愛國主義是做出改變的要素。他寫道：「民族自豪感之於國家，就像自尊之於個人，是自我完善的必要條件。」太驕傲會使人傲慢；但太少的話，就很難「展示道德勇氣」，也很難召集資源和能量來改變現狀。他認為，這就是為什麼關於美國改革的偉大作品——從林肯和金恩的演講，到《憤怒的葡萄》（*The Grapes of Wrath*）和《屠場》（*The Jungle*），展開批評的方式，都是以一種真正關心這個受人喜愛的國家的語氣，而不是對一個註定失敗的志業充滿憤世嫉俗的蔑視。**若不成為某個地方的一部分，想改變它是很困難的。**

在較深層次的愛國主義方面，溫德爾．貝瑞（Wendell Berry）也許是目前仍健在的、美國最偉大的思想家。貝瑞是個農民、哲學家、社會活動者、小說家、散文家和詩人。他曾獲得國家人文獎章，在文化和環境方面的寫作廣受稱讚。但最重要的一點是，他所做的一切都是出自一個地方，也是為了同一個地方：他的家鄉，肯塔基州的羅亞爾港。

貝瑞借用了他的老師華勒斯．史達格納（Wallace Stegner）的說法，他寫道，世界上有兩種人——「繁榮族」和「堅持族」。繁榮族是流動的，從一個地方到另一個地方去抓住機會，在最壞的情況下，他們受到金錢、財產和權力的驅使，會掠奪後逃跑。而堅持族是那些定居下來，熱愛他們創造的生活和所在之處的人。他們會在某地扎根，他們受到愛的驅使，想要保護對一個地方及其生活的愛，想要留在那裡。

貝瑞感嘆現代文化提倡繁榮而不是堅持。他承認，過去農村家庭的年輕人，總是「去城市」，而不是回來，現在他們覺得這就是他們應該做的，離開而不回來是種常態。現在，不光是農村如此，人們的目標都已經不是繼承父母，而是拋棄他們。貝瑞譴責說，我們接受的教育是，拿自己的家庭社區換取「在一個與地方或社區無關的臨時未來」賺錢。

在他的作品中，貝瑞與繁榮族分享了堅持族知道的事：對一個地方的奉獻不是限制，而是釋放。評論家喬治・夏拉巴（George Scialabba）在描述貝瑞的哲學時寫道，繁榮族的生活受限於抽象的組織權威——大學、公司、職業、政府。當你被困在「影子官僚主義」的「模糊網格」中時，你很難找到自己的方向，衡量自己的進步，或是在日常生活中培養感情。另一方面，堅持族則能夠面對一系列穩定真實的、特定的事物——人、建築、自然、文化，這些構成了他們承諾奉獻的地方。他們不需要總是擔心「我做得怎麼樣？」或「我是在局內還是在局外？」而是緩慢並穩定地加深與特定鄰居的關係，逐漸熟悉特定的環境，並掌握特定的職業技能。

對某個地方的承諾，不只讓你看到所在那個角落的每一個精采細節，這種承諾同時也給了你時間去看到整體——所在之處的互連性。繁榮族不斷地解剖與分析世界的不同元素，他們必須這樣做，才能管理他們要掌控的龐大社會體系。另一方面，堅持族可以看到自己所在之處的所有東西是如何結合在一起的——土地和氣候，動植物和人，建築、商業和傳統，所有這些東西都在相互作用。當你能看到這種整體性時，你就能從深層解決當地的問題。這種解決問題的方式，並不是根據資料，做一次性的「治療」就能實現，而是要透過療癒，使受損的生態系統重新變得完整。

貝瑞心中有一幅美麗的景象，將他的地方主義哲學連結在一起。他回憶說，在他祖父的農場裡，有根柵欄柱子上掛著一個舊水桶，已經很多年沒動過了。隨著時間累積，春雨、秋葉、冬雪多次落在裡頭。松鼠帶了一些堅果進去，老鼠吃了一些堅果，留下了殼。一些葉子已經腐爛，昆蟲飛進去後死掉了。鳥兒停在上面理毛，還留下了一兩根羽毛。最後，桶底累積了幾英寸厚的肥沃土壤。

「那個桶子裡發生的一切，是我所知道最重要的事情，是我聽說過最偉大的奇蹟。它在造土。」貝瑞寫道。

對貝瑞來說，穩定的社區就像那個水桶。隨著時間推移，它們蒐集故事，保存了記憶、方法和技能，累積傳說和歌曲，確保當地的知識「經過長時間的記憶、記錄、傳承、思考、糾正、實踐和提煉」。最終，堆肥產生的是豐富的當地文化沃土，可供種植和收穫。但這不是自動發生的。

貝瑞寫道：「一個人類社區必須施加某種向心力，將當地的土壤和記憶固定在適當的位置。」如今，很多地方都沒有足夠的人投身其中，沒有夠多愛國者致力於成為當地文化的載體，結果，許多當地文化和社區正在消失。

有些人認為貝瑞的觀點只適用於一小部分懷舊的農民，但我認為他的觀點適用於所有社區。皮爾斯・弗雷隆（Pierce Freelon），北卡羅萊納州德罕市議會的成員，從表面上看起來，他和貝瑞截然不同。弗雷隆住在大城市，而不是小鄉鎮；他的父親是黑人建築師和爵士歌手，不是白人農民；他的主要創作是音樂和電影，而不是散文和小說。但他和貝瑞一樣是當地的愛國者。

弗雷隆一生都住在德罕。他記得，年輕的時候他想要上路旅行，看看外面還有什麼。他確實這樣做了一段時間，但他旅行得越多，就越能體會他的家鄉是多麼特別。他開始看到和他一起長大的人成為了公司老闆和社群領袖，他開始發現更多德罕歷史上的英雄：厄尼・巴恩斯（Ernie Barnes），職業橄欖球運動員，後來成為開創性的畫家；保利・穆雷（Pauli Murray），女權運動家和民權律師，她的作品影響了布朗訴教育委員會案的裁決；安德列・利昂・塔利（André Leon Talley），一個佃農的孫子，後來成為《Vogue》的編輯。他開始再次愛上這個陌生的城市，這個富有創意、位於南方、進步、聖經帶的家鄉。

弗雷隆是一個有天賦的藝術家，所以我問他，他沒有生活在一個年輕人都去「追求夢想」的城市，像拉斯維加斯和布魯克林那樣的城市，他是否會感覺自己受到限制。事實上，他真的為這種感覺寫了一首歌，恰如其分地取名為〈布魯克林〉（Brooklyn）。在歌裡面，他和一個北卡羅萊納人戀愛，不過在造訪紐約時，他遇到了一個有趣、迷人、神祕的布魯克林人，並被他吸引走了。但在歌曲的結尾，他無法停止對「把螢火蟲放在罐子裡，在頂部戳個洞」「藍天和颶風」，以及家鄉的「玉米麵包、鯰魚和羽衣甘藍菜」的思念。他試圖逃到布魯克林，但卡羅萊納一直縈繞在他的心頭，所以他收拾行李回家了。

弗雷隆說，他喜歡提醒他的藝術家同行，其他地方有更多資源，並不代表它會給你更多資源。跟一個你可以認識所有人的地方相比，「搭地鐵十五分鐘就可以抵達的大公司，但門口的保全根本不讓你進去」，可能就顯得無力了。一個在資源相對不足之處扎根的人，可以與一個在資源充裕之處卻沒有扎根的人正面較量。這就是為什麼弗雷隆覺得按照祖母的格言來生活很舒服：「在你生根的地方開花。」每當他為了是否會有更大、更好的事情等著他而焦慮時，他就會提醒自己，這些焦慮——他不夠好，他沒有把事情做對，他沒有抓住所有機會——與他住在哪裡無關。他堅信：「這些東西不會因為你搬到另一個地方而消失。獲得平靜與成功的關鍵，在於定義成功對你來說是什麼。」他對自己說，知足常樂。「我們從當地採購的豐盛大餐中得到的飽足感，跟去豪華的高級餐廳得到的一樣。」

有些愛國者不是致力於某個特定的地方，而是致力於一個社群。佩姬．貝里希爾（Peggy Berryhill）五歲時住在奧克蘭的低收入住宅裡，她記得她和父親一起看了《大衛．克拉克》(*Davy Crockett*) 的影集，這位著名的拓荒者影集大受歡迎，使得數千名和佩姬同齡的孩子戴上浣熊皮帽。在其中一集中，主角與馬斯科吉人（Muscogee）進行了一場戰鬥，這是佩姬家人所屬的原住民部落。她還記得當時節目對馬斯科吉人的描繪有多麼可笑，他們打扮得像平原印地安人，穿著帶流蘇的鹿皮，臉上塗著愚蠢的顏料，綁著長長的辮子。更糟的是，在這一集的戰鬥中，克拉克單槍匹馬地打敗了三、四個馬斯科吉人。就在那時，小小年紀的佩姬做了一個決定：「我這輩子，一定要努力改變其他人對印地安人的刻板印象。」

這就是佩姬在過去半個世紀裡一直在努力做的事情，她花了幾十年的時間，蒐集、製作、播出了數百小時的原住民訪談，贏得了「原住民廣播第一夫人」的綽號。

在一九七〇年代初期，加州柏克萊的廣播電台KPFA裡，一個專門製作原住民議題的廣播節目收視一直很疲弱。佩姬當時是一名學生記者，她去接下了那份工作。她為弗雷斯諾和里諾的觀眾服務，手裡拿著麥克風，去參加所有她可以參加的當地原住民社群活動。她的節目《生活在印地安時間》（*Living on Indian Time*）很快在那個地區的原住民和非原住民聽眾中引起了轟動。在接下來幾十年裡，佩姬的節目成為二十世紀後期原住民賦權運動的實質社群中心之一。她採訪了切羅基族（Cherokee）領袖威爾瑪．曼基勒（Wilma Mankiller）和波尼族（Pawnee）律師約翰．艾克霍克（John Echohawk）等活動人士，向聽眾講述爭取原住民公民權利和自決權的各種積極鬥爭。不過，她也採訪了許多非激進分子，希望能展示原住民名人的多樣性，從奧奈達族（Oneida）喜劇演員查理．希爾（Charlie Hill），克里族

（Cree）創作歌手芭菲．聖瑪麗（Buffy Sainte-Marie），到蘇族（Sioux）演員佛洛伊德．懷斯特曼（Floyd Westerman）。

佩姬還很年輕的時候，曾問一位部落首領，他希望未來五年內看到原住民發展成如何。他回答說：「希望印地安人擁有自己的銀行和航空公司，印地安人基本上可以做所有其他人能做的事情，但要是非常有印地安風格的，帶著印地安人的原則。」她記得當時那種展望未來的心情，讓她非常激動。她想在自己的節目中散發這種精神：原住民文化不是凍結在琥珀中，而是有未來的、活生生的東西。這才是真正的愛國者所做的，**他們不拘謹於某種固定的社群概念，而是為了真實的人付出奉獻，隨著社群不斷演進。**從一九七三年拿到她的第一支麥克風，如今已經過了約五十年，佩姬仍在繼續奉獻，在每個工作日的早上主持北加州電台KGUA的節目，打破刻板印象，建立她的社群，幫忙維繫使人們團結在一起的向心力。

建設者

有些人的奉獻付出，是**將夢想變成現實**，這就是建設者的工作。他們跟公民一樣，對未來有一個願景，並且致力於長期辛苦的工作來實現願景。但是，他們做的並不是改革現存的部分，讓這世界逐漸符合他們的願景，而是創造一些東西，把自己的願景具體呈現出來。

十年前，李愛琳（Irene Li）為了離父母比較近，和她的兄弟姐妹搬回家鄉。為了讓自己有事可做，他們想出了一個餐車計畫。他們的祖父母是中國移民，過去在美國開了一家餐廳，他們想要繼承這項傳統。二〇一二年，他們在波士頓市中心開了「美美街頭廚房」（Mei Mei Street Kitchen）餐車。愛琳努力確保他們的餐點符合她對食品正義的承諾，她希望農產品是當地種植的，牲畜是在牧場上飼養的，而波士頓市中心一般的勞工階層，都能負擔得起每星期來光顧好幾次。這輛餐車大受歡迎，於是一年之後，愛琳和家人開了一間實體餐廳。

當波士頓公園大道上的美美餐廳開張時，他們希望這間餐廳能體現他們家族的好客傳統。「好客」這個詞對愛琳來說有特殊的意義，意思是我們對彼此都有責任，它是一種美德，即「預見別人的需要，並免費給予自己所擁有的」。愛琳告訴我，如果我是去她媽媽家作客，她會問我吃過飯了沒有，會不停替水杯補水，而且她會注意到我穿的衣服比較薄，如果我起雞皮疙瘩，她媽媽會去找一件毛衣給我穿。愛琳補充：「而且她根本不需要開口問，她就是會替你做好。」這就是她希望美美展現出的精神。

有時，愛琳會因為被束縛而感到難過，比如，當餐館需要管理時，她就很難去度長假。但在一天結束的時候，她又會很難想像，如果不全身心投入某種形式的工作，生活怎麼能獲得滿足。這家餐廳已經成為她身分的一部分。在這行工作了近十年之後，她現在是當地各種非營利組織的董事會成員，其中包括一個輔導新興食品公司的機構。對她來說，聽到有人在會議上說：「哦，美美在這產業已經很多年了，你應該問問他們。」她還是會感覺有點奇妙，因為這個業內資深人士的聲譽，感覺像是「悄悄攀附到」她身上的。

經營一家餐廳的奇怪之處在於，它需要在一天內上演一場精采的表演，然後第二天又從頭開始。面對這種重複的工作時，愛琳受「追蹤紀錄」的概念吸引，始終如一的員工滿意度，始終如一的客戶評價，始終如一的社群領導——這就是她現在衡量進步的方式。

她說：「當我們能夠確定我們是按照某種方式做事的，而且已經這樣做了很長的時間，那才是真正的價值所在。」

維護者

如果每個人都是建設者和改革者，這個世界就不會運轉。我們需要一些人，至少在某些時候，來當維護者，讓已經存在的東西繼續運轉。正如安德魯．羅素（Andrew Russell）和李．文塞爾（Lee Vinsel）在《Aeon》雜誌的文章〈為維護者歡呼〉中所說的，我們的文化高估了創新——改革者和創造者，而低估了偉大嶄新的想法實現後的維護者。他們認為，創新只是科技發展的第一個階段，科技有生命週期，而生命週期中的絕大部分都是維護工作。清潔、更換零件、更新軟體、解決故障，即使是維護人類程式，也就是管理和培訓人員去清理、更換零件、更新軟體、修復故障等，這所有的工作也都是由維護人員完成的，而不是創新者。

大多數新科技的周邊都有一個維護網絡，確保它順利發揮作用：每一部 iPhone 都需要一個維護良好的通訊網路，每一個高級的蓮蓬頭，都需要一個維護良好的供水網路，每一輛特斯拉都需要一個維護良好的高速公路網絡。大多數使現代生活變得很現代的東西，像地鐵、橋梁、水管、暖通空調系統，都沒有那麼新。羅素和文塞爾指出，我們沒有注意到它們，因為是維護者，如景觀設計師、技師、ＩＴ支援團隊、醫院技術人員等，讓它們持續運作，而不是創新者。

不只是科技的維護讓社會得以正常運轉，社會上還需要各式各樣的維護。我們需要人們來維持關係、進行儀式、執行規範、培訓新成員。我經常想到維持「法律」運轉的所有維護工作——律師和法官、法警和法庭書記官、法律圖書館和法學院、文書工作和建築。即使是最小的社會系統，比方說社區讀書會或禱告團體，也需要人們參與。我有次看到一個朋友在猶豫，是否應該去參加當地圖書館的每月圖書推薦活動，那是她幫忙發起的活動。當時下著雨，天氣很冷，而且她沒那個心情。過了好一陣子後，她說：「我想我還是該去。」然後她抓起外套，向圖書館走去。

「我想我應該……」讓文明不至於分崩離析。

地方主義作家馬克·米謝爾（Mark T. Mitchell）寫道，維護者的精神是「繁榮文化不可或缺的特徵」。所有我們繼承的「制度、思維方式、故事、歌曲、傳統、方法」，全都需要照料，如果沒有足夠的人來維護，我們就會失去它們。但是，維護的意思並不是把什麼東西保存在玻璃櫃裡，而是讓這些東西活著，就像你照料植物或動物一樣。米謝爾解釋說，維護是積極的，涉及到對這項繼承之物的優點和缺點的反思，在我們關注它的同時努力改進它，然後小心翼翼地將它傳遞給下一代。以感恩的心接受，帶著愛去照料，並且熱情地傳遞出去，這就是文化生存下去的方式。

加比艾拉·格拉潔達（Gabriela Grajeda）在二〇〇三年搬到維吉尼亞，我住的那個區域。她希望能保持家鄉玻利維亞的傳統，所以她加入了我們當地的玻利維亞舞蹈團，阿爾瑪玻利維亞（Alma Boliviana）舞團。對她來說，來到這裡有種孤立的感覺，因為這裡的西班牙裔人口比她以前住的洛杉磯少得多。因此這個舞團是一個熟悉的社群，裡面都是有著相似背景和熱情的人，就像家一樣。

加比艾拉喜歡舞團的原因，就是米謝爾所說的：這是一個繼承、維護，和傳承她文化的團體。舞團中的許多人並沒有在玻利維亞生活過，只有他們的父母有。因此，這個團體讓文化精神在距離起源地幾千英里以外的地方依然存在。舞蹈很難，但當加比艾拉學習並表演它們時，她是在表演她的文化。正因困難，所以更令人驕傲。

這些舞蹈也是開啟玻利維亞話題的機會。「人們會問我們為什麼要跳這種舞，以及每種舞的起源。」她說，這讓她有機會分享自己的文化。「每一種舞蹈本身都是一個故事，在每一種舞蹈和服裝背後，都有一段非常迷人的歷史。」透過這些曲子，舞者們學會了些傳統語言克丘亞語（Quechua），以及一些玻利維亞俚語。

加比艾拉說，維護工作並不容易，總是需要消除團體之間的緊繃關係，想出聰明的方法來籌措資金，並招募新成員。但在這樣做了幾年後，加比艾拉已經建立起了韌性。她認為讓這個團體運作下去是她的責任。「我們是這個地區歷史最久的團體，所以我不想看到它死去。這是一種使命感，一種讓某件事繼續下去的責任感。」她說。

教科書中所謂的「管事者」，說的可能是神職人員，他們繼承整個宗教傳統，保持它的生命力，並每週傳遞給會眾。拉比艾米．施瓦茲曼（Amy Schwartzman）在我家鄉的猶太教堂工作了三十年，她的工作之一是維持傳統和儀式——猶太教成人禮、婚禮、葬禮，當然還有每年的節慶和每週的安息日服務。另一部分的工作，是與人們談論他們與信仰的關係，以及他們的懷疑。施瓦茲曼說，她的目標是讓搖擺不定的會眾「與猶太教緊密連結」，這樣當他們在生命中到達某個時刻，準備更深入探索他們的信仰時，他們就會知道，猶太教會在那裡為他們服務。

也許她工作中最重要的部分，是訓練孩子保有信仰。施瓦茲曼經營著美國第二大猶太宗教學校，裡面有九百名學生。當孩子們準備自己的猶太成人禮時，他們不只是在學習希伯來語，她告訴我：「他們要花一年的時間來理解成為猶太成人（即『戒律的孩子』）的意義。」猶太成人禮要求年輕人承擔起自己的責任，問問自己：「你什麼時候準備好將傳統置於自我之上？」而且教育工作並不僅限於孩子，施瓦茲曼一直在努力呼籲她的所有會眾要「渴望猶太教」，問問自己：「你的選擇將如何影響猶太教的未來，以及你身為一個猶太人的未來？」

施瓦茲曼成為拉比是因為她喜歡引導和宗教教育的工作。對她來說，這種維持工作不是一種負擔，而是一種樂趣。但是，做為一個教會的領袖，不只要做內在的靈性管理工作，還要經常做後勤管理的枯燥工作——主持計畫會議、審查財務檔案、籌款、申請建築許可證等。但她喜歡提醒自己，她對會眾的承諾，以及對維護猶太教的承諾，代表著這些冗長乏味的後勤工作，就像教孩子們猶太教一樣，都是身為一個拉比的責任。

所有像施瓦茲曼這樣的拉比，在世界各地的猶太教堂裡所做的工作，使得這個千年的傳統得以延續。施瓦茲曼告訴我：「我在逾越節家宴上經常說的一件事，就是請大家想想世界各地的猶太人，都和你做著同樣的事情。想想你們的祖父母、曾祖父母是怎麼說這些話的。希望你的孩子、孫子，和那些你永遠不會認識的人也能這樣。」她嘆了一口氣之後，補充道：「那是一種很偉大的感覺。」

匠人

精煉一門手藝也是一項漫長的工作。業餘麵包師磨練著烘焙技術，古典吉他手磨練著手指技巧，老師磨練著他們的教學風格，這都需要時間和重複。關於如何精煉技藝，你應該聽過「投入一萬小時」的方法，不過我更喜歡紐約園藝師安迪・佩蒂斯（Andi Pettis）的格言，她的一位園藝老師曾告訴她：「如果你還沒有養死過至少一百株植物，你就還算不上是個真正的園丁。」這種長期的磨練就是匠人的工作。

米奇・拉斐爾（Mickey Raphael）以口琴手的身分，和音樂家威利・尼爾遜（Willie Nelson）一起巡演了幾十年。米奇一開始並沒有打算成為世界著名的口琴演奏家，他就跟其他六〇年代長大的人一樣，只是跟著大家彈吉他而已。但在高中時的某一天，在達拉斯的一家咖啡館裡，他聽到唐尼・布魯克斯（Donnie Brooks）在吹藍調口琴。他被布魯克斯的演奏迷住了，以至於在那一刻，他篤定地想：「好，這就是我想做的。」於是他找來一把德國Hohner馬利樂團的口琴，就這樣開始練習吹奏藍調的技巧。

米奇從父親那裡遺傳到了對工藝的投入態度，他父親是一位訂製家具商。但米奇很不擅長木工，所以他不打算從事家族生意。他的父親只能接受米奇遺傳到他的執著，而且已經全心投入在口琴上，他走到哪裡，口琴就帶到哪裡。他是一個獨來獨往的人，學校裡的樂團沒有他的位置，所以午餐時間他就去操場，一個人在那走來走去地吹口琴。他解釋說：「口琴是一種每個人都可以演奏的樂器，如果你有一把音調和歌曲匹配的正確口琴，你就不可能吹錯音，所以你可以假裝吹得很好。」但要使吹口琴成為一門真正的技藝，他說：「要能夠演奏出旋律並富有情緒，你就必須時時刻刻都在演奏，你必須帶著它吃飯、睡覺。」

一天晚上，在達拉斯的魯拜亞特俱樂部，米奇遇到了他的偶像唐尼．布魯克斯，而這位口琴傳奇人物教了米奇一些技巧。和唐尼在一起的那五分鐘，讓米奇產生了一個想法，他可以把口琴發展成自己的事業。他的努力很快得到了回報，他開始出沒在鄰居的錄音室裡，時不時地參與一些可以加入口琴的曲目，從廣告曲到整張專輯都有。一天晚上，在一個派對上，威利．尼爾遜聽到了米奇的演奏，並邀請他找時間和他的樂團一起錄音。很快地，尼爾遜邀請米奇加入樂團，從那以後，米奇就和尼爾遜一起巡迴演出了。他們一起巡演的幾十年裡，米奇走遍了世界各地，甚至還為一、兩個總統演奏過。

對於匠人們來說，這種長期的投入不只是磨練技藝，還要在成為專家之後表演技藝。一些匠人被人們銘記，是因為他們的「傑作」——職業生涯中的偉大作品。但更多時候，偉大的匠人被人銘記的，是他們的「合集」——他們所有的努力。在我有記憶之前，我就被大衛．賴特曼（David Letterman）這樣的深夜脫口秀主持人迷住了。賴特曼幾乎是一遍又一遍地做著同樣的節目，似乎沒有哪一集會格外引人注目，但他做每一集的方式，營造出了一種特殊氛圍，這種氛圍就是他的「合集」。你會發現，追求獨特視覺風格的導演、追求獨特聲音的樂團、追求獨特風味的廚師，都是如此。這些匠人可能都有一些很傑出的作品，你可以指出當中有他們的風格，但我們要深入探討的是他們的「合集」，他們的全部作品。薇拉・凱瑟（Willa Cather）說得很好：「藝術家是試圖以自己的光，來呈現一群人的經歷和情緒。」當我們愛上一些匠人的作品全集時，我們愛的是它們始終如一的「光」——如何反射出匠人最新感受到的東西。

同伴

在所有的承諾當中，最重要的就是對他人的承諾，這是同伴的工作。Companion是一個美麗的詞：com是「一起」，pan是「麵包」，companion就是「與他人一起吃麵包的人」。成為某人的同伴，就是陪伴他們的生命旅程——在一起。在生命中，除了陪伴和被陪伴，我們還想要什麼呢？

這讓我想起了教宗方濟各（Pope Francis）曾經說過的話，他希望天主教會能像「戰地醫院」：

今天教會最需要的，是治癒創傷和溫暖信徒心靈的能力，它需要貼近、靠近人們。我把教會看作是戰後的戰地醫院，問一個受了重傷的人是否有高膽固醇、高血糖，這是沒有用的！你必須治癒他的創傷，然後我們再談其他的事。治癒創傷，治癒創傷。

同伴是那些在人生的戰役之後，陪伴著我們的人。

我想到了老師，老師最好的狀態不是當教育執行者的時候，而是在學習過程中單純地陪伴學生的時候。喬治亞州的一名教師塔馬可．查培爾（Tamaiko Chappell）認為，她的工作是向學生們展示，他們身處在理解數學的漫漫征途上，而她將伴隨他們一路前行。她讓學生們知道「沒有問題是無法解決的」，然後輔導他們走過整個過程。她解釋說，學習數學的過程，在各個階段都會充滿挫折，會經歷很多嘗試和錯誤。塔馬可努力的精髓在於讓孩子們不放棄，在面對問題時心裡要很堅定，「如果你真的卡住了，這裡總有個人可以幫你。」她說。

但要成為一個值得信賴的同伴，絕非一蹴可幾之事。傑森．史拉特瑞（Jason Slattery）是華盛頓夢想中心（DC Dream Center）指導專案的負責人，這個專案是將成年人和需要指導的孩子配對，形成一種導師制。他告訴我，新來的志工導師經常想要立刻建立一種親密的關係，卻沮喪地發現，他們的關係不是這樣的。中心主任歐內斯特．克拉弗（Ernest Clover）解釋說，想要真正贏得孩子信任，真正了解那個孩子，也讓他們真正了解你，需要三年時間。導師必須不斷出現，因為孩子們需要一遍又一遍地聽到「我選擇你」，這樣才能信任他們。傑森說，那些最沒有魅力的志工，往往會成為最好的導師，因為導師制的關鍵不是魅力，而是奉獻投入。

宗教生活也是如此。北卡羅萊納州夏洛特社群教會的主任牧師約瑟夫．菲力普斯（Joseph Phillips）非常重視「牧師」的含義。他認為，在龐大的教會中，牧師不可能記住每個人的名字，牧師或許能夠教導會眾，但不能真正地成為他們的牧者。在約瑟夫看來，牧養是極為精細的工作，是將信仰與教會中那些特定的真實人物連結起來；它是知道哪些家庭正在掙扎，並花時間陪伴他們度過挑戰。

他提醒他的牧師同伴說：「在危機發生時，很少有人有真正穩固的關係可以尋求幫助。」約瑟夫認為他的使命，是要時時帶著「與人保持一種親密程度」的緊張感：「一切都暴露出來，一切都是赤裸裸的，而你在這裡接住一切，為這一切騰出空間，只是傾聽。」

師生關係、師徒關係、牧師與會眾關係，都是很正式的同伴關係，但我們生活中的大多數夥伴關係都是非正式的。英文中有個古老的短語「kith and kin」，意思是「朋友和親戚」。如今，你仍然可以聽到一些人使用「kin」這個字，但是「kith」——好鄰居和老朋友，這個字已經過時了。但正是這種忠誠的老友承諾，把社群交織在一起。

作家葛瑞絲．歐姆斯特德（Gracy Olmstead）經常談起她在愛達荷州的家鄉，那裡的居民已經生活在一起好幾世代了。在那個地方，用她的話來說，「你的姓比你的名更有意義」，因為你的鄰居不只是住在隔壁的人，他們還是認識你曾祖父母的人。這種穩定性，以及這種好幾代人的連結，使得整個城鎮都在互相照看。

葛瑞絲是在離開家鄉後，才開始注意到家鄉那種「老鄰居」的力量。在她的新社區裡，鄰居們並沒有以同樣的方式互相照看，甚至通常不認識彼此。當她開始理解這種對比時，她想讓世界了解她的家鄉能教我們什麼。但我們其他人怎麼辦呢？如果我們沒住在像她家鄉那樣的城鎮或社區裡，而且如果有些人從未住過那樣的地方，難道我們只能放棄嗎？

葛瑞絲曾經讀到，好朋友不需要和你相處起來非常和諧，或和你有非常多共同之處，只需要隨著時間累積，建立起成為好朋友的技巧。她認為當一個好鄰居也是一樣的道理。她說：「你身邊不一定要有很擅長這件事情的人，或和你有很多共同點的人。但透過練習成為好鄰居的藝術，你就能讓周圍的人也發揮出這些技能，希望隨著時間推移，就能培養出可以激勵其他好鄰居的因素。」換句話說，友好和敦親睦鄰是會傳染的。

葛瑞絲的父母會在週五晚上舉辦披薩之夜，任何人都可以參加。一開始，只有自己的孩子來，但漸漸地，孩子各自帶了朋友來，最後，鄰居們也知道了這個公開的活動，現在，各式各樣的人都經常來參與披薩之夜，她父母現在每一天都會有訪客，人們經常到他們家來，喝茶聊天，尋求簡單的建議或情感支援。他們每週五晚上開放自己家的小小承諾，讓每個人都覺得他們家是一個歡迎人的家。

每當有人質疑承諾在當今文化中是否可行時，我想到的例子是父母。我們認為為人父母這種行為是理所當然的，因為這很普遍，但這確實是一個驚人的現象。當我們選擇要孩子的時候，就等於對我們自身之外的東西，承諾了一輩子的關懷，以及大約二十年的深入照顧。儘管人們對未來幾十年的生活普遍感到絕望，但選擇要孩子的行為，就掩蓋了我們的絕望。當我們有了孩子，就是對未來做出了承諾。

比我們對孩子的承諾更值得注意的（畢竟我們註定要對孩子做出承諾），應該就是維持婚姻的力量。儘管液態現代性帶來了各種瀏覽不完的事物，但婚姻依然存在。你可以看出，結婚生子仍然是現代社會最後的、揮之不去的承諾，我們甚至還用它們來形容其他自己非常在意的承諾，所以時常會聽到人們說，「我嫁給這家店了」，或「這個專案是我的寶寶」。溫德爾．貝瑞甚至說，婚姻的激增——不僅是針對配偶，而是針對所有需要連結和承諾的志業和地方——是我們應該思考，什麼才能治癒我們的世界。給予某人的諾言、放棄一些控制權去面對未知、接受一定程度的限制，我們要明白，**隨著這種連結而來的事情，未必每一件都會讓我們幸福快樂，但這種連結，這一個整體，是會讓我們幸福的，**無論是存在於婚姻還是其他承諾中。

貝瑞感嘆我們生活在一個離婚的時代，不單是字面上的婚姻，還包括各種承諾的破裂。我們無法光靠自己一個人把它們重新組裝起來，但是貝瑞建議：「你要做的，就是你唯一能做的事情——把兩個原本就應該放在一起的東西重新放在一起。兩個就好，不必想把所有東西放在一起。這就是你必須要做的。」

這是承諾這種反主流文化的呼喚：盡自己的一份力量，讓我們這個經常被分裂、被孤立、被離婚的世界，變得更完整一點。

第 7 章

後悔的恐懼和目標的自由

The Fear of Regret and the Freedom of Purpose

在選擇的過程中，我們拋棄了人性中的許多層面，這就是為什麼我們會對後悔有如此強烈的恐懼。克服後悔的恐懼從降低風險開始。要記得，不是所有承諾都必須是永久的。坦然面對事情可能不會成功的想法，也是奉獻的關鍵，因為它幫助我們從一開始就降低了承擔新承諾的風險。

在承諾之旅的開端，我們常常會被後悔的恐懼控制，害怕如果自己承諾了什麼，以後可能會後悔沒有承諾其他事情。我們不想到了二十年後，在某一天驚醒，想著如果當初選擇了其他事情會怎麼樣。

做決定時感到痛苦，是很自然的事情，畢竟，decide（決定）這個字當中的「-cide」，和homicide（殺人）是一樣的，意思是「切割」或「刪掉」，從某物中分離，拿走一部分，留下其餘的。哲學家羅伯托．昂格爾寫道：「在我們年輕的時候，我們是一個倉庫，儲存著成為一個人的各種方式。」但我們不可能成為一切，因此，選擇一條道路對自我發展是必不可少的，但它也是「一種殘害」，因為在選擇的過程中，我們拋棄了人性中的許多層面，但我們必須這麼做。這就是為什麼我們會對後悔有如此強烈的恐懼。如果要經歷這個痛苦的過程，成為某一種東西，而放棄其他的東西，那對我們來說，這個選擇的正確與否，就事關重大了。

降低風險

克服後悔的恐懼從降低風險開始。要記得，不是每一個承諾都是一個存在主義的傳奇故事，也**不是所有承諾都必須是永久的**。承諾是關係，而關係就像有生命的東西，有生命的東西就會死亡。當一份承諾失去了生命，它就不再是一段關係，只是一條死的規則。建立關係並投入其中是件好事，在這種關係生病時努力療癒它，也是件好事。但是當它們死了，就是死了。一直演著已經不存在的東西，有點病態。

在一本關於做出承諾的書中，讚揚放棄似乎有些奇怪。但**坦然面對事情可能不會成功**的想法，也是奉獻的關鍵，因為它幫助我們從一開始就降低了承擔新承諾的風險。巴爾的摩的長期奉獻英雄麥克斯・波洛克（Max Pollock），與人共同創立了一個組織，從全市各地回收和轉售磚塊和木材。不過這一路上，麥克斯並不會經常想著自己對「磚與板」計畫的奉獻付出。他說：「我並不是每天早上醒來，就發誓要全身心投入工作。只是感覺這就是我想做的事情，我會為之付出我的一切。我從不懷疑這是不是我想要的。」這就是一個活著的承諾，在它最有生命力的狀態，幾乎什麼特別的感覺都沒有，就只是你的一部分。

但麥克斯是放棄了別的東西，才能進入這種狀態的。幾年前，他剛進法學院六週。有一天，他和女友在費城西區散步，看到幾個人在修理一棟舊房子。

他告訴她：「天哪，我不想上法學院，我想做他們在做的事情。」

令他驚訝的是，女友回答說：「好吧，那就做吧！」

麥克斯記得當時自己想著：「事情就是這麼簡單，我只要停止做我不想做的事，開始去做我想做的事就好了。」幾天後，他便休學，開始在一家設計和建造公司工作，這家公司在城市周圍做舊料回收工作。麥克斯休學並不是因為太難、無聊、分心或不確定性，而是因為這不再是一個活著的承諾。安然接受放棄，並不只是因為你可以這麼做，這是成為長期奉獻英雄的必要條件。當你面臨一個艱難的決定時，知道這一點可以緩解你的緊張情緒。

做出選擇並採取步驟

降低了風險之後，你還是必須做出選擇。從許多選項中做出選擇可能會很困難，甚至讓人不知所措。在我與長期英雄們的談話中，我發現了一些打破這種癱瘓狀態的實用方法，其中一個方法是**藉助情緒的幫忙**。關於這一點，我的朋友喬有一個看似愚蠢但有效的方法，當人們向他尋求建議時，他並沒有抽象地衡量不同的選擇，而是直接告訴他們應該做什麼。如果他們問：「我應該接受費城的工作還是亞特蘭大的工作？」他就會回答：「當然是亞特蘭大，去吧。」

當喬這樣做的時候，人們通常會感到很驚訝，因為這類的對話通常不是這樣進行的。大多數提供建議的人，就跟尋求建議的人一樣猶豫不決：「嗯，好，亞特蘭大的優點和缺點是這些……。」但喬的方法經常奏效，因為它迫使人們想像自己已經採取了其中一個選項。一旦他對某人說「當然是亞特蘭大」時，生活在亞特蘭大的情境對他們來說就變得更加真實，而他們的情緒也就表露出來了。有些人就會開始反駁：「可是我就是無法想像自己生活在那裡的樣子，感覺不對。」然後喬就會回答：「那就是了，去費城吧。」

遺傳學家蘇珊・威斯勒（Susan Wessler）建議正苦惱於選擇職業道路的學生問問自己：「在你的待辦事項清單上，你總是最先想做什麼？」關於我們想要什麼，所有的冷靜分析，都比不上單純去注意日常生活中，什麼事物讓我們充滿活力，什麼讓我們消沉。

利用情緒也是另一種決策方法的關鍵，例如有數世紀歷史的耶穌會中，聖伊納爵（St. Ignatius）的辨識法。練習者先把頭腦清空，針對不同的選擇，一個接一個地深入想像，在想像每個選擇時，去感覺其中的動作。他們不應該只是思考選擇的利與弊，而是要去感受這些選擇。這種練習不只是在檢視選擇，而是**檢視你面對選擇時的感覺**。或者，如聖伊納爵在五個世紀前所說的那樣：「許多光明和理解，都是透過對荒涼或安慰的體驗，辨別出不同靈魂狀態而獲得的。」

練習者問自己的問題是：我想像自己做出這個選擇時，是感到受支持、鼓勵、內心的平靜（在耶穌會的信仰中，叫做更接近上帝），還是感到內疚、焦慮，或與神疏離？

我採訪的一位耶穌會士說，這種練習的核心是「調和」。我們的感覺可以觸及理性思維所不能觸及的資訊，而練習聖伊納爵的辨識法，就是試著去調整內在的接受器，以便更能聽到這些資訊。

「這是發自內心深處的練習，」耶穌會神父詹姆斯．基南（James Keenan）寫道，「你不只是搜索頭腦，甚至不只搜尋你的心，你搜索你的本質。」

除了利用感覺來幫助我們做決定外，也可以**利用我們的價值觀**。但這可能很困難，因為許多人都很難確定和闡明自己的信念。我察覺自己價值觀的方式之一，是蒐集英雄。我試著了解不同人的生活，看看哪些人能激勵我，然後從他們身上學習自己能做些什麼。真正了解英雄們的想法和行動，好處在於當你面臨艱難的決定時，你可以反思一下，如果他們也面臨類似的決定，會做出什麼樣的選擇。他們是我們的英雄，因為他們符合我們的價值觀。當你反問哪些選擇會讓你的英雄感到驕傲時，其實就是在問哪些選擇符合你內心深處的信念。

第一種決策方法需要直覺，第二種決策方法需要心靈，而最後一種方法——**理性分析**，就需要運用頭腦了。理性決策的標準工具是「優點與缺點清單」。事實上，是班傑明．富蘭克林（Benjamin Franklin）在一七七二年給化學家約瑟夫．普利斯特里（Joseph Priestley）的一封信中，首次提到了這個概念：

> 我的方法是，在紙張中間畫一條線，分成兩欄，一邊寫下贊成，一邊寫下反對，

然後，在三到四天的考慮期間內，在這兩個標題底下，簡短地寫下我在不同時期想到的、贊成或反對這項措施的理由……雖然理性分析不能像代數量那樣精確地衡量，但如果把每個理由都分別考慮、互相比較，並且全部擺在我面前，我想我可以做出更好的判斷，也就不會貿然行事了。事實上，我從這種等式中發現了極大的優點，可以稱之為道德或明辨代數法。

在日常生活中，我們的「道德或明辨代數法」，從富蘭克林時代以來，幾個世紀都沒有多大的改變。今天，要對某些決策做理性分析時，最好的做法仍然是像他那樣：把選擇分解成各個組成部分，然後一點一點地分析它們。

面對重大決策時，需要的可能不只一種方法，而是情緒、價值觀和理性，三種都要用上。用作家帕克．巴爾默（Parker Palmer）的話來說，這些方法通常只是我們決策的「外骨骼」，就像鷹架，引導我們關注應該關注的地方。不過最後，我們等待的是生命的火花，讓你感覺這個選擇是正確的。它是一種正面情緒、靈感和理性的混合，將引導我們走上其中一條道路。

大多數決策方法都有一個共同點：讓外界的噪音安靜下來，傾聽內在的答案。想想布萊茲．帕斯卡（Blaise Pascal）的觀察：「人類所有的問題，都源自人無法獨自安靜地坐在房間裡。」或者就像創作歌手喬．帕格的歌曲，更直白一點地說：「如果你對自己的選擇閉嘴，你就會聽到有東西在選擇你。」

但是，當你這麼做了之後，就不能坐在那裡不行動。如果你不行動，後悔的恐懼就會悄悄溜回來。**只有當我們採取行動時，才能完全了解自己想要什麼**。這就是「潛心尋找」或「只管去做」的洞察力。

當我問那些長期奉獻的英雄們，是什麼讓他們能夠投入一份承諾時，許多人提到他們能安於未知。對於華盛頓特區「雜工與詩人」（Busboys and Poets）餐廳的創始人安迪．沙拉爾（Andy Shallal）來說，不知道自己開餐廳以外的選擇會是什麼，也是讓他興奮的部分原因。當他做出承諾時，沙拉爾並不會去在意整趟旅程，他只想到第一步。「我不做十年的規劃，」他解釋，「我的旅程是一步一腳印的。」

他沒有精心規劃餐廳的每一個細節，只有一些想法的草圖。他希望它是一個大空間，這樣人們就可以在這裡開會和舉行活動。他希望人們在這裡能夠學到東西，受到啟發，接觸新思想，他想讓它感覺像華盛頓的一部分——城市的文化中心。但他並沒有一下子把這些想法具體化，而是當想法慢慢走近時，他一點一點地辨識出它們。很快地，他一步一腳印的旅程，變成了長達十五年的長途跋涉，逐漸邁向美國首都最受歡迎的連鎖餐廳和聚會場所之一。

金伯利．沃瑟曼（Kimberly Wasserman）花了十二年時間抗爭，要關閉芝加哥地區的有毒燃煤電廠。她說她從來沒有真的想過要進行長達數年的鬥爭，她只是覺得「總得做點什麼，不管花多長時間」。她的工作是日復一日的。

「做這件事，每天都是新的一天，」她說，「每天都是努力讓它們關閉的一天。」她兒子的肺被工廠的廢氣汙染了，每次她帶著兒子開車經過工廠的時候，他都會問：「媽媽，你今天把工廠關閉了嗎？」

回答「不，還沒」只會讓她內心更加堅定。她從來沒有想過要放棄，但也從來沒有想過「哦，我們更接近目標了」。她只是一直想著：「我們今天要做什麼，才能得到這個社區需要的東西？」

亞特蘭大環城公路「腰帶線」（Atlanta Belt Line）背後的夢想家里安．格拉瓦里（Ryan Gravel）告訴我，他是「天真的粉絲」，如果他早知道把亞特蘭大的舊鐵路線改造成一條多用途的大鐵路，需要做這麼多的工作，還給他的生活帶來這麼大的戲劇變化，他可能就不會做了。但他堅持認為「天真是非常強大的」。因為他一開始並不知道會有這麼多狀況，所以他堅持自己的宏大想法，一步一步地堅持下去。知道了他現在所知道的事情後，再回首過去，他並不後悔開始這個計畫。

在我與這些長期英雄的對話中，這個主題反覆出現：宏偉的承諾不需要宏偉的藍圖，因為宏偉的藍圖代表了更多漏洞，更多讓人失望的事情，以及更多不去承諾的理由。意第緒語（Yiddish）有句諺語：「人計畫，上帝笑。」所有偉大的承諾都是從第一步開始的，你知道你的第一步是什麼，對未來的不確定性感到自在，然後你就去做。

有些人認為，當我們在許多選項之間做選擇時，就是要找出最接近完美未來的選項。在這種觀點下，選擇成了一個有正確答案的測驗。但那不可能是正確的，因為未來並不存在。我們的選擇創造未來，我們所承諾的一切會構成我們的現實。

選擇的挑戰不在於選擇「正確的」未來，而在於當我們不可避免地做出選擇後，如何處理那個未來帶來的狀況。正如史丹佛大學商學院講師艾德・巴蒂斯塔（Ed Batista）所言，我們應該少關注做出正確的決定，該關注的是，**確保我們的決定最後變成正確的選擇**。史丹佛大學研究決策神經科學的教授巴巴・希夫（Baba Shiv），也提出了類似的觀點：成功決策的主要因素不是決策者選擇了什麼，而是決策者是否堅持自己的選擇。

我的一位高中老師給我們的戀愛建議，與巴蒂斯塔和希夫的發現相呼應。他告訴我們，我們應該放棄這樣的想法：認為伴侶應該是「真命天子」——命中註定要在一起的完美靈魂伴侶。當你開始認為某人是「真命天子」時，你就會不斷在腦海中將他們與某個完美而抽象的形象進行比較。他解釋說，當你這樣想的時候，你們關係中出現的每個問題，都可以被當作證據，證明那個人不是你的真命天子。他說，我們應該關注的是這件事：我們已經致力於建立一種伴侶關係，然後努力使這種伴侶關係發揮作用。當關係遇到困難時，我們要做的，不是回想當初決定建立關係是否正確，而是提醒自己：「這就是履行承諾的一部分。」

承諾並不是由過去定下承諾的那個時刻是否「正確」來定義的，而應該被理解為，這個承諾現在是「欣欣向榮」還是「頹喪不振」。的確，最初的選擇會影響一份承諾的前景，也許能發展，也許會衰落。但隨著時間推移，承諾的生命力不再是由單一時刻決定的，而是由過程中的每一刻決定的。

要知道你的直覺、內心和頭腦在跟你說什麼，面對不確定性時採取行動，放棄完美未來的想法，這些說起來容易，做起來很難。世界上所有的建議都改變不了這個事實：**承諾就是在鍛鍊你的信念。**為了做到這一點，我們必須相信博物學家約翰·巴勒斯（John Burroughs）的建議：「跳，安全網就會出現。」但即便如此，這也可能超過了我們需要聽到的。通常，在要不要做出承諾的邊緣，我們只需要聽到：**跳！**

承諾的動能

一旦你做出了決定並開始行動，你所選擇的很快就會變得非常真實。隨著新承諾而來的所有擔憂：你可能要承擔的負擔，你可能要遇到的人，你可能要遵守的規定，會開始如潮水般湧入。你開始收回所有的時間和精力，用於你做出的承諾，反過來，你也會注意到其他的機會溜走了。在你做出決定之前，可能的各種後果都是抽象的，現在它們變得實實在在，對後悔的恐懼就可能會再次悄悄襲來。

你可能在實際的無限瀏覽模式中體驗過這種感覺。你克服了選電影的焦慮，但現在，當片頭字幕開始播放時，你又開始感到後悔。也許你會想：「我真的想在接下來的兩個小時裡看這個嗎？」當退出鍵還在畫面上時，你腦海裡就會響起一個聲音：換別的！

唯一的出路就是繼續前進。但好消息是，在某個時刻，而且這時刻距離你開始執行承諾不遠——**承諾會開始產生自己的動力**。就像電影開始幾分鐘之後，你會停止思考「我應該繼續看這部電影嗎？」並且開始享受它。承諾會自己產生生命，接著就不需要很強大的意志力來維持了。

萊斯莉．梅里曼（Leslie Merriman）是我家鄉的圖書館員。十年前，她開始對中東歷史和政治感興趣，她從新聞中看到阿拉伯之春革命浪潮和敘利亞內戰的消息，便開始大量閱讀她能找到的所有資訊，這些資訊讓她感觸很深，於是開始捐款給紅新月會（Red Crescent）和敘利亞美國醫學協會，但她一直覺得自己還能做更多。當她聽說有一個地方組織幫助阿富汗難民在美國定居時，她便主動到那裡去幫忙。

這個組織人手不足，協調員很高興有人報名幫忙。她告訴萊斯莉，該組織在這個地區負責數百個難民家庭，沒有人去察看他們的狀況，問她能不能幫忙。

「當然，」萊斯莉說，「把資料傳給我就行了。」但是當她收到一份一百個追蹤家庭的名單時，萊斯莉才知道，她是該組織在華盛頓地區僅有的少數志願者之一。她沒有得到太多指導，只知道要打電話給這些家庭，看看是否有她或這個組織能幫忙的事情，協助他們適應美國生活。

萊斯莉開始逐一打電話給名單上的家庭，詢問他們過得怎麼樣，是否需要什麼。

「我喜歡未知，」她說，這一點跟許多承諾者相呼應，「所以不知道別人會請我做什麼，是非常有趣的。」而且她覺得自己在應用圖書館員的技能。「我擅長查找，所以我不會承諾說我能提供一切，但我可以幫你找到答案。」

請求堆積如山。有一個八口家庭擠在只有一房的公寓裡，那個家的太太生病了，他們需要工作。某人的孩子有殘疾，需要特殊服務。某家的尿布快用完了，另一家需要外套。每個人都需要開始學習英語。

萊斯莉做了她能做的。她開車載人們去看醫生，舉辦尿布和外套募捐活動，與遇到危機的家庭深談，替孩子們找來情緒諮商師，讓家長們報名參加英語課程。大部分時候，她只是拜訪與傾聽——在陌生的國度裡，成為一輛友好的歡迎馬車。

萊斯莉最終召募了其他人加入她的行列，她打電話給牙醫朋友，請求他為一些家庭提供免費的牙科服務。打電話給精神科醫生朋友，要求協助轉診。她會在 Facebook 上發文，以尋求答案和徵求用品。她甚至和自己的孩子說，讓他們把自己的玩具和衣服分享給她幫助的家庭。

短短幾個月，萊斯莉的整個生活都改變了。她的冰箱裡裝滿了阿富汗食物——都是感謝她幫忙的禮物。很快地，參加她的節日聚會的阿富汗朋友數量，就超過了自己的家人。她開始覺得自己在管理一個小小的援助帝國，針對不同的情況進行分類，尋找並善用捐款和志願者，將她已經幫助過的人轉介出去，以幫助更多需要幫助的人。

萊斯莉無法回到以前的生活方式，她也不想。當她的朋友抱怨亞馬遜的訂單晚了，或因為「事情沒什麼進展」而感到沮喪時，她會有點惱火。她解釋說，一旦你心中的優先事項改變了，有了重要的工作要做，日常生活中的「瑣碎小事」——如工作、經理、狗或伴侶的問題，就會退居幕後。承諾有它自己的動力。

並不是只有像萊斯莉這樣的非凡承諾，才會產生自己的生命。我媽媽退休後不久，某天她經過華盛頓市中心一個為「米里亞姆廚房」（Miriam's Kitchen）招募志工的攤位，米里亞姆廚房是一個幫助無家可歸者的宣導與服務中心。她就去報名了一個時段，突然間，一個時段變成了每週輪班，不久之後，又變成了每週兩次輪班。在做了一段時間的志工後，那裡的協調員問我媽媽是否有其他專長，可以與中心的客戶分享，所以她就開始教編織課。不久，她開始邀請其他人也來做志工。就這樣短短幾個月，一個時段的輪班就像滾雪球一樣，成為她生活的重要部分。

有一個叫「更好的街區」（Better Block）的組織，它鼓勵人們在自己的城鎮中選擇一個街區，並致力於使它變得更好。這聽起來很簡單：你分析一個街區，然後做你能做的一切，無論是正式的或非正式的行動，去改進它。事情是這樣開始的，有兩個住在達拉斯的朋友，傑森．羅伯茲（Jason Roberts）和安德魯．霍華（Andrew Howard），決定選四個街區的範圍，看看他們能在二十四小時內做些什麼來改善它。在一天的時間裡，他們增加了自行車道、臨時遮陽篷和咖啡桌。他們用盆栽搭建了一個臨時的中央分隔島，邀請當地藝術家和食品攤販在廢棄的店面前開店。當每個人都看到小小的承諾能做多少事之後，整個街區都改變了。空屋率下降，活躍店面幾乎是原先的三倍。現在，羅伯茲走遍全國，鼓勵其他人也這樣做。有些人稱之為「城市針灸」，透過微小而充滿愛意的干涉，將一個不起眼的空間變成一個受人喜愛的地方。

透過將參與者的注意力集中在城市的一個小角落（確切地說，是一個街區），「更好的街區」行動對人們來說不會困難到無法承受。問題可能看起來很大，但羅伯茲鼓勵我們開始行動。

他說：「如果你採取行動，開始著手做一件需要兩個月時間的事情，這地方就會稍微好一些。然後，你再去做另一件需要另外兩個月時間的事，又能夠讓它變得更好。在不久的將來，不用到一年，當你回頭看時，你會想，哇，我們讓這個地方有了巨大的改變。」

承諾有其自身的動能，原因有二。首先，**我們對某件事投入越多，它就向我們敞開越多**。身為局外人時，我們只能看到和理解那件事的一小部分。但當我們在房間裡、在關係中，或在社群中，我們開始看到一切，看到裡面的忙忙碌碌。當你對一個社群做出承諾時，新的人、新的地方和新的事件就會進入你的生活。當你投入一個志業時，你就會學到一個關於敵人、英雄和挑戰的史詩級故事。這一切都跟戀愛關係很像：你從遠處看，開始產生好奇，但當你越來越深入這段關係，你就會漸漸墜入愛河。

承諾有自己的動能，也是因為**我們的心理適應了這個承諾**。我們有一個「心理免疫系統」，大腦會做額外的工作，來讓我們對所處的環境感到滿意。研究人員問民眾，如果中了樂透會有什麼感覺，大家都猜測自己會非常高興；而當他們問民眾，如果在事故中失去了雙腿會有什麼感覺時，大家都猜測自己會非常悲傷。然而，當研究人員去訪問真正的樂透得主和事故受害者，在生活發生了翻天覆地的變化幾年之後，他們都不覺得生活跟以前有多大的差異。每個人都高估了變化造成的心理影響，因為我們低估了心理免疫系統的力量。

心理免疫系統的運作方式，就是在新的環境中編織新的故事。我們開始比較不會從自己的控制範圍之外尋找意義，而是在控制範圍之內尋找新的意義。我們從心理層面適應了過去的決定，合理化自己這麼做的原因，而不是痛苦地思考自己做的是否正確。

但這個功能，只有在我們真正鎖定自己的決定時，才會發揮作用。哈佛大學的丹尼爾·吉伯特（Daniel Gilbert）研究心理免疫系統，他發現，如果太容易改變決定，這些正面的心理適應就會短路。在一項研究中，吉伯特請攝影科系的學生去拍兩張有意義的照片。然後他請他們把這兩張照片印出來，並且要他們留下一張，扔掉另一張。他告訴一半的受試者，說這個決定是最終決定，然後告訴另一半的人，說他們之後可以改變主意。幾天後，他問學生們對自己選擇的照片有多滿意。那些不能改變主意的學生對自己選擇的照片，比那些可以改變主意的學生更滿意。吉伯特的發現顯示，可變化的結果，反而不如不可改變的結果那麼令人滿意。

艾米·瓊斯（Amy Jones）是一名刺青藝術家，將她的行業稱為「承諾行業」是非常恰當的。她還記得十五年前，她決定將長期從事這一行的那一刻。一開始，她難以決定是要把刺青當做消遣，還是想要認真成為專業的藝術家。有一天，她對自己說：「你知道嗎？我決定要全力以赴。」於是她在臉上刺了青。

這是她讓自己的決定不那麼容易改變的方式。她說：「一旦你在臉上刺青，你就等於是脫離了白領世界。現在，我不會再回去做沃爾瑪的接待員了。」

臉上的刺青讓艾米的心安定了下來，因為她非當刺青藝術家不可，也就沒有更多的疑慮了。

「沒有靠在牆邊猶豫不決的時刻了，」她說，「你現在就站在這一邊，你就是得做，而且是全力以赴，在這個行業中成為你想成為的人。」

你不需要像艾米一樣在臉上刺青，才能啟動心理免疫系統，讓你的心安定下來。但所有人都看得到的面部刺青，會讓你的決定變得不那麼容易改變，這會有所幫助。

轉變

從很多方面來說，每個承諾之旅都是一次漫長的轉變，重新構建你在這世界上的意義感。當然，宗教方面的皈依，會讓你有所轉變，這是承諾最常見的說法。但政治上也是如此，人們會談論女權主義崛起之前與之後的生活，反種族主義之前與之後的生活，工作場所成立工會之前與之後的生活。一個地方也可以讓你改變，就像你會聽到人們描述自己「成為一個真正的紐約人」或「真正的德州人」。愛更是一個巨大的轉變，將你的生活視為與伴侶或孩子在一起的生活，絕對會改變你。所有的承諾都是如此。在某些方面，**每當我們真正對任何人或任何事做出承諾時，我們就變成了一個不同的人。**

當我的朋友莉斯成為母親時，她的整個人生意義都重新安排了。例如，當一層新油漆刷在「我正在為家人建造的房子」牆上時，它的意義就更多了。她曾經認為重要的東西，突然間變得無關緊要了。

她解釋說：「比方說週五晚上，我寧願待在家裡和孩子們在一起，也不想出門。」對她來說，成為一個母親是她最大的成就，為人父母的所有艱辛，都被它所帶來的意義掩蓋了。「很好笑，」她說，「你實在很累，希望趕快到睡覺時間把孩子們趕上床，但接下來，你就只是坐在那裡，看著他們想：哦，天哪，他們太完美了，他們太漂亮了。看看他們！」

談到轉變時，火是很常見的比喻。想像點燃一根火柴的樣子——它剛開始時很小，在一點張力中被點燃，然後擴散並占據了一切。主張廢除死刑的修女海倫．培貞（Helen Prejean）說，她每天早上醒來的禱告，並不是祈求能得到理解，而是祈求點燃火焰。這就是一個承諾抓住你時的感覺，它是有生命的，是令人振奮、令人安慰的，有時也是危險的，而最重要的是，它填滿了所有空間。

火點著之後，承諾之旅的最後一步，就是透過迅速而公開地說出你的承諾，來將它鎖定。所有的文化都有這種儀式，幫助我們向他人公布新的承諾，「鎖定」我們的轉變。想想喬遷派對，人們聚在一起歡迎你搬到一個新地方。各行各業也都有宣誓，宣稱自己將受到行業道德規範的約束。也許這種類型的儀式中，最常見的就是婚禮，你在親朋好友面前，說出對人生伴侶的承諾。

當然，承諾儀式也有非正式的。戒斷十二步驟計畫中，就有讓成員宣布戒酒的開場詞。福音派教會用聖壇召喚，來向會眾宣講他們的信仰。刺青藝術家艾米告訴我，她的許多客戶都把刺青看作是「鎖定」和表達承諾的儀式，有時候，她甚至覺得自己像個牧師。她說：「一個人選擇改變他的身體並維持一輩子，是一個非常感人的時刻。我尊重這種空間。」

從選擇、投入、轉變，到向他人發聲，在這整個過程的最後，你的承諾就已烙印在你的身分上。通常，各種揮之不去的後悔恐懼，都會消散於此。你不再繼續從外界選擇承諾，看看它是否適合，而是把承諾帶入內在，和你形成特定的關係，這樣它就成為你身分的一部分。恐懼消失了，因為你不再做選擇了。你的承諾已經成為了你的一部分。

天命

這個旅程的另一種說法是，它是實現你「天命」的過程——傾聽召喚，然後執行它。貴格會（Quakers，基督教新教的一個派別）對此有一句話：「讓你的生活說話。」首先，正如作家帕克．巴爾默解釋的那樣，你會從內心聽到你想成為什麼樣的人。然後，回應你所聽到的，你要把你的使命告訴世界。

布萊恩・麥克德莫特（Brian McDermott）神父，擔任耶穌會神父已經半個多世紀，他描述了在他承諾成為神父期間的感覺，就像他「被某人召喚」。

他說，沒有什麼極度神祕的時刻，就只是一股穩定的暗潮，將他吸引到教會生活中。當被問及他如何年復一年地奉獻投入，來維持他的承諾時，他直接指向這件事的緣起。

「如果事關我的意願，我早就走了。」他說。承諾不是使盡全力地抓住，它是一種關係。麥克德莫特神父帶著微笑說：「上帝緊緊抓住了我。」這就是召喚的感覺——一種穩定地拉著你，然後抓住你的東西。

這種使命感會讓我們的承諾添增某種神聖性。我們明白，這個承諾不是我們做出的隨機選擇，而是發自內心深處的召喚。**天命讓我們坦然接受自己的局限性，不再為你放棄的選擇所困擾，因為它們來自內心的聲音，告訴我們，我們並非全知全能，但沒有關係。**當你產生這種天命的感覺時，你就會知道，你對這世界最有幫助的方法，就是扮演好你被召喚去扮演的角色。

找到自己的天命，就像被分配到宇宙管弦樂團中的一樣樂器，你的召喚與他人的聯合起來，能共同完成美好的事情。這就是一種歸屬感，讓你的生活說話，就是加入其他做同樣事情的人。所以我們可以說各式各樣的承諾者，構成了一股反主流文化。當你熱愛一個特定的地方，你就加入了其他熱愛自己所屬之地的愛國者行列，你們全部加在一起，就是一個受到熱愛的世界。當你愛著某個特定的人，你就加入了其他愛著特定對象的同伴，全部加在一起，就構成了被愛著的人類整體。當你在建造某種東西，你就參與了這世界的重建工程。當你管理維護某樣東西時，你就參與了維護世界的任務。

這種觀點認為，我們的生命是有意義的——每個人都有一個目標。當我們追求自己的目標，榮耀自己的使命時，我們就會貼近那個最初對我們說話、內心深處的聲音。這種使命感是一種禮物，是害怕後悔的反面。

它是一份禮物，因為它將我們從自我中解放出來。年輕人經常被指責以自我為中心，甚至是自戀，總有人提醒我們不要以為自己有多重要。但這是對自戀的誤解，自戀實際上是這樣運作的：當我們出生的時候，我們需要建立自我，需要自尊來開始我們的生活。在這種情況下，我們很有可能分裂成兩個部分——內在的真實自我和外在的軀殼。當我們建立的是外殼而不是真實自我時，自戀就開始生根。結果是我們不再關注內在自我，而外在自我吸收了所有的成長養分。自戀者其實是軟弱的人，被自負的外表包覆著。

自戀的感覺並不好。你知道你的內在很脆弱，但你害怕被發現。而當你膨脹的外殼被刺穿時，你就毀了。這是個惡性循環，因為當你變得越來越軟弱、越來越害怕的時候，你就會瘋狂地鞏固外殼來保護自己。自戀不是痴迷於自己，是痴迷於那個外殼。

然而，並不是光靠指責就能戰勝自戀。呼籲人們「擺脫自我」，讓我想起了我嘗試戒掉可樂時，醫生曾經告訴我的話：「不要對自己說『少喝可樂』，要告訴自己『多喝水』。」給予改善的建議，總是比訓誡好。如果年輕人很自戀，告訴我們「不要那麼自私」是沒有用的，我們需要替代方案。

這就是承諾——自我迷戀的替代品。承諾能解放我們，讓我們投身於比自己更偉大的事業，超越外殼的事業。法國哲學家雅克．馬里頓（Jacques Maritain）說過，生活的意義是「為了自我給予而自我控制」。這就是成長的挑戰——從自我控制轉向自我給予。而那個轉角——內在、成長、協調一致的自我發展，和外在、公共利益和其他中心之間，那個轉彎的時刻是什麼？就是承諾。

當你有了目標，你就能積極主動，而不是隨著外界反應。你可以關注自己的內在價值，而不是外在價值，外在價值總是會分散你的注意力。你被賦予了每個人都渴望的責任，你可以成為生產者，而不只是消費者；你可以成為一個與世界有關係的人，而不只是一個利用世界的人。有奉獻精神的人常常會發現，只考慮自己根本算不上有野心，但目標能帶給他們很多人想要的挑戰，很多人想要過的「艱苦生活」。

在追求目標的過程中，我們變得更加強壯。為了履行承諾，我們學習新的技能，戰勝了恐懼，若是沒有目標，我們永遠也無法做到。我們透過履行承諾來培養內在自我。自戀的外殼是人造的、脆弱的固體，而承諾會帶來強大的、有生命的穩固性，這種穩固性像是樹幹，和牆不一樣。

年輕的時候，我們總是想要遠離這個世界，得到自由。我們想要一個沒有羈絆的自我，沒有任何外在的東西能觸及我們，沒有責任或規定。不過這是一種有限的自由，用哲學家阿拉斯代爾・麥金泰爾（Alasdair MacIntyre）的話來說，這是「鬼魂的自由」。目標賦予我們的，是一種入世的自由。當我們與世界上某些特定的部分建立關係，也就是發展出回應它們的能力，並因此感到對它們負有責任時，所產生的自由。當我們履行了這個責任，就能體驗到真正的自豪。承諾是共同擁有一小部分的存在，在這樣做的同時，愛著存在本身更多一點。

這種目標的自由比鬼魂般的自由要深入得多。我的鄰居克里斯多弗・費伊（Christopher Fay）有一個很好的解釋，他說：「透過承諾，你在向自己證明，你是一個有本體的人。透過承諾，你對自己而言，變得更真實。」

這種存在的怪現象是多麼有趣——**只有在不看著自己的時候，我們才能發現自己是誰。**

第 8 章

連結的恐懼和友誼的安慰

The Fear of Association and the Comfort of Friends

承諾常會牽涉到別人的規則、需求、問題，和做事方式。依附於某種比我們自己更大的東西時，會帶來混亂、焦慮和不適。這導致了另一種阻礙我們做出承諾的恐懼——連結的恐懼，害怕付出奉獻會威脅到我們的身分、聲譽和控制感。為了克服連結的恐懼，我們必須改變看待自己的方式。

承諾常會牽涉到別人的規則、需求、問題，和別人的做事方式。依附於某種比我們自己更大的東西時，會帶來混亂、焦慮和不適。這導致了另一種阻礙我們做出承諾的恐懼——連結的恐懼，害怕付出奉獻會威脅到我們的身分、聲譽和控制感。

身分、聲譽和控制感

當我們與某些事物連結在一起時，我們可能會變得像它。這就是對自我認同感的威脅，我們會擔心地問自己：「我真的是會做這種事的人嗎？」為了做出新的承諾，我們必須克服已經存在的自我觀念。

有些人說他們不想結婚，因為他們是「不適合經營關係的人」，他們一部分的意思是，承諾的關係會威脅到他們的身分。當有人不想加入一項志業，因為他們認為自己不是「政治愛好者」，他們一部分的意思是，公開的政治傾向會威脅到他們的身分。工會召集人也經常談起，會遇到一些對加入工會有疑慮的勞工，因為他們不認為自己是「那種會抱怨的工人」。

賓州社群召集人強納森．史穆克（Jonathan Smucker）注意到連結與身分的一些有趣現象。他寫道，在一個新的活動組織內部，最具爭議的內部鬥爭，通常是組織的使命宣言如何撰寫，因為它對成員身分的影響，遠遠超過組織建設的其他部分。他寫道，當某些事情涉及到團隊成員如何看待自己與投射自己的身分時，就變得很難妥協了。」

身分威脅，指的是承諾威脅到了我們對自己的看法，而聲譽威脅，則是指承諾威脅到了別人對我們的看法。尚－保羅．沙特（Jean-Paul Sartre）有句名言：「他人即地獄。」很多人認為這句話是在說，必須忍受別人是一種痛苦的事情，所以獨處是最好的。但是沙特這句話的原意是，其他人的存在會把評判帶入我們的生命中。

沙特寫道：「光是他人的存在，就讓我置於這樣的狀態——我把自己視為一個物體並加以評判。因為在他人眼中，我就是一個物件。」他人就是地獄，因為他們讓我們透過他們的眼睛來評判自己。

這就是聲譽威脅——對他人評價的恐懼。我們害怕自己承諾了某件事，並且被別人知道後，我們會失去對外在形象的控制。當你因為擔心別人嘲笑，而不公開支持某個候選人；當你不想加入某個宗教，因為這意味著在別人眼中，你要為它的缺陷負責；當你猶豫要不要和某人約會，是因為和他在一起，會讓你朋友覺得你就是某種類型的人，這些情況就是聲譽威脅在起作用了。作家卡斯柏．特．奎勒（Casper ter Kuile）認為，聲譽威脅是許多年輕人不願與組織有連結的原因。他解釋說：「現在的人一旦獨立出來了，就很難再對另一個組織做出承諾。因為他們覺得自己必須捍衛整個組織，組織的歷史、政治、不可避免的失敗。」

會涉及他人的承諾，也會威脅到我們對時間、體力和決策的控制感。**當我們與某事物有連結時，就必須連帶處理隨之而來的各種混亂。**你會想與某件事連結，是因為你喜歡它的一部分，但沒有人真能喜歡它的所有部分。我們能連結到的很多東西——志業、機構、社群、人，都很混亂。很少有「自助餐式」的關係，意思就是關於這個人或組織，你能帶走你喜歡的東西，留下不喜歡的東西。朋友有起有落，配偶的一些特質會讓你惱火，志業會有內訌，社群裡充斥著各式各樣的人，其中許多人很難相處。如果你要組樂團，每種樂器都必須找到人來演奏；如果你要開餐廳，得跑市政機構申請。幾乎所有事情都得牽涉到許多無聊的會議。

有時候，威脅到我們控制感的，不是混亂，而是秩序。任何組織都有儀式、傳統、慣例和規範，當中有許多是令人討厭的。磨練技藝，也有必須遵循的方式，尤其是在剛開始的時候。追求志業，有時候你必須為團隊犧牲。加入一種宗教，是因為你喜歡它的大部分內容，但總是有些部分並不適合你。在承諾開始的時候，你是按照自己的意願去選擇了這個比你宏大的東西，但正因為它比你大，接下來，它對你的要求也比你最初的選擇更大。你只想問：「關於這件事，我可以服從一部分，但我真的想服從全部嗎？」

連結還會迫使我們展現出更多部分的自己，那可能是我們並不想要展現的。為了與他人共同承諾，我們必須揭示自己的弱點、長處、能力和興趣。我們連結的時間越長，要透露的訊息就越多。從長遠來看，在關於我們是誰這層面上，我們是一體的，而這需要展現極大程度的脆弱。這就是作家提姆・克萊德（Tim Kreider）的意思，他寫道：「如果想要得到被愛的好處，就必須接受被看清的痛苦折磨。」

對自我的兩種看法

為了克服連結的恐懼，我們必須改變看待自己的方式。身分、聲譽和控制感受到威脅的恐懼，來自於我們認為自我是靜態且孤立的。從這個角度來看，我們有一系列固定的個人特質：「我喜歡壽司，我最喜歡的樂團是滾石樂團，我支持湖人隊，我是個電工。」就像一個交友檔案或 Facebook 頁面，你有自己的喜好，而你的人生任務就是找到合得來並讓他們滿意的人和產品。

如果你相信你有一個靜態且孤立的自我，任何與你互不適應的東西都是威脅的話，你必然會對做出最符合「真實自我」的選擇感到焦慮。世界上沒有完美的匹配，沒有什麼志業、地點、社群、工藝、職業，當然也沒有人，能與你目前的特質完美契合。

但有另一種自我觀點，是更適合承諾的。它不是把自我看成靜態與死板的，而是動態與有生命的。根據這種觀點，**我們的身分不是固定的，而是透過關係建立起來的**；合作關係能提升我們的外在形象，而不是威脅我們；當我們形成社群時，事實上是可以強化控制感，而不是失去控制感的。在這種觀點中，自我是嵌入的，它來自於我們的承諾。

身分與嵌入的自我

在這種自我觀點中，我們的身分不是透過一系列靜態的個人特質（如壽司、滾石樂團、湖人隊、電工）形成的，而是透過我們承諾的關係形成的。其他人和機構不會威脅到我們的身分，反而會幫忙創造我們的身分。

比爾・桑頓（Bill Thornton）在過去的五十年裡，一直在為佛羅里達州聖彼德堡的埃克德學院（Eckerd College）的體育賽事記分。他記分的資歷如此長久且值得尊敬，甚至被列入埃克德學院體育名人堂。在校園裡，他被稱為「埃克德運動的活百科全書」。埃克德的籃球教練在接受《坦帕灣時報》（*Tampa Bay Times*）採訪時這樣描述他：「他就是埃克德，澈澈底底。」這就是嵌入的自我，**你的身分認同透過你的承諾顯現出來。**

社會學中甚至還有一個分支，叫「關係社會學」，關係社會學家認為，正是我們進入的關係——我們嵌入的社會網絡——決定了我們是誰。我們的關係決定了我們如何看待自己、相信什麼、服從什麼期望和要求，以及如何行動。在他們看來，個體並沒有穩定的個體「本質」，而是在與其他個體的穩定「本質」相互作用。相對地，如關係社會學家穆斯塔法・艾米爾巴耶（Mustafa Emirbayer）解釋的，社會是由「動態的、正在展開的關係」所組成。

二〇〇〇年代後期，社會學家齊亞德・曼森（Ziad Munson）對反墮胎活動人士進行了研究，想要理解是什麼驅使他們採取行動。他的假設是，狂熱的信念導致狂熱的行動主義，這就是一般人認為的觀點：某人對一項志業充滿了激情，因此才加入它。但當曼森以一種系統化的方式採訪活動人士時，他發現流動方向經常是相反的，也就是說，許多受訪者是先加入了一個活動團體，後來才發展出狂熱的信念。他解釋說，這些人被朋友、鄰居、室友和家人等，邀請參加反墮胎活動或加入一個組織，但他們一開始對這個志業並沒有特別強烈的情緒。他們會參加或加入，不是因為他們覺得與這項志業很親近，而是因為他們與邀請他們加入的人很親近。然而，在他們加入之後，就會開始更加熱切地相信它。

史丹佛大學的社會學家道格・麥克亞當（Doug McAdam）對民權運動「自由之夏」（Freedom Summer）的參與者進行了類似的研究，並得出了類似的結果。他將加入「自由之夏」的人和加入後退出的人進行比較，發現決定誰能堅持到底的因素，不是意識形態的熱情程度，而是這個人有多少親密的朋友也報名參加。結論是，我們高估了個人信念的力量，低估了人際關係在決定我們行為方面的力量。

民主理論家約翰・杜威（John Dewey）運用的就是這種思路，他認為，把「自我」和「社會」視為完全獨立的實體是錯誤的。杜威認為，自我的各個部分，是由社會構建的。對杜威來說，自由不是「來自」社會的自由，而是「經由」社會而來的自由，他認為：「人是經由連結而獲得個性，也是經由連結展現個性。」社會和自我之間存在著平等交換，你形成社會，社會形成你。

連結形成我們的一個主要方式，是給我們一些記分牌，告訴我們什麼目標值得追求。只有當別人對你應該擅長什麼有了期望，定義擅長這件事有什麼意義時，你才會知道自己擅長什麼。只有當你擁有由社群定義的角色、實踐方法和共同需求時，你才有奮鬥的目標。如果社會沒有把籃球技術視為有價值的東西，就沒有勒布朗・詹姆士（LeBron James）；如果文化中沒有繪畫和藝術博物館，就沒有喬治亞・歐姬芙（Georgia O'Keeffe）；沒有聽眾，就沒有艾瑞莎・弗蘭克林（Aretha Franklin）；沒有大眾的矚目，就沒有「有史以來最偉大的」某種人物。

當我們與比自己更宏大的事物連結在一起時，不僅是與其他在世的人連結在一起，還與他們的祖先連結在一起。克里斯多福・拉施（Christopher Lasch）稱過去是「政治與心理的寶庫，我們從中提取需要用來應對未來的儲備物」。西蒙・韋伊寫道：「過去儲存的，並被我們拿來消化吸收與重新創造的寶藏，是我們今天必須應用的『活精髓』。」組成一個新團體的首要任務之一，不只是把現在的人們聚集起來，或勾勒出未來的願景，還要把祖先，以及他們的「寶藏」、「活精髓」，視為這個團體的寶藏。連結能讓你連上你以前不屬於的歷史之流。

當我們不再認為自己是靜態且完全獨立的，我們就會發現，承諾（以及隨之而來的社群）可以為我們提供一種豐富的、沉浸式的身分。它們賦予我們角色，給我們追求的目標、賴以生存的規則、對未來的憧憬、可以挖掘的歷史。承諾不僅給了我們很好的材料，讓我們豐富自己的身分，也改變了我們身分的本質。**當我們將自己嵌入承諾中，身分就變成了一條雙向的道路，不只是我們自己的東西，也存在於我們與他人的連結中。**它既是差異的來源，也是共通性的來源。

作家傑佛瑞．比爾布羅（Jeffrey Bilbro）將這種行為稱為「集會」——成為比我們自身更大的組織之成員。所有的意義都在這個詞彙本身，與他人聚集在一起，就是聽到一種共同的召喚，擁有一個共同的使命。這種連結性把我們聚集在一起，使我們成為某種東西的成員，接著向外延伸，延伸到社會中的其他人，同時延伸到過去，到我們的祖先，也延伸到未來，到我們的後代。溫德爾．貝瑞在一首詩中寫道：「這不是一個生命的故事，而是許多生命交織在一起的故事，一個重疊著一個，從一個墳墓中崛起，再進入另一個墳墓。」

聲譽與嵌入的自我

認為自我是嵌入且隨著環境產生，而不是靜態和獨立的，也會改變我們看待自己聲譽的方式。我們害怕連結，是因為擔心這樣的連結會降低別人對我們的評價。舉個比較極端的例子，許多名人就是這樣的，精心策劃與他們有關連的所有事物，把自己的吸引力提到最高。你可以看到某些體育明星不想在爭議問題上偏袒任何一方，或某些音樂家試圖寫一首能引起所有人共鳴的歌曲，這樣的人就是如此。他們試圖以抽象和模糊來贏得普遍的讚譽——讓自己沒有任何偏離主流的特殊性。

但從長遠來看，這種策略通常不會有好結果。因為我們主要都是尊重某個人的具體和特別之處，而不是抽象和普遍之處。在別人看來，就像是羅夏克墨跡測驗，可能會流行一小段時間，但它並沒有持久力。我們會這樣形容那些試圖避免特定關係的人——他們「缺乏實質內容」。

屬於特定的群體，是承擔責任的一種形式，無論好壞。這就是為什麼仕紳化和文化挪用[11]如此令人反感的原因之一：他們沒有深入參與某個特定地方或社群的演變，只是模仿表面上的特殊風格。這也是為什麼政治人物在某項志業變得流行後才加入，會被人懷疑。因為這些都像是在搭便車，搭上那些由一開始就忠於某種特定事物的人所發動的車。

有特殊性，當然不只是為了得到尊重，還關乎你是否能引起共鳴。這就是為什麼鄉村音樂和嘻哈音樂能與世界各地的人們連結，與其他流派相比，它們充滿了更多特殊性——特定的英雄、特定的地點，和特定的用語。當一首歌更有特定風格時，感覺只會更好。住在地球另一端的人們，可能不知道西維吉尼亞、藍嶺山脈、雪蘭多亞河是什麼樣子，也不清楚「礦工妻子」代表什麼意義，但不知怎麼地，他們都對約翰．丹佛（John Denver）那首鄉村道路的歌有感覺。正如作家娜妲莉．高柏（Natalie Goldberg）曾經說過的，「一朵花」和「天竺葵」，哪個更能喚起人們的回憶？

事實上，最能夠找到共同點的地方，往往是在很特定的地方。舊約學者沃爾特．布魯格曼（Walter Bruegemann）曾經寫過，這種悖論出現在各種宗教之中，他稱其為「特定的醜聞」，也就是神會透過特定的人，比如在特定時期屬於特定群體的特定先知，讓他的普世計畫廣為流傳。在基督教中，上帝甚至透過一個特定的人（耶穌），由一個特定的母親（瑪利亞）生出來，在一個特定的城鎮（拿撒勒），在一個特定的時代（希律王的統治時期）化身。

---

11 指較強勢的個體或文化群體，面對相對弱勢的個體或文化群體時，以不理解、誤解、惡意或有害的方式來詮釋弱勢文化；或取笑、歧視、不尊重弱勢文化；或直接採用、侵占、剝削、抄襲、複製弱勢文化。

拉比理查・弗里德曼（Richard Friedman）談到《創世紀》的故事，是如何從關於宇宙的宏大陳述開始逐漸縮小的，它從宇宙到地球，再到人類，再到特定的土地和人群，最後「到一個家庭」——亞當和夏娃，以及他們的兒子該隱和亞伯。

這是一個「醜聞」，因為一個無所不能、無所不知的存在，竟會挑選特定的人，來分享一個極為具體的資訊，這看起來太荒謬了。根據神學家的說法，這種事情發生的原因，是因為我們無法與抽象的共同性形成關係——我們無法愛上抽象的共同性。

控制感與嵌入的自我

這種對自我的新觀點，也改變了我們如何看待危及控制感的威脅。當你獨立和疏離的時候，你會有某種控制感：你可以做你想做的事，想怎麼做，想什麼時候做都可以。但當你處在社群中，**與他人形成一體時**，**你會有更強大的控制感**，因為你獲得了來自眾人力量的所有好處。一開始就放棄一些個人的控制，穿越融入社群的不確定性，你其實可以獲得比開始時更強大的力量。但要到達那裡，你必須經過一個不舒服的山谷。

把人們聚集在一起的藝術，就是帶領人們走過個人控制和公共控制之間的山谷。這就是社群召集人在做的事，帶領人們一個接一個，一步一步地，離開不公平但穩定的現狀舒適區，經過對抗的不確定性，進入一個理想中更公正之地。這也是許多新創公司的創始人在做的，他們叫人們辭去工作，加入一個不確定的事業，慢慢地奮鬥與累積，希望在經過幾年的混亂之後，這個事業會成為世界上一個穩定的新實體。

這也是每對夫妻都要經歷的過程。兩個人結婚是因為彼此相愛，享受彼此的陪伴。結婚也是因為整體大於分散的部分，在一起比分開更強大。然而，要享受這種共同的力量，你必須經歷從穩定的單身生活，過渡到穩定親密生活的痛苦和尷尬。

這過程很辛苦，會有人打擾、讓你煩惱、過分要求、強迫、誤解、失望、驚嚇、自以為是、評判、喋喋不休、傷害，還有彼此貶低。但是沒有混亂，就無法建立起社群。這是任何團體的天性，不管是兩個人還是兩百個人，都要努力找到一種合作的方式。耶穌會神父詹姆斯·基南，用一種美妙的方式來描述這種挑戰，他說這就是召喚你進入「仁慈」——願意進入他人的混亂之中。對基南神父而言，表現出仁慈並不是什麼偉大的行為。仁慈是面對所有的輕視、緊張和人際關係中的困難時，所做出的數百次小小和解，它是幫助人們挺過社群建設雲霄飛車的工具。例如在婚姻中，基南寫道：「仁慈之膏促使配偶們進入彼此的混亂，並且原諒對方，不只是一、兩次，而是七十乘七次的原諒。」

隨著時間推移，你會發現你需要的「仁慈之膏」越來越少。你們藉由共同合作和相互理解，找到了避免衝突的方法。在混亂中誕生了社群，隨之而來的是一種新的控制感。

在各種社會科學研究中發現，社群的力量是最有說服力的一種，當你和其他人在一起時，你會變得更健康、更富有、更快樂、學到的東西更多。有更多的人關心你，有更多的人可以去尋求建議，有更多的人幫你找到新的機會。當你周圍的人互相了解、互相信任、相處融洽時，事情就會更容易達成。但其實不需要學術研究，就能看到社群帶來的力量，各種實例就在我們身邊。這是「團結則存，分裂則亡」和「人人為我，我為人人」背後的精神，也蘊藏在〈永遠團結〉(Solidarity Forever）這類工會歌曲，以及富蘭克林在獨立戰爭的戰鬥口號「加入，或死亡」（Join, or Die.）之中。還有一幅很有名的社群組織漫畫，背後也是這個理念。在漫畫的第一個圖中，一條大魚正在吃一群小魚。下一張圖是，小魚聚在一起形成一隻更大的魚，大到能夠吃掉大魚。至於標題是什麼？「組織！」

但是，與他人連結，還有最後一種焦慮，就是擔心我們會被迫揭露出更多自我，而那些是我們不想要揭露的，這又該怎麼辦呢？為了克服這一點，我們必須學會把這種連結的脆弱性（提姆．克萊德所謂的「被看清的痛苦折磨」），看作是一個機會。社群是實現英雄主義的機會，英雄的旅程不就是向社群展示你是誰的過程嗎？

事實上，英雄主義只可能存在於特定社群的特定神話體系中。我的意思是，社群及其文化，才是引導我們成為英雄的東西。對滑板選手來說，是九百度空中翻轉；對老師來說，就是讓最吵鬧的班級集中注意力學習；對喜劇演員來說，就是以巧妙方式掌握尖銳的笑話，並引起哄堂大笑。

當你覺得自己是社群神話中的一部分時，連日常行為都會充滿神聖感。這就是加比艾拉・格拉潔達保有玻利維亞文化，或是里安・格拉瓦里將自己編織進亞特蘭大的歷史，這類的神聖感。我們的社群讓我們的生活有了聽眾，就像我們也會關注社群裡的其他人一樣。哲學家阿拉斯代爾・麥金泰爾解釋道：「當我成為公共實踐的一部分時，我不僅自己要負責，也總是能要求別人負責……我是他們故事的一部分，他們也是我故事的一部分。」

遺傳學家蘇珊・威斯勒第一次參加科學研討會時，她對所有的「老前輩」都很尊敬，也會受到那些得過獎和做主題演講的「受尊敬的前輩」鼓舞。隨著時間流逝，她自己也成為了別人尊敬的前輩，這是一種非常奇妙的感覺。「你看到你的學生在場，然後看到你學生的學生也在場，」她有感觸地說，「這實在太美好了。」

這就是進行中的神話，你在一個更大規模的故事中扮演一個英雄角色，這是很美妙的事。結構和意義源於你的承諾，而向世界展示你是誰（也許更重要的是，向你自己展示你是誰）成為一件很好的事，而不是什麼可怕的事情。

戒斷十二步驟計畫，通常會幫助那些失去了生活意義的人，那些生活變得混亂，覺得自己接近或陷入谷底的人，給他們一個全新的社群和神話。在這裡，他們為自己找到了一段新的英雄之旅。

中學時，我的朋友羅傑開始吸毒。他一直認為自己非常不善於社交，而毒品是他覺得自己能真正融入的第一種文化。但最終一切都失控了，他開始咒罵警察，攻擊他人，還因為在學校販賣毒品而被捕。他經常出入精神病院，也參加過各種治療專案，高中時被學校開除。更糟的是（至少對他來說），他惹上的麻煩把他的朋友們都推開了。他最初會接觸毒品的原因——為了歸屬感，也開始消失了。

有一天，我們鎮上的一個朋友告訴羅傑，十二步驟計畫對他很有效，並鼓勵羅傑嘗試一下。而當羅傑去參加第一次聚會時，那次經歷完全震撼了他。「那裡有個女人，比我見過的任何人都誠實。」他回憶說。

「這些人就在那裡分享他們有哪些恐懼。」他說，有個人告訴他，他對社交場合非常緊張，以至於在十二步驟聚會前後，他總是躲在廁所裡，因為他想避免跟人閒聊。「我就想，這就是我的感覺！這讓我很震驚，我不敢相信這個世界上有這樣一個地方，人們分享著這些恐懼，而我的生活就是靠著隱藏這些恐懼而建立的。」

一開始，雖然他去參加互助會，他仍然吸毒和酗酒。他無法離開過去的生活，因為他害怕放棄與他人一起吸毒帶來的「些許不孤獨的感覺」。但到了最後，羅傑終於離開過去生活中確定的（但災難性的）「不孤獨」，投入一個不確定但可能挽救生命的戒斷團體。他全身心都投入到十二步驟計畫中。

羅傑解釋說，加入的時候他許下了一連串的承諾。首先，他必須透過參加聚會，證明他的目標是要保持清醒，來對這個團體許下承諾。然後他請人支持他，並承諾每天打電話給他。成員鼓勵他做一種練習，叫做「九十中的九十」：九十天內參與九十次聚會。他甚至承諾在戒毒後的一年內不約會。然後，當然，他也承諾「實踐十二步驟」。羅傑記得當時他想要保持清醒一整年，因為這將是他自己選擇的第一件事，而且他要堅持很長一段時間。這個團體為他提供了一套公式，並給他空間，讓他執行這一承諾。

羅傑完成這些步驟後，在這趟旅程中，他變成了一個有經驗的人。他開始思考如何幫助別人清醒過來，並開始把幫助別人看作是幫助自己的事情。我聽著羅傑講述這個故事時，我可以看出他已經內化了十二步驟的神話，以及他已經將自己編織進這個神話中，並在其中找到自己的英雄之旅。他做得越多，他就得到越多讚美；他越了解這個團體使用的各種代號、儀式和說話方式，他就越能找到歸屬感。他在談十二步驟時，他保持著一定的敬意。當我請他拆解並理性分析某個步驟時，他說這感覺有點「褻瀆神明」，他解釋說：「你不應該像律師那樣思考這些步驟，你必須尊重當中的精神。」

有的時候，羅傑也會很訝異，這個計畫竟然已經成為他身分的一部分。最近，有個同事一直在煩他，他終於壓抑不住怒氣，為了某件事對她大發脾氣。然後他想：「十二步驟聚會中的那些人會對我說什麼呢？」他覺得他們可能會說，憤怒和怨恨是毒藥，讓憤怒吞噬自己就像毒害自己。所以在發完脾氣的一分鐘後，他轉身走到同事面前，說：「我並不想成為這樣的人。我很抱歉。」

神話再一次抓住了他，引導他回到一種共同的生活方式。他說：「我感覺這些原則活在我心裡。」並且補充說，本著這些原則的精神，永遠都有改進的空間。羅傑已經戒除癮頭十多年了，他從來沒有像現在這樣，在社交方面感到自在，而且充滿了目標。

連結和改變

本章的故事都是關於遵守規則、遵循社群的生活方式。我可以理解為什麼有些人會認為，承諾意味著要做一個嚴格的傳統主義者。但實際上，情況經常是完全相反的。由承諾而產生的社群，不只能讓我們保持一致，事實上，它往往也是**改變的最佳途徑**。

無條件的愛——一種深刻的承諾，不只是愛一個人的表面特質，而是愛完整的他。這是一種能使我們改變的愛，而不是限制我們改變的能力。我有個小學時的朋友，大家都知道他的個性就是大剌剌、傻呼呼的，常說一些離譜的話，做一些離譜的事。隨著年齡增長，他想要改變，但他擔心某些朋友不會喜歡新的他。的確，當他開始改變與他人相處的方式時，他的一些老朋友一直試圖把他放回小學時代的框架中。但他有很多的朋友，他們了解他，愛更深層的他，因此藉由這些朋友，他得到足夠的安全感，可以改變自己。

當我們只有自己時，想要改變自己並不容易。**轉變是困難和可怕的，而一個忠誠的社群能幫助你度過難關。**例如，對於一個移民來說，適應一個新國家的最佳方式，可能就是加入一個與其他移民有密切關係的組織（比方說，希臘裔美國人或衣索比亞裔美國人社團），雖然這似乎有違直覺。實際上，正如一些人所說，這些團體並沒有將移民與要適應的新國家隔離開來，它們其實是給予成員信心和立足點，讓他們能參與更廣泛的社群。當你有這種能給你堅實身分認同的關係時，你就可以放心投入到新的事物中，而不用擔心被同化。

承諾也能在更大的範圍中促成改變。要做出改變，你需要一個有一定影響力的團隊。不管你自己多有才能或多有魅力，大多數事業都需要人數。沒有願意奉獻的人，光有自由的人是無法發揮作用的。你需要傳統來改變傳統，需要規則來改變規則，需要積極的思想來消滅消極的批評，需要更深層次的道德來挑戰淺薄的道德。

如果想要改變社群，我們通常也需要與社群有利害關係，否則，我們不會被認真對待。必須先有承諾，才有可能變革：在我們成為改革者之前，必須先是其中的成員。這就是為什麼社群召集人強納森·史穆克對社運人士這個詞感到很困擾，他寫道，歷史上大多數變革性的社會運動，都是讓已經融入正常社群生活的人產生政治意識、激發他們，然後組織起來，才能取得成功。勞工運動激發的是工廠裡的勞工，而不是局外人；民權運動是激發教會和社區團體的成員；反對越戰的運動，是透過動員校園團體，這些團體已經將年輕人組織成密集的社交網絡，因此才能取得成功。

但是，現今有許多自稱社運人士的人，將自己與普通的社群機構分開。他們成為了次文化的一部分，用史穆克的話來說，是一種「以興趣為中心的特定身分」，類似滑雪者、電影愛好者，或美食家。成為次文化群體的一分子，給予支持的力量是有用的，但單靠它本身，通常還不足以做出改變。當我們只是一個次文化的成員時，我們被視為局外人，我們的主張沒有那麼有影響力。史穆克認為，具有社會意識的人所能採取的最佳行動，是重新融入他們希望改革的地方、社群和機構。有時這很困難，因為有些社群可能不歡迎外人，很難融入，但改變這樣的社群往往是必要的。史穆克寫道，如果你不說「我們」而只說「你們」，你是沒辦法把人們組織起來的。「我們」是透過承諾贏得的。

不只是追求志業時如此，在所有類型的群體中都能看到這種現象。匠人們喜歡談論你必須先掌握一項技藝，然後才能超越它。看看畢卡索早期的畫，它們看起來很傳統。這一點在人際關係中是最正確的：在你開始提供建議之前，你必須贏得某人的信任。

從許多方面來說，我們的整個民主制度就是一種將承諾和變革交織在一起的實踐。民主就是不斷變化的制度化，這是一種政府制度，它將罷免領導人、修改法律、保持混亂對話的公開，和永無休止的重建計畫……等過程正式化。但是民主需要一些忠誠才能發揮作用。政治哲學家丹妮爾·艾倫（Danielle Allen）寫道，在一個民主國家裡，人們應該感謝政治鬥爭中優雅的失敗者做出的犧牲，因為他一直留在這個制度中，即使他沒有達到自己的目的。短期的贏家和輸家都必須「一直熱愛民主」，大家才會甘願承受衝突帶來的痛苦，來維持這個瘋狂的計畫。

即使是最小程度的民主——與意見不同的人進行一次簡單的政治對話——也需要承諾，雙方都必須願意真誠地坐下來談。如果你不致力於一個慎重審議的過程，它就沒有機會改變你。一場你可以輕易退出的對話，將不會有任何和解、轉變、發現共同點，或更高層次的融合，不會有任何共同文化的發展，而這些都是民主運作所必需的。

獨裁政權在做公民審議時，是不需要做出承諾的，任何緊繃局勢，只要交由強權來處理，不會有針對共同計畫的自由發表意見大混戰，也不需要，因為一開始就不需要對話。然而在一個民主國家，我們是共同做一些事情，所以每個人都必須忍受連結所帶來的緊繃感，如果不願意承諾維持這種緊繃感，就不會有民主。

團結

對連結的恐懼，它的反面是一項禮物——團結，這種感覺是，如果你對一項比你自己更宏大的事物許下承諾，那麼它也會對你許下承諾。**你不只是成為一個堅實的人，也成為一個可靠社群的一部分。**

馬丁·路德·金恩經常這樣描述團結精神：「所有人都困在一個相互依存且無法逃脫的網絡中，被命運捆綁在一起，任何直接影響一個人的事，都會間接影響所有人。除非你成為你應該成為的人，否則我永遠不會成為我應該成為的人。」

山姆·沃恩斯（Sam Wohns）是北卡羅萊納州的一名召集人，他認為，團結是將以自我為中心的行為與以他人為中心的行為相結合的過程。我們通常把關心自己的利益，看作是自私的同義詞。但山姆說，當我們與他人團結起來時，我們的解放也與他人的解放合為一體。延遲滿足，不去追求我們當下想要的每一件事，已經不只是關乎我們的自身利益。做出無私的選擇不再是一種負擔，而是快樂和滿足的來源。

這樣一來，我們個人對快樂的追求，就轉化成了共享的東西。托瑪斯·默頓認為，這一點顯現在我們慶祝的時候，用他的話來說，慶祝就是「每個人都一起快樂」的時候。他寫道：「慶祝不是跳舞喧鬧，它不只是個人的情緒高漲。」當我們慶祝的時候，我們是在創造「一個共同的身分，一個共同的意識」。

也許這一切可以說得更簡單一點。當我們克服對連結的恐懼，為共同的追求而聚集在一起，團結起來並慶祝時，最終我們會擁有更多朋友。大學畢業後，我的朋友艾力克斯迷上了紙牌遊戲「魔法風雲會」。他在布朗克斯上醫學院的時候，查了附近有舉辦比賽的商店，發現了一家很小又不起眼的漫畫書店「藏身處」，人們會在店裡後面的桌子上玩。透過這家店，艾力克斯找到了一群可以一起玩的固定朋友。醫學院的其他人都覺得自己和這個社區的鄰居沒有連結，但艾力克斯很快就有了十幾個來自各行各業的朋友，他經常去找他們，有雜貨店店員和工程師，有中年男子和青少年，有不同的種族，以及不同的政治觀點，看似不協調，但所有人都被「魔法風雲會」聚集在一起。

原本只是要逃離學業壓力的行為，很快就形成了一個社群。艾力克斯是在長島一個少數民族聚居地長大的現代正統猶太教徒，他成長的城鎮中，每個人都是虔誠且群居的，當地的文化圍繞著傳統和儀式組織起來。對艾力克斯來說，「藏身處」社群和他的家鄉有著驚人的相似之處。人們有義務出席一些正統的猶太教儀式，因為進行儀式必須要有十個人在場。艾力克斯記得小時候，會有人打電話給他的父親或祖父說：「我們需要第十個人。」當然，紙牌遊戲跟宗教儀式完全不一樣，但對艾力克斯來說，接到一通電話，說需要第八個人來進行「魔法風雲會」錦標賽，讓他感到熟悉又安慰。

有一天，一個名叫馬克的孩子來「藏身處」玩紙牌。漸漸地，他開始經常和艾力克斯這群人一起玩，他們也開始邀請馬克在比賽結束後，一起去熟食店吃漢堡。因為馬克年紀太輕了，所以這群人替他付錢，邀請他一起去參加錦標賽。馬克記得，有一天他在一場比賽中表現得比預期好，每個人都來恭喜他。他本來是極為內向的人，他覺得當時的感覺，就像「藏身處」把他從自己的殼裡拉了出來。

馬克最終向大家坦白了他的背景，他在德州的一個鄉村小鎮長大，不知道爸爸是誰，媽媽有成癮問題，無法照顧他。上高中時，為了養活兄弟姐妹，馬克做了一份全職工作。他很快就輟學了，最終來到了布朗克斯區，和會虐待他的爺爺住在一起。他記得艾力克斯對他說：「馬克，如果你需要什麼，儘管說。如果你需要的話，我家有張沙發給你睡。」

後來，馬克的爺爺把他趕出家門，馬克打電話給艾力克斯，艾力克斯收留了馬克幾個月。他幫助馬克聯絡社工，申請一些有幫助的專案，後來找到了一個氣氛很友善的青少年收容所，裡面有一個教育專案是馬克可以加入的。當馬克修完教育專案並拿到高中文憑時，他邀請了自己的爸爸、爺爺和艾力克斯參加典禮，而艾力克斯是唯一到場的人，他還給了馬克三張特殊的魔法卡片做為畢業禮物。現在，馬克把它們視為自己最珍貴的財產，更把艾力克斯視為自己的家人。

馬克說，如果沒有「藏身處」那群人，他甚至不確定自己是否還活著。他現在回德州了，但是和艾力克斯他們依然保持著聯繫，最近其中一個成員還去找他，和他一起去看馬刺隊的比賽。馬克說，在「藏身處」的時光讓他有信心成為一個更外向的人，他覺得有責任把一切傳遞下去，現在他感覺比較自在了，他想去接觸新社群裡那些內向的人。

我們知道，連結一開始可能會讓人不舒服。但與這種不舒服相反的，是友誼，也許朋友的最佳特質在於能讓人感到安慰。**只要你挺過了最初的不適，對連結的恐懼最終也會被朋友的安慰所壓倒。**那些對你身分、聲譽和控制感的威脅，變得不那麼重要了，重要的是與你的同伴們在一起。

想想那些自備菜餚的聚餐，比起自己最愛的私人晚餐，很少有人真的喜歡他們在聚餐時吃的食物。但當我們受邀時，我們還是會去，帶一道自己的菜去，其他人也帶他們的菜。如果這是一年一度的聚餐，也許會產生一些傳奇故事——某些很有名（和糟糕到有名）的菜餚。而那些帶著傳說中的紙杯蛋糕、雞翅或馬鈴薯沙拉的人，就有機會成為英雄。

這種聚會很混亂，效率很差，而且絕對不會比待在家裡舒服，但是到了最後，這種聚會變成一件很可愛的事。在餐桌上閒聊著最新的新聞或墨西哥七層沾醬，社群就這樣建立了起來，肯定了意義，加深了友誼，每個人都很開心。

第 9 章

錯過的恐懼和深度的喜悅

The Fear of Missing Out and the Joy of Depth

在長期奉獻的過程中，人總會有那種感覺，想著：「我就只有這一輩子，到底為什麼要被困在這個會議上？」這是一種對錯過的恐懼。為了克服對錯過的恐懼，我們必須放棄從新奇感中尋找意義，改為透過目標尋找意義。

無聊、分心、誘惑、不確定性，這些對長久承諾的威脅一直存在。在長期奉獻的過程中，人總會有那種感覺，想著：「我就只有這一輩子，到底為什麼要被困在這個會議上？」這是一種對錯過的恐懼，這種感覺不只來自你本可以做出的其他承諾，也來自你在沒有承諾的情況下，可能體驗到的所有新奇時刻。如果不要堅持長期奉獻，你的選擇可能是無限的。

新奇和目標

作家費利克斯·比德曼（Felix Biederman）認為，讓我們繼續下去的兩股力量，是新奇和目標。我們早上起床，是因為可能會發生一些新奇或有目標的事情。想要理解對錯過的恐懼，關鍵就在於新奇和目標之間的區別。當我們過度依賴新鮮事物來推動生活時，就會出現慢性 FOMO 症狀——覺得自己必須不斷提升新奇的體驗，才能感覺活著。當有東西威脅要束縛我們的時候，我們會突然意識到，做出承諾可能會阻止我們經歷所有帶來生命力的新奇事物，所以我們決定保留選擇的開放性。

對於哲學家索倫·齊克果（Soren Kierkegaard）來說，這是「審美」模式的生活。在極端情況下，你認為每件事不是有趣就是無聊。你不愛人，你愛的是談戀愛；你參加抗議不是因為你關心這項志業，而是因為你認為可能會發生一些有趣的事情；你不願意成為任何地方的一分子，因為你就是喜歡當觀光客的刺激感。這種「審美模式生活」，是一種沒有承諾的身分生成方式。當沒有社群深入了解你時，你那些表面的特質就必須從人群中脫穎而出。

但即使我們保持選擇的開放性，並設法尋找新鮮元素來保持樂趣，我們也不可能讓遊戲永遠持續下去。新奇事物的回報會遞減，這一點你可以從網路疲勞中看出來。我記得，在社群媒體剛出現的時候，一些令人震驚或有趣的影片會帶來好多興奮感，大家會談論好幾個星期。但很快地，各種爆紅影片吸引到的注意力，也不過持續幾天。今天，網路上最有趣的東西，保存期限只有幾分鐘而已。正如哲學家狄奧多．阿多諾（Theodor Adorno）和麥克斯．霍克海默（Max Horkheimer）所說的：「娛樂凝結成無聊。」

目標的作用恰恰相反。新奇感一開始是令人興奮的，隨著時間推移會逐漸消失，但目標通常一開始是很令人厭煩的，隨著時間推移，逐漸變得令人興奮。**當新奇的事物驅動著我們的生活時，我們會害怕錯過熱門的新事物。當目標驅動我們的生活時，害怕錯過的東西就不一樣了。**我們會開始意識到，如果我們總是被熱門的新事物分散注意力，就會**錯過深度的體驗**。如果我們不停下來撫養孩子，就會錯過看著他們成長、了解他們的機會；如果我們不安定下來，就會錯過在社群裡成為前輩的機會；如果我們不開始這個計畫，就永遠不知道自己是否能夠創造出一些長久的東西。當你和有目標的人（那些走得很深入的人）交談時，他們已經不覺得必須在新奇和深度之間做取捨，他們會告訴你，深度才是能永恆維持新奇的東西。

瑪麗．達西修女（Mary Dacey）成為天主教聖約瑟夫修女會的成員已經超過五十年了，她不覺得這項承諾犧牲了她選擇的餘地。當達西修女加入修女會時，宗教生活正在轉變，修女們開辦了無家可歸服務、家庭暴力庇護所、監獄部門，還有難民援助中心。達西修女開始擔任行政職務和財務規劃，她那一代的許多女性是無權執行這些事情的。透過一項在外人看來可能有些愚蠢的承諾，她找到了自己的聲音，並擺脫了當時的限制。她說：「這份承諾讓我無法選擇結婚，而這正是我想要做的。但是，承諾會演變成更多選擇。」在達西修女的例子中，承諾演變成人際關係、經驗和領導機會，如果沒有承諾，她永遠不會擁有這些。

死之華樂團（Grateful Dead）的鼓手米奇．哈特（Mickey Hart），是第一個公開使用ＹＯＬＯ一詞的人，在一九九〇年代初，他把自己位於加州索諾瑪的牧場命名為「ＹＯＬＯ牧場」。他會選擇這個名字，是因為買這座牧場對他來說並沒有經濟意義，但他想「人只活這麼一次」，於是就用了這個名字。結果，這座牧場後來成了哈特扎根的地方，他在牧場建了一個大錄音棚，號召人們在那裡舉行不同的活動，招待老朋友與新朋友，牧場就這樣成了一個音樂和社群中心。結果，ＹＯＬＯ反而是讓他投身於連結，而不是將自己解放出來的訊息。**最好投入，因為你只活一次。**哈特的農場今年邁入第三十年了。

為了克服對錯過的恐懼，我們必須放棄從新奇感中尋找意義，改為透過目標尋找意義。

深度是一種超能力

為了讓你有跳出去的信心，我們必須牢記，深度的力量能夠戰勝新奇感帶來的即時愉悅。亨利．華茲華斯．朗費羅寫道，我們必須在成為鐵砧或鐵鎚之間做出選擇，我們可以選擇塑造世界，或是被世界塑造。如果你不深深投入，就永遠只能當鐵砧。而想成為鐵鎚，最可靠的途徑就是深度。當我們在任何物體表面滑行時，我們很容易在風中飄蕩，最終就是在追逐一個又一個閃亮的東西，這樣的我們不夠強大，無法阻止世界對我們的擺布。但當我們開始深入時，我們就獲得了主宰，不再追逐閃亮的東西，而是自己成為那個「閃亮的東西」。當一個有奉獻精神的人不想被移動時，他們就不會被移動；當一個有奉獻精神的人需要改變世界時，他們就能做到，他們是有分量的人。來自長期目標的深度，就是一種超能力。

以技藝為例，如果你不深入研究一門技藝，對你而言一切都是謎團。只能從別人那裡得來完全成形的東西，如果它壞了，我們就得依賴別人來修理它，或被迫購買新的東西。但當我們深入研究一項技藝，就算只有幾個月，也會開始對這世界產生比較多的控制感。練習六個月的吉他，你就可以彈一輩子吉他了；花一整天時間學一道新的菜，你一輩子都能做這道菜；認真看完一個如何修理自行車的教學影片，你永遠會對自行車有不同的認識。

如果深入一項事物這麼好，為什麼我們不一直這樣做呢？因為它很難。通常，深度的發展不是線性的，而是指數型的。你必須等待很長時間，辛苦工作卻看不到任何結果，直到你到達一個轉折點，然後才終於可以收獲你所播種的東西。廣播製作人艾拉．格拉斯（Ira Glass）就會提出警告，新藝術家們必須克服「品味鴻溝」，才算是真正開始。人們會從事創意工作，有部分原因是他們有良好的品味，但剛開始時，他們做出來的東西卻很糟糕。這種情況讓人很不舒服，因為你有品味，看得出自己做的東西不夠好。但除非你持續製作大量的作品來磨練技巧，否則你不可能縮小品味和現實的差距。格拉斯解釋說，你必須有毅力，才能堅持到底。

另一位電台主持人傑德．阿布馬拉（Jad Abumrad），在談到特定的創意工作時，也有類似的模式，他稱之為「德國森林」。當你開始講述一個複雜的故事時，你的敘述會先向外擴展。你得知了各式各樣的新想法和觀念，並開始產生自己的想法和觀念，最後認識了一大堆形形色色的人物。在這個過程中，你會感到恐慌，因為你被困在這一堆初步的想法中，而且已經陷得太深，無法自拔。阿布馬拉說，這感覺就像一個人滿懷興奮地走進一片茂密的森林，結果卻在夜幕降臨時迷失了方向。唯一的出路是穿過這片森林，而在黑暗中花時間尋找出路，也是過程的一部分。阿布馬拉向我們保證，如果你有耐心，一定會找到你的出路。而且在你進出森林的次數夠多之後，你就會開始把森林當作一種工具——你必須走進去聆聽下一個版本的自己是什麼。

華盛頓的餐廳老闆安迪・沙拉爾用了同樣的比喻，來描述創辦「雜工與詩人」餐廳時的感覺。他解釋：「當你走出樹林時，會有一種成就感，讓你感到無比振奮，覺得這段旅程是值得的。」這趟旅程越困難，冒險就越令人滿足。「你的腎上腺素會大量分泌，到最後你會更興奮。」我們再一次看到了深度的刺激。

從開始一個計畫，到看見成果，期間的等待是痛苦的。通常，這是一個做出許多承諾，然後拚命努力兌現承諾的過程。比如新創公司，你向投資者承諾，你會讓他們的資金有回報；你向合作夥伴承諾，與你合作是值得的；你向員工保證，這間工作在一年內就會穩定；你向朋友尋求幫助，並承諾有一天會報答他們。每一家新創公司，都是從一個幻想中的美好故事開始的，那些電梯簡報的核心概念，是一個未實現的願景。**而正是長期奉獻的深度，能將幻想變成現實。**

但當收穫到來時，你會發現這些等待是值得的。這就像是金融詞彙「營利性資產」的概念——你擁有的這項資產，能隨著時間累積產生收入，像是債券。透過深度，我們建立了「營造快樂資產」，長期累積之下，它也會產生收益。某一年夏天，你把巧克力手工餅乾做到近乎完美，幾十年後，鄰居們仍然會敲你的門詢問有沒有餅乾；你花了幾個月的時間經營一段友誼，現在你有了一輩子的朋友。你在自己的城鎮中幫忙建立農夫市集，十年之後，你仍然每個週六都會去。

專業知識是另一個例子。在這個時代，很難知道什麼才是真的了。當我們爭論超出自身經驗的事情時，通常是基於所謂的信任鏈：我相信說這番話的人或組織，所以我相信它。當我們剛開始思考和談論某事時，通常都會擔心有人會發現，我們提出這個論點，只是依靠自己的直覺或對他人的信任。但當我們累積了專業知識，這種恐懼就會消失，我們很清楚自己在說什麼，可以自信地走過世界各地。今天，許多人渴望得到祕密的知識——一份隱藏的文本或推翻陰謀的證據——可以解釋一切。但事實上，我們四周到處都是祕密知識，真正掌握一項志業、一門技藝、一個機構，或一個領域的知識。想要開啟它，你唯一需要的鑰匙，就只是一點點的深度，你必須付出的只有持續的注意力。

知識的井夠深，必然會有回報。聽到某些人針對自己的專業領域做即興發表時，是很令人讚嘆的。我曾擔任過哲學家康乃爾·韋斯特的助教，他在採訪中即興說出的每句話，都是那麼富有詩意和啟發性，以至於聽起來就像是花了好幾天時間精心設計的，這總是讓我非常讚嘆。在某種程度上，確實是如此。韋斯特的技巧不是憑空而來的，而是他幾十年來努力的成果，他閱讀該領域的每一本書，吸收各種思想與參考資料，融會貫通成能把不同現象連結起來的詞彙。

《紐約時報》（*New York Times*）記者莎拉·克利夫（Sarah Kliff）說，她從一開始就熱愛記者這份工作，從未有過後悔或錯過機會的恐懼。困難的是要在新聞報導中選擇主題，她最後選擇健康方面的報導，並在過去十年裡，成為美國最主要的健康記者之一。在這個過程中，她覺得自己就像是拿了一個非正式的健康政策博士學位。成為她所屬領域的專家，讓克利夫對自己的報導充滿信心。她可以在報導中提出更犀利的問題，避免語帶保留的評論，因為她知道醫療保健的實際運作方式。這種專業知識也讓她能迅速行動，在二〇一〇年代，歐巴馬的醫療保險改革辯論中，她能夠在很短的時間內，對某些法案的作用進行深入詳細的分析。她可以看出有希望的新事件，並判斷出哪些是重要的，哪些是不重要的。莎拉甚至可以為了一篇報導，查閱成千上萬的醫院帳單，並知道它們代表的意義，哪些沒什麼特別的，哪些卻令人震驚。她建議年輕人，不要害怕專注於一個主題。

我的朋友亞歷克斯．普威特（Alex Prewitt）從小時候起，就把《運動畫刊》（*Sports Illustrated*）的每一期從頭到尾看完。高中時的某一天，他媽媽敦促他開始把興趣變成一門技藝，要他去問我們當地的報紙《福爾斯徹奇報》，是否可以讓他報導當地的體育新聞。編輯讓他先去寫幾篇餐廳評論，等到他掌握了報導的技巧後，就可以開始報導我們高中的比賽。十五年後，他還記得當初收到的第一個編輯建議：「別再寫得像個作家了。」

對亞歷克斯來說，接下來的十年是磨練技藝的時間。他上了寫作課，盡可能地閱讀每一篇體育新聞，為《福爾斯徹奇報》以及他的大學報紙《塔夫茨日報》（*Tufts Daily*）撰寫一篇又一篇文章。他到處拜託，得到了《今日美國》（*USA Today*）夜班實習機會，在那裡寫照片說明。他為了《波士頓環球報》（*Boston Globe*），在小聯盟棒球比賽的客隊更衣室裡追著人訪問。他的職業生涯從青少年足球錦標賽，發展到室內自行車賽，最後成為紅襪隊的記者。在這個過程中，他學會了體育報導的節奏，寫晨間部落格，寫比賽內容，寫後續追蹤部落格，然後第二天繼續這樣做。他說：「這就像拉小提琴或大提琴，你鍛鍊這些肌肉。」

亞歷克斯的重大突破，是在《華盛頓郵報》（*Washington Post*）的主管打電話給他時，主管告訴他：「你現在開始報導冰上曲棍球。」亞歷克斯對冰上曲棍球一無所知，但對他主管而言這並不重要，只對他說：「你會弄懂的。」因此，他花了整個夏天深入研究——看了以前的比賽，閱讀全國冰球聯盟（National Hockey League）長達五百頁的集體談判協定，為華盛頓首都隊（Washington Capitals）每位球員建立個人資訊檔案，打電話給每位球員的經紀人，甚至記住首都隊管理階層和訓練人員所有人的名字。他仍記得，當他開始感覺自己終於內化了冰球基本概念時的感覺，他第一次辨識出中立區陷阱，第一次能比裁判更快喊出「Icing」（穿越球，或稱死球）。到夏天結束，賽季開始的時候，他覺得他終於知道自己在說什麼了。

在亞歷克斯的報導生涯中，他感覺最棒的是他的第一百一十四場冰球比賽。「我每天都和同樣的人在一起，」他回憶道，「在整個賽季中，我沒有錯過任何一天的訓練，也沒有錯過任何一場媒體採訪。我充分了解所有狀況。」亞歷克斯記得自己坐在新聞發布室裡，沒有事先寫多少內容，而是在三十分鐘內快速寫完一篇報導、整理好，然後心想：「對，就是這樣。」他說：「看到一些東西，然後能夠用文字簡明地解釋我看到的東西，這是一件非常令人興奮的事情。」

這就是深度的力量，無論是在技藝還是在專業方面，一旦你擁有了它，它就會流動。

亞歷克斯的故事甚至有一個類似運動電影的結局。那場比賽結束的幾年後，華盛頓首都隊準備攻下史坦利盃（Stanley Cup）。那時亞歷克斯在《運動畫刊》工作，做長篇報導。由於他對冰球的了解，被指派去報導史坦利盃的比賽。那一年，華盛頓首都隊一路過關斬將，在總決賽五場比賽中擊敗了拉斯維加斯。那個喜歡《運動畫刊》的男孩，為《運動畫刊》寫下了幾十年來我們家鄉最重要的體育封面故事。那一期雜誌在鎮上售罄。深度是一種超能力。

原子承諾

世界需要人們深入，但不可能每個人都深入研究所有事。農民要選擇種植什麼，商人要選擇銷售什麼，太空人不可能同時當動物學家。作家薇拉．凱瑟（Willa Cather）寫道，藝術家在開始創作一件新作品時，要做的第一件事是「設置障礙和限制」。每個人都需要一個框架。

縮小範圍是不好受的，它會讓你很難做出承諾，因為當有這麼多事情可以做的時候，只專注於一個小角落會讓你覺得很荒謬。在志業的世界中，這種挑戰尤其痛苦。比如說，你開始致力於奧勒岡州的種族平等，或休士頓的空氣品質，或監督國防部的預算，你知道這將是一場長達二十年的鬥爭。在漫長的活動過程中，你聽說世界上另一個地方出現了人權緊急情況，或有新的競選資金改革方式，或有人在推動監管失控的人工智慧技術。但你必須繼續堅持在奧勒岡州的種族平等、休士頓的空氣品質，或監督國防部的預算上，而其他人的注意力都在別處。

但我們應該記住，深刻的承諾具有一種原子性質。一些小的承諾，如果被挖掘得很深入，它是會向外爆炸的。事實上，**一個承諾越專注、越深入、越有生命力，它就越能在這個狹窄的範圍之外，產生更大的影響。**

小馬丁．路德．金恩激發了世界各地的人們紛紛投入不同的志業，但他能做到這一點，並不是透過創立一個全球性的、關注多種志業的組織。事實上，在他職業生涯的最初幾年裡，他只專注於一個地區（南方）的一項志業（種族正義）。如果他因為糾結於他沒有投入的志業，而癱瘓了最初的行動，誰知道我們今天會是什麼樣子呢？

慢食運動始於義大利，專注於義大利麵和麥當勞，然後開始以多種形式延續至今日。當珍．亞當斯（Jane Adams）在芝加哥建立了一個睦鄰之家，或多蘿西．戴在紐約建立了一個天主教工人中心之後，人們開始在其他城市仿效這種模式。拉爾夫．納德的職業生涯始於調查汽車安全，但許多人紛紛在其他行業中複製他揭發公共利益的做法。

我訪問過的許多長期英雄，都是透過深入經營一個特定的地方，而產生了廣泛的影響。負責亞特蘭大環城公路「腰帶線」的里安．格拉瓦里，現在接到來自全國各地的電話，詢問如何將同樣的專案帶入他們的城市。施瓦茲曼拉比的許多學生，後來也成為了拉比。金伯利．沃瑟曼展開關閉燃煤電廠的運動時，她的鄰居小孩們還在上二年級，現在這些人都已經長大，也開始為環境保護而奮鬥。

阿特．庫倫（Art Cullen）最近因他在《風暴湖時報》（*Storm Lake Times*）上的社論獲得了普立茲獎，這是一份發行量僅三千份的愛荷華州報紙。因為庫倫專注於了解和報導特定領域——愛荷華的農村社群，因此他的社論獲得了全國的讚譽。大報社的人都不如他那麼了解移民、肉類加工、肉豬和玉米的相互關係，所以他成了這個全國話題中不可或缺的人物。如果他沒有每天都堅守報社的座右銘——「如果事情不是發生在布尤納維斯塔縣，那就是沒這件事」，他就不可能形成對某件事的三百六十度理解，而這正是他成名的原因。

當你問人們他們心目中的英雄時，他們通常會說出和自己完全不同領域的人。歐巴馬總統把穆罕默德．阿里（Muhammad Ali）的拳擊手套放在他的私人書房裡，而不是總統辦公室；籃球運動員卡里姆．阿布都－賈霸（Kareem Abdul-Jabbar）心目中的英雄，是爵士音樂家塞隆尼斯・孟克（Thelonious Monk）和小說家大仲馬（Alexandre Dumas）；電視主持人茱莉亞・布萊伯利（Julia Bradbury）將飛行員愛蜜莉亞・艾爾哈特（Amelia Earhart）的名言當成自己的座右銘。深刻目標的鼓舞力量是無遠弗屆的。

許多人認為要擴大規模，就像給氣球充氣，要把資源分配得越來越薄，才能將計畫弄得越來越廣大。然而，事實上往往是透過把事情做得更深入、更堅強、更充實，規模就會隨之而來。這就像建造一座強大的無線電發射器，它固定在一個地方，但如果它夠強大，它發射的訊息將在更遠的地方產生共鳴。

打擊對深度的威脅

對深度的威脅會以多種形式出現，就像中世紀故事中樹林小徑上的怪物。它會幻化成的形式有「無聊」，長期投入變得千篇一律；還有「分心」，旅途中會有許多閃亮的東西吸引你注意；有「不確定性」，懷疑自己是否做出了正確的決定，或自己是否走在正確的道路上；「誘惑」，別人那邊的草地看起來總是比較綠。你會想到其他人在 Instagram 上的開心照片；當你困在自己的計畫中時，別人一直在推出華麗的新計畫；或當你的關係陷入低谷時，有同事來跟你調情。還有「任務潛變」，你在執行某個承諾的過程中，沒有注意到目標的緩慢變化，舉例來說，你創建一家新創公司是為了做好某一件事，但另一件事能賺更多錢，所以你不知不覺地過度投資在那件事情上，直到五年後清醒過來，才發現自己怎麼會經營著自己討厭的事業。你最初是為了一個目標而努力，但在不知不覺中，漸漸轉而為另一個目標奮鬥，忘記了你當初為什麼要加入這場鬥爭。

即使你戰勝了以上所有的怪物，也會有很多痛苦和疲憊。安迪·沙拉爾說，人們經常告訴他，他們想進入餐飲業，因為看起來很有趣。但他們不會想到半夜還在通廁所、修理破掉的窗戶，還有停電時得趕回去店裡搶救。

在任何承諾之旅中都有很多怪物，但我們也有很多武器。也許最有力的就是**你的故事**：你可以告訴自己，甚至可以告訴別人，你為什麼決心要做這件事情。當你的承諾受到考驗時，這就是你可以回顧和更新的故事。這就是為什麼婚姻有誓言、職業有誓言、組織有使命宣言，而有些人會刺青，因為這些圖騰能帶我們回到當初的為什麼。

我們的另一個工具，是**把長期奉獻拆解成漸進的步驟**。社群召集人經常談論小勝利的必要性。你的第一個挑戰可能是先召集一次會議，下一個可能是在董事會上獲得席位，然後也許是舉辦一場關於這項志業的辯論會。等到你的挑戰成長為改變法律時，感覺就不像當初那麼遙不可及了。

達拉斯的房地產開發商蒙特．安德森（Monte Anderson），他對長期計畫的思考方式很有趣。他告訴自己的團隊：「我們要去月球，但現在，我們還在海底。」他說，如果他從一開始就擔心「離開海洋，走上陸地，登上太空船」，他會感到沮喪，然後直接放棄。相對地，他讓他的團隊專注於眼前的任務。「穿上潛水裝備，開始游泳吧。等我們看到海灘時，再來考慮上岸的事情。等踩上陸地，再開始擔心太空船的事。一下子擔心全部是沒有用的。」

承諾奉獻的人經常會藉由**降低複雜性**，來應對分心、誘惑，甚至是疲憊。我認識的許多長期奉獻英雄，都過著非常簡單的生活，因為他們想**為自己的承諾騰出空間**。許多宗教人物會發誓要過清貧的生活，部分原因就在於此。五世紀的僧侶約翰．卡西安（John Cassian）寫道：「禁食、守夜、持咒靜心、克己，和放棄所有財產都不是完美，但有助於達到完美。」例如，父母經常努力讓自己生活中非養育子女的部分，保持著一定的秩序，否則他們的生活就難以正常運作。

長期英雄的儉樸不僅是物質上，連情感上也是如此。婚姻平權鬥士伊凡．沃夫森，講述了他在幾十年的婚姻改革中，如何努力淡化自己經歷的起起落落。他承認：「我並不是從未感到痛苦、失望、恐懼或挫折。」但他儘量不像其他人那樣經歷戰鬥中的失敗和挫折，他也努力不讓自己對勝利那麼興奮。他只會簡單地說：「好吧，接下來是什麼？我們在哪裡？我們要如何前進？」藉由讓自己保持穩定，他就能夠不被消磨殆盡。

安德森在工作中也有類似的精神，他說：「我低潮的時候也會心存感激，至少感激自己還有鞋子和衣服可穿。而在高潮的日子裡，我必須保持謙遜。」這種態度使他保持平穩。保持平穩當然也會有快樂、悲傷、恐懼和平靜的時候，但它不會帶來太多的失望或驚喜，因為失望或驚喜都會讓人筋疲力盡。

在承諾奉獻的人能培養的「單純」中，最重要的就是相信自己內心的聲音，不要被別人的意見左右。在《旅程》(*The Journey*) 一書中，詩人瑪麗．奧利弗 (Mary Oliver) 描寫了讓那些拽著你的腳踝，大聲喊著壞建議的聲音安靜下來的經歷。只要把混亂的聲音拋在腦後，星星就開始在一片片雲彩間閃爍，這時出現了一個新的聲音，一個你能辨識出來的、是你自己的聲音。這個聲音可以陪伴你走上漫漫長路。

然而，當你把任務設得太簡單時，你可能會感到無聊。你那個「為什麼」的故事，可能不足以克服承諾的乏味。一些長途跋涉的英雄建議，注意沿途的變化是有幫助的。施瓦茲曼拉比講了一個古老的故事，內容是一個拉比和一個唱詩班領唱者，在大節日前碰面。拉比正在研究那本已經流傳了幾千年的祈禱書，領唱者走過來說：「你在這裡做了二十五年的拉比，但你還是在研讀同一本祈禱書。為什麼？」拉比回答說：「祈禱書沒有變，但我變了。」

即使有了這些武器的幫助，你可能還是需要最後的一股力量。對於許多長期奉獻的英雄來說，他們在「工作的美」中找到了它。園藝師安迪．佩蒂斯告訴我，她最不喜歡的工作就是種植鱗莖植物。她說：「手腕會很疼，手上長了老繭，你要在秋天時把它們種下去，那時地面可能已經開始結冰了。」但她知道，四個月之後，她所做的事將會非常壯觀。「在植床上展示兩千棵鱗莖植物，絕對是你所見過最美麗的事物之一。」記住那一幕，能幫助她度過艱難的工作。

但她不僅在結局中發現了美。佩蒂斯說，她會把乏味的工作，比如除草，變成一種靜心。植物的變化無常讓她感到謙卑，而且她也發現了「將問題或乏味轉化為挑戰」的某種樂趣。孩子比我們更了解這個概念，作家吉爾伯特．卻斯特頓（G. K. Chesterton）寫道：「孩子們希望事情重複、不變，他們總是說『再做一次』，那個成年人就要再做一次，直到他快煩死了。」他們明白，所有雛菊長得都一樣，可能不是自然而然的，也許上帝是分開創造每一朵雛菊，但祂從不厭倦。難怪許多長期奉獻的英雄，都能保持如孩子般的敬畏。

讓平凡變得不平凡

我們最快樂的時刻，通常是最普通的時刻：與伴侶共進晚餐，與孩子安靜相處，老朋友過來喝一杯，花一個下午磨練手藝。這些平凡的時刻是快樂的，因為它們被深度神聖化了。隨著一次次去體驗刺激，尋求刺激只會變得越來越難。**但透過持續的承諾讓平凡的生活變得更精采，只會隨著時間推移變得更美好。**

你常去的餐館，那首至上女聲（The Supermes）的老歌，你的萬聖節傳統，那個朋友間才懂的笑話——每一次再體驗都有更深刻的感觸，因為它是分層的記憶。這就是為什麼在波士頓芬威球場第八局時，聽到場上播放〈親愛的卡羅琳〉（Sweet Caroline），會感覺有特殊的意義，就算那只是七月的某一場普通比賽——因為這就是二〇〇四年紅襪隊奪冠時的那首〈親愛的卡羅琳〉，就是十年前你和你哥在某場比賽中一起唱的那首〈親愛的卡羅琳〉。

同樣的現象，也會讓你很難整理房子。隨著重複參與你的生活，物品產生了意義，甚至有了靈性的光環。你在特別的日子裡穿過的襯衫，或你剛搬到一座新城市時買的沙發，都很難扔掉，因為它們已經被深度改造過了。在小說家瑪麗蓮·羅賓遜（Marilynne Robinson）的作品《基列家書》（*Gilead*）裡，艾姆斯牧師認為，「老」指的不只是年齡，還可以用來形容熟悉程度。他寫道：「它能將一樣事物變成一種質樸、習慣性的情感。比方我說『老布爾藤牧師』，我說『這個破舊的老城』，我的意思是，它們跟我的心靠得很近。」這就是深度所做的事，它讓你想把一些東西叫做「這個老朋友」、「這個老戲院」、「這個老球拍」。

深度並不只是將特定事物的意義進行分層，它也讓我們更加注意其中的意義。深入研究一個主題，可以讓我們看到它的各種細微差別。如果你和一個鐵粉球迷去看棒球比賽，他們會告訴你最後一球不只是普通投球，而是個變速球，順便告訴你，三年前哪個投手在分區系列賽時，用同樣的變速球三振了同一個擊球手，所以特別有意思。而你還以為這就是普通的投球。

亞歷山德拉．霍洛維茨（Alexandra Horowitz）在她那本美麗的書《觀察：一個步行者的觀察藝術指南》（*On Looking: A Walker's Guide to the Art of Observation*）中提到了這種現象。在任何時候，其實我們都錯過了周圍發生的絕大多數事情。我們把注意力集中在一些事情上，而忽略了螢光燈的嗡嗡聲、路過車輛的噪音、樹上的小鳥等等。但當某人是某方面的專家時，當他們有深入的研究時，注意到的東西就會更多。一位地質學家向霍洛維茨展示了仿照羅馬道路使用的鋪路石，一位字體設計師指出了人孔蓋上的字體，一位博物學家發現了樹籬周圍的蜘蛛網和卵，一位醫師注意到一名需要置換髖關節的行人。霍洛維茨告訴我們，深度讓世界變得生動。

紀錄片導演肯．伯恩斯（Ken Burns）有句口頭禪，正能抓住這種精神：「所有意義都在持續中累積。」這個理念滲透到他作品裡的各方面，他的歷史紀錄片系列通常超過十個小時，這些紀錄片挑戰我們，去延長我們通常用來理解某些特定事件的時間，進而在其中找到更多意義。他的史詩級作品本身就是史詩，他最近的系列作品花了十年時間才製作完成。即使是他招牌的「肯·伯恩斯效果」——相機在一張照片上平移，也是在挑戰我們，讓我們在一張照片上停留更長時間，進而找到更多意義。

伯恩斯在漢普郡學院（Hampshire College）讀書時，他就培養出了深度投入的習慣。他的攝影老師傑羅姆·利布林（Jerome Liebling）讓他明白，「持續的注意力」是一切的關鍵。利布林教會他專注投入的過程，在暗房沖洗照片的緩慢工作，用圖釘掛起照片，以及檢視最近拍攝的膠片。他還教他專注持續地觀察，花時間觀察光線如何照射到樓頂，一個女人的手臂怎麼移動，人行道上的兩個人是如何互動的。伯恩斯解釋說，當你和人們坐在一起很長一段時間，細微的差異就會浮現出來。他說：「在我的編輯室裡，我有一塊霓虹燈招牌，上面用小寫書寫體寫著『這很複雜』。每一個電影人，心裡雖有個偉大的場景，但都不會想去碰它。而四十年來，在我們學習矛盾和複雜的資訊之際，其實也就是一直在碰那些偉大的場景。」

這種精神讓伯恩斯可以安心地專注於一種題材（美國歷史）和一種形式（紀錄片），而不會感到不安。查克·瓊斯（Chuck Jones）是兔巴哥（Bugs Bunny）和威利狼與嗶嗶鳥（Road Runner）的發明者，他就是關注局限事物的最佳例子。「他的每一部卡通，都被限制在完全相同的影格數、相同的分鐘數，」伯恩斯說，「這是世界上最自由的事情了。就像一個畫家，拿到了一個畫框，現在你要用它做什麼？」

「當你年輕的時候，你不相信世界上最真實的事實，那就是我們沒有人能活著離開這裡。」伯恩斯說。一旦我們接受了這一點，我們就不得不做出承諾。伯恩斯回憶起一九七九年的紐約，那是四十年前，當時他二十六歲，他必須支付五樓無電梯公寓的租金。當時，他得到了一份工作邀約，在一個年輕的電影製作人眼中，這份工作是前所未聞的優渥報酬。但他當時正在拍攝一部關於布魯克林大橋的影片，如果他接下這個工作，他就無法繼續這個充滿熱情的專案。

所以他拒絕了這份工作。「我不想把當時製作中那個專案的影片盒，放到冰箱上面的架子上，然後彈指之間，時光飛逝，某天醒來發現自己已經五十歲了，而且沒有完成那件我想做的事情，就是想出該如何製作一部關於布魯克林大橋的影片。」他回憶說。所以他搬到了新罕布夏州一間便宜很多的房子裡，拍完那部影片，自此就再也沒有離開過。他現在還睡在同一間臥室裡，而《布魯克林大橋》（*Brooklyn Bridge*）獲得了奧斯卡提名。

即使是最無聊的事情，只要有一點深度，也能變得生動起來。巴爾的摩的建材回收者麥克斯．波洛克可以談論磚塊好幾個小時，他看到一塊磚，注意到磚上印著磚匠的名字時，他就會想到製造這塊磚的組織，在某個地方的某間公司，曾經充滿了每天去上班的人們。他若有所思地解釋說，現在剩下的，就是他找到的那塊磚頭。對麥克斯來說，被拆除的不同建築中的不同磚塊，是「了解過去百年工業歷史」的一個入口。他甚至可以讀到企業整合的歷史，因為較新的建築，磚的種類比較少。

麥克斯在公司最喜歡的時刻之一，是他的一位員工十八歲剛開始工作時，連一樣工具都還不知道如何使用。他對這個新世界完全陌生，這個世界也還不認識他。在「磚與板」工作了幾個月後，某天，麥克斯看到他的徒弟在房間那一端切割木材，當木屑飛揚起來時，他的臉龐也亮了起來，他喊道：「哇，這些是很棒的道格拉斯冷杉！」他已經學會了如何用氣味識別品種。

時間

小馬丁．路德．金恩在他職業生涯的早期，就提倡我們的生活必須有三個維度：長度、寬度，和高度。**長度是關於我們與自己的連結，寬度是我們與社群的連結，而高度是我們與卓越者的連結**。金恩說，如果這三個維度都很差，我們也好不到哪裡去。

這項建議可以對應到對承諾的三種恐懼，以及它們另一面的三種禮物。當你戰勝了對後悔的恐懼，找到了一個天職（一個志業），你就找到了與自己的連結；當你戰勝了對連結的恐懼，找到了團結（當你交朋友時），你就找到了與更大社群的連結；當你戰勝了對錯過的恐懼（透過深度的喜悅），你就找到了與卓越者的連結。

時間是我們最寶貴的資源，它的限制性使它變得無比珍貴。承諾這個問題的核心是：「時間這麼少，我們應該如何度過？」無限瀏覽就是把我們的時間分割成小塊，全都是出於對錯誤使用時間的恐懼。而承諾，就是將大把賭注押在更長的時間上。這就是深度的含義，**雖然我們不能控制時間的長度，但我們可以控制它的深度。**我們投入的時間越多，它就變得越美麗；我們走得越深入，就越覺得神聖。當你的深度讓平凡變成非凡時，就會發生這樣的事，透過奉獻自己，你使時間變得神聖。

事實證明，這些更長的時間，以及伴隨它們而來的目標、友誼，和深度，是最深層恐懼的解藥。在奉獻投入中，我們找到永恆的快樂。這不是一直感覺很棒的快樂，而是感覺像在家一樣自在的喜悅。就像教會長老波拉德媽媽（Mother Pollard）在蒙哥馬利的公車抵制運動中說的：「我的腳很累，但我的靈魂得到了休息。」

我媽媽很常編織圍巾送人。編織從最簡單的東西開始：毛線團。在談論編織圍巾的技巧時，她第一個一定會這樣說，一旦你掌握了編織的竅門，就不難學了。收到手工編織的圍巾會如此特別，原因並不是毛線，也不是天分，而是付出的時間。你拿一些簡單的東西，付出你最珍貴的資源給它，就會得到一些可愛的東西。當我媽送別人她編織的圍巾時，她是在付出她的時間。再沒有比這更神聖的禮物了。

PART 3

液態世界中的堅實之人

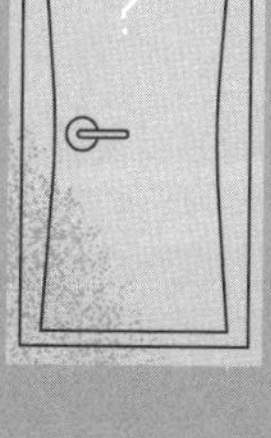

第 10 章

開放選擇的經濟：金錢與特定事物

Open Options Economics: Money versus Particular Things

現代年輕人出生在一種主流文化中，這種文化敦促、支持並獎勵我們保持選擇的開放性，這導致許多隔離金錢和市場的牆已經倒塌。儘管仍有些牆擋住了金錢的攻擊，我們還不能出售孩子、器官，和選票——目前還不能。但開放選擇文化一直在逼近，它站在金錢那一邊，反覆地問：「為什麼不能呢？」

「文化」（culture）這個詞起源於「培養」（cultivate），意思是準備使用某些東西，比如土壤。一種文化出於特定的目的培養我們，而反主流文化出於不同的（通常是相反的）目的培養我們。今天的年輕人出生在一種主流文化中，這種文化敦促我們、支持我們，並獎勵我們保持選擇的開放性。這種文化使得奉獻——尋找並做出自願承諾的過程——成為一場艱難的戰鬥。在最好的情況下，它只是無法幫助我們做出承諾；在最壞的情況下，我們甚至連嘗試都會感到很怪異。

如果你渴望成為一個長期奉獻的英雄，即使你已經克服了個人對後悔、連結和錯過的恐懼，即使你已經準備好對某些特定的志業、團體、技藝或個人做出承諾，還是要注意：在現今社會中，要成為一個可靠的人並不容易。開放選擇的文化圍繞著我們，在生活的不同領域中，呈現出不同的形式，從經濟到道德，再到我們的教育體系。

金錢的勝利

直到最近，大多數文化還是限制著可以用錢交換的東西，這使得金錢和它所統治的市場，能夠保持在適當的位置。世界各地的文明中，在生活的某些領域——宗教、自然、政府、性、健康、兒童、教育、新聞、科學和死亡——與市場、商業和金錢交換領域之間，都設置了障礙。哲學家邁可・桑德爾（Michael Sandel）以簡單的方式陳述：大多數文明都很認真強制執行「金錢買不到的東西」。

桑德爾寫道，設下這些障礙的原因是，如果你允許它們被買賣，某些「道德和公民利益」可能會腐敗。如果你可以買賣選票，民主選舉的公正性就喪失了；如果你能買賣公眾地位，榮譽的價值就會改變；如果你能買賣研究成果，那麼對真理的追求就被扭曲了。

哲學家邁克爾・沃爾澤（Michael Walzer）寫道，當你將一個領域的權力（如金錢、名望、美貌或政治關係）轉化為另一個領域的權力時，就會產生不公正的行為。對沃爾澤來說，公正是「地方性的、特定的」。也就是說，我們建立了一個屬於這個區域的體系，讓人知道如何公正地選出教堂的牧師，如何公正地投票選舉與統計，如何公正地給予一個村莊榮譽，如何在體育比賽中公正地取勝，以及如何在研究過程中公正地找出真相。當金錢入侵這些體系時，它可能會摧毀這些地方性和特定的承諾。

如今，許多隔離金錢和市場的牆已經倒塌。到了二十世紀後期，經濟學家們已經開始討論所有事物的市場，他們發表了關於「犯罪市場」、「生育市場」、「約會市場」和「投票市場」的論文。大眾知識分子開始將市場描述為政府的一種形式——正如《紐約時報》專欄作家湯馬斯・佛里曼（Thomas Friedman）所寫的那樣——人們每一天、每小時，都在透過消費進行投票。市場不再是社會中的一個特定機構——市場就是社會。

很多人擔心，如果我們不對金錢和市場加以控制，會發生什麼事。我們現在可以出售我們的血漿，有些金融知識計畫甚至鼓勵負債的人這樣做。我們可以為某個志業買到一支遊說者大軍，還可以用募款活動的門票買到與政治候選人共處的時間。我們可以購買報紙上的贊助內容，或者如果有足夠的錢，甚至可以買下整份報紙。我們可以購買自然資源來消耗，購買雇傭兵來部署，購買冠名權來展示。今天，幾乎沒有錢買不到的東西。

最重要的是，儘管沃爾澤已提出那樣的警告，我們還是允許金錢和地位融合在一起。金錢已經從單純是獲得某種商品和服務的一種方式，轉變為一種身分的象徵。雜誌會介紹富豪，歌曲裡會讚頌富豪，電視節目裡會播出富豪的故事，人們還會詢問他們對政治和文化的看法。在某些特定領域，獲得地位的途徑，已經不再是取決於該領域人給予的敬重，反而是取決於你賺了多少錢。

過去建立那些障礙，就是要確保金錢只是一種方法，服務於特定的人類目的。但是，當金錢擺脫了那些限制，接管了整個文化時，邏輯就顛倒了：**金錢成為目的**，而特定的人類商品，比如心愛的物品、建築、工作、才能、工藝，以及最重要的——人，反而成了服務於金錢的方法。

金錢以兩種方式向我們心愛的一切宣戰。第一，金錢的液化能力（liquify，讓物品變成現金）。當獲得金錢成為最高目標時，我們可能會在看待生活中所有特定「固體」時，都用「流動」（金融）的價值來衡量它們。它們主要的價值，不再是值得承諾的東西，而是可以拿來交換金錢的東西。甚至在最私人的層面上，你都能看到這個過程——「商品化」的作用。當蒐集棒球卡的魔力消失了，而你開始思考這些收藏品的金錢價值時，這個瞬間，你和卡片的關係發生了一些變化。感覺就像燈滅了，它們就不再有生命了。這種例子的另一個版本，是處理傳家寶的方式，當你開始思考祖母的古董桌能賣多少錢時，它就不再受到珍愛了。

在商業層面，你可以看到隨著「金融化」（金融投資者在商業決策中的權力日益增強）的興起，金錢讓物品變現的能力逐漸增強。企業有能力平衡多方承諾，無論是對投資者、客戶、員工、產品，或是對其影響的族群和地區。但在二十世紀下半葉，「股東至上」的理念占據了主導地位，認為企業唯一要承諾的對象應該是股東。這種想法最初是一個模糊的學術概念，但最終成為董事會和商學院的主導信念。那些擅長在企業各個承諾對象之間進行協商的官僚管理者，不再是美國經濟的駕駛員，掌控者變成了金融家。這種「金融化」的結果是，企業開始專注於提高股價，犧牲其他一切也在所不惜。如今，企業不再那麼注重長期研發、培訓員工和留住員工，也不再經營總部所在的社區。如果把公司拖垮，或讓它被併購、拆分，對投資者來說是最好的選擇，那就這樣吧。

這樣的現象，也出現在整個社區和公共機構的逐漸商品化中。在我的家鄉，比起我年輕時，現在的房價大幅上漲。結果，人們現在一直在談論房價。如今人們的政治討論，經常是圍繞著這件事是否會影響房屋價值。我甚至曾聽到一位家長反對學生的正面改變，因為那可能會降低考試成績，然後，因此拉低房價。

德國社會學家格奧爾格．齊美爾（Georg Simmel）描述了當金錢的邏輯成為一座城市「所有價值的共同分母」時，會發生什麼事：每件事和每個人的特殊性，他們的個體特徵、特定價值，和不可比較性，全都會被掏空。齊美爾寫道：「所有的東西，都以同樣的比重，漂浮在不斷流動的金錢流中。」人們開始模仿金錢的「無色和冷漠」，以就事論事的態度對待一切，剩下唯一的問題是「多少錢？」而個人貨幣化、公司金融化和社區商品化，這所有現象的共同之處在於——**為了保持選擇的開放性，它們將所有的特殊性質融為金錢這種最不特別的東西。**

金錢向我們心愛的東西宣戰的第二種方式，是普遍化，也就是「商品化」：把特定的工藝變成更普遍的產品，藉此賺更多的錢。有時，這種扁平化的形式是，用販售最低標準產品的連鎖店，取代各種工藝商店——獨特的雜貨店變成了沃爾瑪，獨特的咖啡店變成了星巴克，獨特的五金行變成了家得寶（The Home Depot）。其他時候，它採取的形式是，在整個行業中散播通用的方式。也許最臭名昭彰的例子就是偽豪宅了，使用《偽豪宅地獄》（*McMansion Hell*）作者凱特．瓦格納（Kate Wagner）的定義，偽豪宅是「設計和執行面都非常差勁，尺寸超大的房屋」，由開發商隨便規劃，完全不考慮也不照顧周邊社區和居住在這些房屋中的家庭。

我有一個朋友，她有一個很喜歡的牙醫。這位牙醫知道她和她家人的名字，會跟她聊自己過去的故事，甚至會親筆寫節日賀卡寄給他們。有一年，在危急時刻，他把自己的診所賣給了一家私募股權公司。出售之後，他可以繼續執業，但必須遵守新老闆的規定，那間公司開始限制他採購的物品和提供的服務，強迫他使用一種新軟體來追蹤客戶的狀況，甚至要他發調查問卷給客戶，讓客戶在一到五顆星之間為他的表現打分數。這些變化讓我的朋友感到很不舒服，她說：「我不會給一個認識了二十年的人這樣打分數！」那位牙醫很快就離職了，他無法忍受被商品化。

商品化導致同質性。這種感覺就像是我們在公路旅行中，覺得每個出口看起來和感覺起來都一樣，這就是同質性。當金錢變成唯一的目標時，產品、公司、辦公室、建築，甚至是景觀，都開始變得很相似。正如加拿大哲學家傑拉德．柯亨（G. A. Cohen）提醒我們的那樣，金錢邏輯傾向於違背這樣的事實：人們想要特定的、有價值的東西，不會只是滿足於到處都有的東西。如果每樣東西都是「忽略了特殊性和多樣性的價值，單純只是加入或退出某些地方」，那麼「每樣東西在任何地方都會趨於相同」，因為每個地方都有「相同的要求」。換句話說，如果你希望一切都是企業標準化的，那麼就沒有什麼會是好的。我和很多人一樣喜歡奇波雷墨西哥燒烤快餐店，但沒人希望所有餐廳都是奇波雷。

當所有物體都變成現金，所有特殊的東西都變成普遍的東西，我們對周圍世界的承諾就會改變。如果一項物品既特別（由特定的人帶著愛為特定的人創造的）又持久（存在的時間夠長，讓我們能夠愛上它）時，我們通常就會愛上這項物品。但當一切都是平淡無奇的，由企業流程為盈利而製造，而且很容易變現時，我們就更難愛上自己生活的地方了。這還只是商業的面向。當那些更需要我們依戀的實體——我們的學校、報紙、房子，甚至是敬拜場所，都被金錢的邏輯變現和夷為平地時，會發生什麼事呢？

這種變動也改變了我們與同事的關係。當公司領導人擁有的思維，是以短期內最大化資金為目標的金融化思維，而不是以長期經營公司為目標的管理思維時，他會傾向於將員工視為可替換的資產，而不是特定的人。難怪金融化的興起，會伴隨著外包、裁員和工會解散。如果金錢是唯一的重點，人就變得可以隨意丟棄了。

當金錢主宰一切時，那些夠幸運而沒有被清算的員工，通常會把他們的工作普遍化。公司不會去投資有技術的員工，而是把工作「去技術化」。一線員工被要求執行機械化的操作，遵循嚴格的標準操作程序，並把他們獨特的個性留在家裡。

這一切聽起來似乎是不可避免的，但事實並非如此。縱觀歷史，有各式各樣的活動，都是在努力把錢放回該在的位置，在這樣做的過程中，將對特定事物的愛和承諾注入經濟的其他因素裡。例如十九世紀的藝術和工藝運動（Arts and Crafts movement），就是以手工、工藝和漂亮的材料為特色，今天，它的精神在農民和工藝品市場的興起中延續下去；環境保護運動致力於將荒野與市場的邏輯隔離開來；競選資金改革運動也對政府做了同樣的事，它的口號就是「讓金錢遠離政治」；工會一直在努力迫使老闆們尊重特定員工的需求。除了以上這些，還有許多形式的本土經濟體系，它們大多是強調與社區和自然界的特殊關係，必須在生產、交換和消費的過程中，建立並尊重這樣的關係。

有一些牆確實擋住了金錢的攻擊。我們還不能出售我們的孩子、器官，和選票——目前還不能。但開放選擇文化一直在逼近，它站在金錢那一邊，反覆地問：「為什麼不能呢？」

大到難以承諾

市場還有另外一面，這在過去是跟承諾有關的：生產。企業家通常會全心投入他們正在建立的企業，他們在經濟中占有一席之地，並堅持自己的立場。在許多新成立的公司中，你仍然可以看到一種責任文化——當公司犯錯時，創辦人通常會親自寫道歉信並署名。而當員工對他們的公司有一種所有權意識，就像許多小公司、合作社和工會工作場所那樣，這樣的員工也會有投入承諾的感覺。他們站在自己製造的汽車旁邊，站在自己提供的照護旁邊，站在自己釀造的啤酒旁邊。

但近幾十年來的趨勢，是這樣的所有權意識越來越淡薄。工會人數急劇下降，表示越來越少勞工覺得他們跟自己的工作場所有利害關係。在企業家那一方面，一波企業集中、合併和壟斷的浪潮，減少了創業者和業主的數量，而正是這些人會覺得他們在經濟體中擁有自己的額分。

比方說，兩萬英畝的土地分割成一百個農場時，有一百個農民對這片土地有直接的所有權。但當一家農業綜合企業，將這些土地合併成一個大型農場時，這一間企業只會付錢找一個場地經理來管理這些土地。當工程師決定開發自己的應用程式時，她會用自己的方式製作，但當她為Google工作時，她被安排在一個龐大官僚機構內部的一個部門。一個擁有五十家零售商店的城鎮，就有五十位業主在投資這個社區，但是當每個人都開始在網路上購買商品時，這五十位社區維護者就沒了。有他們的時候，當地商店的牆上還會張貼著少年棒球聯盟贊助海報和高中樂團感謝信。

同樣的現象也反映在公民生活中。民主也有「生產」的一面，我們稱之為公民參與，或公民自治。當人們參與公共生活時，他們會對自己的社區、城市，甚至國家有一種所有權的感覺。當人們聚集在一起建造一座新的公園，改革他們的學校系統，或振興城鎮中心時，你可以看出這一點。還有，在一場社會運動中，當這群戰士推動的改革被實施時，或是競選志工在他們輔選的政治人物就職時，這些人臉上流露的自豪感，都是這樣的表現。

但在過去的一個世紀裡，美國這種自治的形式和感覺都急劇下降。在一九六〇和七〇年代，人們開始把公共生活稱為「這個系統」。小馬丁·路德·金恩將其描述為「龐大的產業和政府，交織在一個複雜的計算機機制中」。城市規劃師珍·雅各（Jane Jacobs）對大型城市重建計畫中的不人道感到遺憾，並進行了反擊。羅伯特·甘迺迪（Robert Kennedy）警告說：「城市的急速蔓延，正在抹殺人們可以看到並認識彼此，孩子們可以玩耍，成年人可以一起工作，分享他們居住地的樂趣和責任的社區類型。」評論家克里斯多福·拉施寫道，人類照護的職業化和官僚化，侵蝕了我們對自己有能力互相照顧的信心（想想龐大的醫療體系、療養院，和警察部隊）。

隨著政府和產業變得更加複雜，公民參與也發生了變化。在二十世紀初期，大部分的公民生活是建立在大規模會員組織的基礎上，例如宗教集會、工會、兄弟會組織（如麋鹿兄弟會、國際同濟會、扶輪社等），和政治團體（NAACP、塞拉俱樂部等）。這些組織有當地的分會（或教會、當地工會等），他們主持現場會議，管理真實世界的年度事件，並努力成為他們所在城鎮的一個組成部分。這些分會聯合在一起，組成州和國家的會議和委員會。這種結構讓地方的想法得以轉移到國家舞台上，這樣一來，又能有效地傳播到全國各地的地方分會。

但是，正如政治學家西達・斯科波爾（Theda Skocpol）所寫，美國的公民生活在二十世紀中葉開始發生轉變。大眾傳播變得更容易了，而公民運動領袖也開始迷戀直郵募款活動。隨著聯邦政治變得更加複雜，在華盛頓，一群專業的活動人士開始增加，他們善於為政治人物遊說和動員支持者。全國性組織開始僱用「捐贈管理」和「會員關係」的專業人士，他們會從一般人那裡獲得資金、選票和請願簽名。最終，全國組織的領導人會開始納悶，他們當初為什麼要費心搞這些地區的盛大活動。很快地，「會員」的意思不再是在全國各地的地方分會聚會，現在的會員，意思是你寄了支票給華盛頓的專業活動人士，可以得到一張汽車保險桿貼紙、一份年度報告，以及偶爾呼籲你採取行動，發正式信函給一些當選的官員。

這種從會員到專業管理者的轉變，改變了公民生活。像大學畢業後的兄弟會和姐妹會這樣的社會團體，大多都消失了。仍在活動的團體，把他們當地的分會變成了郵寄名單。工會被平定並解散。宗教團體更加關注個人的虔誠修習，較少關注他們在廣泛公民生活中所扮演的角色。政黨曾經是當地文化的支柱，如今卻成了遙不可及的全國經營，從遙遠的地方動員人們。

這種「公民集中化」的後果就跟企業一樣，越來越多人感覺不到對公民生活的所有權。例如，每個人都自願加入、參與，並把自己的想法提供給城市公共衛生系統，在這樣的模式中，成千上萬的人都與該系統的成功有關係，並積極參與其中。但是，當同樣的公衛系統是由一個孤立的專家團隊管理時，他們只與來自各種非營利組織和公司的專業宣導者交談，那麼要對這個系統負責的人，就只有十幾個人左右。如果你覺得你和鄰居共同擁有這個地區，你可能就會覺得自己跟這個地區有關係。但如果你開始覺得，這個地區正在成為一個行政單位，所有的行動都掌控在各種不透明的能源、交通、住宅和警察部門之間，那麼你就不會再繼續與它保持關係。

小馬丁．路德．金恩將這一切描述為「把人排除在外」的體系：「參與感消失了，普通人可以影響重大決策的感覺消失了，我們變得孤立和渺小。」政治學家唐納德．克特爾（Donald Kettle）將其描述為把公共領域視為一台「自動販賣機」，你投進選票和稅款，公共服務就出來了。沒有參與，沒有相互連結，沒有關係，也沒有必要的承諾。自動販賣機這個比喻，也恰好可以說明系統有時會給你的控制類型，你不能成為擁有者，但你可以選擇。也就是說，你被厚重的玻璃隔離在系統的工作之外，無法真正參與其設計，但為了安慰你，你可以在他們給你的選項中進行選擇。正如桑德爾所言，我們對自由的概念，從「做為公民，我們有能力改變支配我們群體的力量」，轉變為，做為個人，我們有能力從匿名且難以接近的官僚機構提供的一系列選項中，選擇自己想要的東西。

隨著公民生活這樣的轉變，我們對承諾的做法也發生了變化。當公共生活是我們擔任著積極的參與者、做為共同所有人的時候，我們體驗它的方式，是將它視為許多有承諾的關係，包含我們與系統、程序、專案、地點和鄰居的關係。當這些大家共享的機構在短期內陷入困境時，你們之間的關係，會讓你長期保持忠誠，你甚至可能改變你當初對個人利益和理想的觀念。但，如果我們是被動地對待公共生活，就只是在選項中進行選擇，我們根本不會形成那些關係，沒有忠誠感能幫我們度過難關。當一個系統不能滿足或理解我們的利益和理想時，我們會感到憤怒和疏遠。

這種現象並非不可避免的。一直以來，都有許多團體在反抗，並發展出了替代現代生活的方法。工會和員工合作社一直在努力打造由勞工自己決定工作場所的經濟制度；分配主義者爭取的是財產普遍分配的經濟，促進社區商業和住房擁有權，打破壟斷，農作物由小農種植；輔助性原則[12]的宣導者透過建立一些實體，使那些大型、遙遠和集中的機構，轉而來服務小型、本地的機構和人們，顛覆了標準的組織結構圖，國家總部為各分會服務，中央司令部為各分部服務，最高領導人是基層人民的輔助者，而不是管理者；參與式民主的宣導者一直在努力讓政府聽取多數人的聲音，用一九六〇年參與式民主宣言《休倫港宣言》（Port Huron Statement）的文字敘述，就是相信我們能夠「以日益增長的技巧」應對現代治理的複雜性和責任。

在過去一個世紀裡，這些替代方案進行著激烈的戰鬥，但他們還沒有獲勝。在小馬丁・

路德．金恩感嘆「把人排除在外」的龐大實體不斷增長的幾十年後，那些讓我們消費而非生產、選擇而非連結、瀏覽而非承諾的力量，還是讓我們感覺被疏遠了。

責任和社群

在金錢能買到什麼、不能買到什麼，大機構和小機構之間，會員和管理階層之間，這所有的鬥爭，不單純是關於哪種系統更有效率、有效能、有生產力或公平。也與這些系統最終培養出的是什麼樣的人有關。這些關於我們如何組織自己的鬥爭，賭注是很高的，因為這些是關於我們是誰的鬥爭。

對房子、社區、城鎮、公司、職業、政府和國家等事物的所有權感，會讓我們脫離自我。在這個過程中，我們學會了什麼叫責任。維護和改善我們的東西，需要自我控制、計畫和節儉。而當我們必須和同伴一起做出重大決定時，我們也學會了團隊合作和領導能力。世界對

12 社會組織的一種原則，認為社會和政治問題應在解決方案的最接近（或最局部）層級上處理。

我們來說更有意義，因為我們了解事物是如何形成、如何組合在一起，以及各種過程如何運作。我們最終會變得更加有自信與勇敢，甚至可能會比過去更有能力承擔更多事情。

永續栽培學者喬琳．布萊絲（Joline Blais）寫道：「為世界的現狀負責，是賦予權力的第一步。」但如果從未有人要求我們，要對周圍的世界帶著所有權的感覺，這一切都不會發生——當我們對自己所屬的經濟或公民生活沒有什麼利害關係，只被要求做一個員工、消費者和客戶，而不是擁有者、生產者和公民時，是無法掌握權力的。

我們培養的不只是美德，還有社群。當我們讓機構遠離市場邏輯，當我們擁有廣泛的所有權，當權力中心似乎離我們很近，我們就有更多機會奉獻給鄰居、同事、贊助人和合作夥伴。

作家路易士．海德（Lewis Hyde）在一九八三年的《禮物的美學》（*The Gift*）一書中談到了這一點，這本書探討了市場和禮物之間的差異。他寫道，市場關係是建立在短期、一次性的交易基礎上，這種交流可以發生在陌生人之間，因為他們不需要承諾。但禮物關係有一套不同的規則，它們涉及到商品在長期社群間的流通，它們需要信任和承諾。收到禮物會讓你與送禮者更加親近，或許會覺得對送禮者更有義務。這與市場交易不同，禮物有一種能力，當陌生人彼此交換禮物時，他們往往能建立持久的關係。

海德指出，在這兩種交換模式之間移動很奇怪，因為在與世界連結的方面，它們是截然不同的方式。如果同事用你的充電器，你跟他收費，或是他賣東西給你媽媽，感覺起來都不太對，這是因為辦公室和家庭實行的都是禮物經濟。反之亦然，和你在分類廣告網站上買沙發的人成為朋友，也是打破了市場交易的規則。我們應該保持市場交易的快速和容易，只要準時出現、進行交易，然後就各自散去。

我的一個鄰居有個承包商朋友，幫她修理房子裡面的各樣東西。他們的關係是一場複雜的舞蹈，他從不接受報酬，所以她烘焙食物給他吃，送他精美的耶誕和生日禮物，請他和他太太來吃飯，僱他的一些朋友做其他零工（並且多付錢）。如果她使用零工應用程式，整個交流就會更簡單。但這不是重點。他們之間複雜的交流使禮物能繼續流通，隨著時間推移，加深了他們的關係。從手機應用程式中，你可不會得到這個。

經濟結構可以鼓勵或阻止這種與人交往的方式。當金錢和效率主宰一切時，我們很容易把各種人事物當作一系列達到個人目的的手段，也就更難找到時間和機會與周圍的人建立深厚的關係。我們組織經濟體的方式，若是越不對特定事物許下承諾，就越會失去與社群連結的能力。這種能力再多錢也買不到。

第 11 章

開放選擇的道德：冷漠與榮譽

Open Options Morality: Indifference versus Honor

當我們越來越不願意做出承諾，認為每個人都必須自由地做自己的事情時，機構就放棄了擁有共同道德文化的想法，對參與者不再有共同期望。用中立來代替道德，機構的本質便從有靈魂、有活力的，變成了冷漠荒蕪和機械式的。這種轉變也改變了我們與社會互動的方式。

在一九九〇年代，社會科學家羅伯特．普特南讓「社會資本」的概念變得普及——社會資本就是由相互信任、資訊共享、合作和實踐互惠規範的社群帶來的好處。普特南舉了一個例子：「當一群鄰居非正式地照看彼此的房屋時，這就是社會資本的作用。」幫朋友搬家時，當你要把沙發搬到拖車上，你知道他們一定會過來幫你，這也是一種社會資本。

這聽起來很溫馨，但普特南提醒我們，我們從社群中得到的好處，有部分是由集體責任強制執行的。如果人們不害怕讓他們的社群失望，就算打破規範、未能承擔自己的社群責任，或退出也不必付出代價，那麼這個社群就不能運作了。讓我們彼此信任的部分原因是，我們很清楚別人不會想面對打破信任的集體評判。

「集體評判」聽起來很殘酷。但想想十二步驟計畫，那些負責幫助人們戒斷癮頭的社群，或是強制醫生必須忠於希波克拉底誓詞的醫學委員會，或在工會運動中，你不應該越過糾察線的概念。「人人為我，我為人人」這句口號，如果在關鍵時刻沒有人執行的話，那麼根本沒有任何意義。若沒有評判（不是偏見或扔石頭的那種批判，而是共同責任的評判），我們的情況會更糟。

如果一個社群的規範是健康而有愛心的，這種評判可以是一種關懷。當有人說「訓練時怎麼沒看到你」，他們的部分意思是「我在乎你有沒有出現」。當有人說「我覺得你爆發怒氣太過頭了」，他們的部分意思是「你說的話對我很重要」。短期內，你可能會生氣，但從長遠來看，只要他們是出於愛和尊重而表達的，受到評判總比被忽視好得多。不鼓勵這種愛的評判，就是剝奪了讓關係變穩固的關鍵因素：彼此的思想和鼓勵——沒錯，還有洩氣。

對人負責就是讓你的選擇沒那麼開放。正因此，我們越來越不願意參與這類的團體，越來越多人覺得，他們在提出任何道德主張時，都必須以這樣的方式開頭：「當然，每個人都可以做他們想做的任何事，我不是在告訴任何人該做什麼，但我認為如果……。」越來越多人擔心成為嚴格死板、墨守成規的「那種人」，因為執行規範而受到抨擊。的確，這種問責制可以當成一種壓迫的工具，但不一定會這樣，而且狀況通常都是相反的。例如，站起來反對霸凌、種族主義或性別歧視，就是讓人們承擔責任的一種形式。把朋友拉到一邊告訴他：「如果你繼續這樣做，你太太會離開你，你必須振作起來。」也是如此。

但隨著我們之間的障礙越來越多，和諧相處變得比相互問責更重要。哲學家查爾斯・泰勒（Charles Taylor）在談到我們這個時代的主流道德時，寫道：「每個人都有權力，根據自己認為什麼是真正重要的或有價值的，來發展自己的生活方式。人們被要求忠於自己，追尋自我實現，然而這些是由什麼組成的，到了最後，每個人還是必須自己決定，其他人不能也不應該試圖支配。」

這種道德中的每一個要素，本身都是好的。今天大多數人都同意，當真正涉及這些要素時，每個人都必須詢問自己的良知，他們相信什麼，他們該如何按照這些信念行事。但同意這個原則，並不是說任何人都不應該把自己認為什麼是對、什麼是錯的想法告訴別人。「沒人對你的道德有最終決定權」和「沒人可以對你的道德提出任何意見」，是有區別的。但在開放選擇的文化中，如果兩者都符合，那是最輕鬆的了，因為任何形式的共同道德，都會讓選擇受到限制。

從道德到中立

這種關於是否要參與評判、問責和道德的緊繃感，也出現在制度層面中。機構（學校、公司、官僚機構、宗教）的設計，通常都是明確地將內部的道德系統，變成正式的規定。他們有明確的價值觀和書面規範，如果有人違反規則，他們有應對的程序，成員要遵守誓言、要借鑒歷史、要執行使命宣言，機構會正式化集體責任。

然而，當我們越來越不願意做出承諾，認為每個人都必須自由地做自己的事情時，機構就放棄了擁有共同的道德文化的想法，對參與者不再有共同期望。他們用中立來代替道德。這在實行方面，看起來就是一種重心的轉移，從推動某個特定使命，轉向提升「效率」。在使命驅動型的機構中，領導者認為他們的目標是引導每個人為機構的使命服務。這代表要經常談論使命，讚美那些推動使命的人，告誡那些未能實現使命的人，按照使命的含義培訓新成員，並從使命的角度評估機構的健全情況。通常，這就是要告訴參與者（至少在廣泛意義上）他們應該做什麼。

但由於我們不願意告訴人們他們應該做什麼，許多機構不再談論要為某種特定的目的服務，轉而談論如何幫助參與者最有效地利用該機構的工具，達成自己的私人目的。我在法學院的時候，就看到了這種轉換。法律體系有其獨特的使命：促進「公平正義」和「法治」。但在法學院，我們很少討論，身為律師的我們該如何推進這些使命，或者更重要的是，如何破壞這些使命。然而，大家都侃侃而談哪些律師或法學家有多聰明。在課堂上，很常聽到這樣的話：「就她的主張，你能有什麼意見，她是個天才。」結果就是，大家都沉迷於手段（一個人聰明且高效率地完成法律任務的能力），而沒有討論目的（共同思考哪些法律任務值得我們花時間）。正如哈佛大學法學院教授拉尼．吉尼耶（Lani Guinier）說的：「精通本身成為了一種價值，與人們想透過精通實現的目標無關。」

這種轉變也困擾著其他機構。比如說一個工程團隊，他們讚美創新，卻不討論這些創新帶來的利益；或一個教會慶祝其成員倍增，卻沒有考慮在擴大規模的過程中，它是否仍在履行其牧養會眾的職責；或一個政治人物告訴他的選民，他在上次會議中通過了幾十個法案，但沒有談論這些法案的作用。

這種從道德到中立的轉變，往往伴隨著以規則取代道德。當一個機構具有強烈的道德文化時，它的使命就會呈現在機構的日常生活中，並具有生命力。討論我們應該做什麼，對我們的使命而言，什麼是好的、什麼是壞的，這是很正常的事。參與者使用共同的語言、符號、故事、神話和傳統，可以幫助他們更貼近使命。但當討論參與者應該做什麼的時候，就開始顯得奇怪了，因此機構開始依賴一系列關於成員絕對要做和不能做的硬性規則。

規則與道德的區別，就像律師問說：「律師是否把客戶的錢存入了錯誤的帳號？」和「大規模監禁是正義嗎？」或者像建築師問：「公司是否只為了趕在最後期限前完成，所以故意發出一份有缺陷的藍圖？」以及「我們設計的建築是否有利於人類繁榮？」又或者像校長問：「老師有沒有偷偷改變學生的考試成績？」以及「這些考試是否真有助於學生學習？」規則是必要的，但如果沒有道德，某些問題就永遠不會被提出來。

這種以中立代替道德、以效率代替使命、以規則代替道德的普遍做法，產生了嚴重的後果。它改變了機構的本質，從有靈魂、有活力的，變成了冷漠荒蕪和機械式的。道德的機構會認為自己與世界息息相關，他們會問這樣的問題：「我們的報紙如何應對當今的緊迫挑戰？」或「能用我們的專業做些什麼來消弭最近的分歧？」中立的機構則將他們的脫離視為一種美德：「最好是什麼都不說，這樣我們就不會陷入麻煩。」

這種轉變也改變了我們與社會互動的方式。當我們的日常生活中有了道德制度，我們就能學習如何成為比我們更宏大的計畫的一部分。我們能學習參與對我們有期望的道德文化，引導我們邁向超越個人進步的使命；我們能學習透過提高自己的聲音、使用共通的語言，來說服別人做出改變，而不是只能放棄希望，希望更好的東西會出現。

但當中立機構充斥我們的日常生活時，我們只會從它們對我們有什麼助益的角度來看待它們，它們提供哪些工具、技能或場所，可以讓我們實現自己的目標。我們與機構的關係，就像他們只是服務提供者，而與我們的同伴的關係，就像他們只是顧客一樣。若我們在一個機構中，沒有任何共同的成員意識，就很難讓它變得更好。我們被告知，對一個機構不滿，單純是代表我們選錯了機構。

這就形成了一個惡性循環。當我們不參與道德制度時，我們就無法學習參與其中所需的習慣和技能，比方如何受到道德文化的約束，或是如何在不退出的情況下，解決社群內的爭端。這些機構為了保持吸引力，對我們不感興趣的事情，它們的反應是進一步削弱自身的道德文化，變得更加中立、要求更少。他們承諾：「你不需要做任何承諾，我們是來幫助你保持選擇開放的。」

從榮譽到冷漠

我們也可以把社會責任和「你做你自己」之間不斷擴大的鴻溝，看作是榮譽文化和冷漠文化之間的差異。

榮譽文化，是榮譽在社群生活中扮演重要角色的文化[13]。在榮譽文化中，我們是藉由堅持社群標準、價值觀和使命來贏得尊重，最能體現這些的人，就會受到社群的讚揚，得到榮譽。在社群中，每個人都認真對待自己的角色：父母、鄰居、兄弟姐妹、朋友、長者、老師、水電工，或當地環保組織的財務主管，那麼周圍的人們也會認真對待自己的角色。在這些角色中有幫助的特質，比如誠實、忠誠、勇氣和覺知，都會受到注意和讚揚。像入會和就職典禮、婚禮和週年紀念、畢業典禮和退休等儀式，都象徵著角色的過渡。**當你在榮譽文化中成功時，你的成就是集體的。**當一個人在某方面表現得更好時，所有人都會做得更好。這是表現英雄主義的機會，因為幫助社群繁榮，能給社群和你自己帶來榮譽，你的故事被編織成一個更大的故事，你把你的部分做得越漂亮，就能讓整體更美好。

相較之下，**冷漠文化是指人們不把自己視為任何定義明確的社群成員。**使命和價值觀很少被討論，慶祝活動也很少，就算舉行儀式時，它們也往往失去了意義，感覺就只是做做樣子。若有不當行為，將從侵害權利、安全和程序的角度進行討論。我們被要求的，最多的就是不要妨礙他人，要做個守法的納稅人、從未有過任何道德違規行為的醫生，或從未在嚴格意義上違反法律的公職人員。取代特質和角色的是人格——它的定義是我們如何區分自己，而不是我們如何服務社會。我們的成就是個人的，因為沒有更大的故事與我們交織在一起。冷漠文化提供了一個完美的環境，讓你保持開放的選擇。

今天，越來越多人花更多時間待在冷漠文化的社群裡。對當中許多人來說，我們唯一歸屬的榮譽文化，就是我們的家族（我們出生的家庭，或我們選擇的家族），只有少數幾個與我們很親密的人，我們覺得對他們有責任。當我們把大部分時間花在冷漠文化中時，我們會開始體驗到，世界被明顯劃分為兩個領域：一個是冷漠的陌生人組成的廣闊冰冷世界，另一個是我們一小群親密的家人和朋友組成的溫馨世界。在道德層面上，我們所有的榮譽都來自於我們如何對待這個核心圈子，同時放棄對廣泛領域的責任，這樣的道德倫理，被政治學家愛德華．班菲爾德（Edward C. Banfield）稱之為「非道德家庭主義」。而且因為外部世界提供的意義如此之少，所以我們開始從小圈子裡要求更多的意義，通常比任何小團體真正能提供的還要多。

---

13 這個定義跟近來對「榮譽文化」的一些定義不同，近來指的是比較願意以暴力來抵禦侮辱和其他「對個人榮譽的威脅」。

如果我們對榮譽文化的唯一體驗，就是親密的家人和朋友，那麼我們永遠無法學習如何參與不那麼親密的榮譽文化。社會學家理查．塞尼特（Richard Sennett）稱之為「親密暴政」，也就是你會覺得，與他人連結的唯一途徑，就是分享最私密的恐懼、擔憂和欲望。打開任何一季的《鑽石求千金》（*The Bachlor*），你就能看到最實際的例子，爭取主角最可靠的方法，就是透過脆弱，無論多麼難受。

然而，穩定的社群往往是建立在冷漠和親密之間的中間距離，在鄰居、同胞和同事這樣的範圍內。如果我們覺得缺乏這些關係，是因為它們不夠親密，或是相反地，如果我們覺得進入這些關係的唯一途徑，是順從於我們不想要或還沒有準備好的親密關係，那麼處於那個中間距離的社群和機構，就難以繁榮起來了。

諷刺的是，現在很多人願意與鄰居分享他們最私密的祕密，卻難以與他們一同進行基本的計畫。任何一個社群召集人都可以告訴你，讓一個新成員做一次戲劇性的演說，比讓他們持續出席每週的會議容易得多。榮譽文化所要求的脆弱，不是分享親密關係的脆弱，而是服從共同義務的脆弱。不是跟他人分享你的過去這樣的脆弱，而是在做出和遵守承諾的過程中，分享你部分的未來這樣的脆弱。

我不是故意讓自己像個愛批判的人，我們的文化對評判的普遍厭惡和對道德主義的懷疑是有原因的。有太多積極執行「共用道德文化」的社群，實際上只是在執行社群中最強大的那種道德文化。在最糟糕的情況下，腐敗的領導人會冷嘲熱諷地（而且通常是虛偽地）運用道德評判，來獲取自己的個人利益。散文作家湯姆．斯科卡（Tom Scocca）稱之為偽善，以滿口的道德正義來掩蓋不道德的目的。在一個多元化的社會中，我們至少需要一些中立的規則和護欄。當然，寬容也很重要，但不是指「沒有道德文化」，而是指對我們自己主觀的道德文化保持謙遜。

但在不以榮譽取代冷漠的情況下，還是有辦法應對這些挑戰的。正如羅伯托．昂格爾所建議的，為了承認我們根本的不確定性，我們可以把中立（即清空社群的道德內涵）換成開放，**在保留道德內涵的同時，對新思想、不同的實驗和變化保持開放態度。**這就是「我們沒有共同的使命，你做你自己」，和「我們有共同的使命，但我們願意討論其他的思考方式」的差別。

當社會允許各種道德共同體共存時，就等於是留下了空間，讓人們得以參與一種以上的榮譽文化。這就是專欄作家大衛．布魯克斯（David Brooks）所說的「多重承諾」，擁有多個相互平衡與協調的承諾。當你全身心地投入到你的家庭和鄰里，還有你的技藝中時，你就能從參與道德社群中得到好處，也減少了被單一道德社群占據的風險。對於多重承諾的人來說，榮耀的文化不必涵蓋生活中的全部。

正如神學家萊因霍爾德．尼布爾（Reinhold Niebuhr）所建議的，為了減輕集體評判的嚴厲性，我們可以**把冷漠換成寬恕**。尼布爾寫道：「寬恕，而不是寬容，是正確地糾正團體的利己主義和自以為是。」這個想法又回到了責任和在意之間的連結。要某人負起一些責任，就是把他們視為你社群的一部分。寬恕是這個迴圈中的第二部分，你指出某人的錯誤，是肯定他們在社群中的角色，然後當他們做了對的事後，你又把他們找回來，再次肯定他們在社群中的角色。（今天，我們經常做相反的事，我們沒有提供可以引導我們的道德社群，而當人們犯錯時，也很少寬恕他們。）帶著開放的道德和帶著寬恕的評判是可能存在的，而且有了它們，就是肯定生命、尊重尊嚴的榮譽文化。

導師和先知

想想那些對你人生影響最大的人物、團體和時刻。通常是把你操到筋疲力盡的教練，是依靠你的球隊，是在你做了一些非常愚蠢的事情後，悄悄介入並引導你的朋友。對我太太拉克來說，是她的夏令營，那個位於科羅拉多的營隊，是榮譽文化的典型實例。它跟許多夏令營一樣，都是以儀式和角色、價值觀和慶祝活動、神話和使命為中心。例如，每一期營隊剛開始時，隊員們會聚在一起制定一套「生活準則」——在夏令營期間遵守的價值觀。所有隊員都應該努力實踐這些價值觀，而輔導員可以和隊員討論某些準則，糾正他們的不當行為。到了那一期結束時，隊員們將投票選出他們認為最能體現這些價值觀的人，這些人將獲得營隊公民的身分認可，這被認為是一項很大的榮譽。對於經驗最豐富的參與者來說，這種認可被稱為金鑰匙。但這不只是一個獎項。在他們繼續待在營隊的其餘歲月中，獲得這項認可的人，都會背負著他人的期望，保持這個「重要人物」的角色——營地價值觀的典範。

如果這樣的關鍵人物表現失常了，輔導員有能力喚起他們的身分認可，用特殊的力量糾正他們。當拉克回想起自己的經驗時，她仍然覺得臉頰在發燙。在一次特別失控的午餐時間後，一名輔導員把她拉到一邊，告訴她：「我覺得關鍵人物不應該有這種表現。」理論上，這種經歷並不舒服，但拉克（以及幾乎所有參加過她夏令營的人）都認為，這種「榮譽的召喚」，是他們生命中最重要的發展。

類似的事情，也發生在我大學畢業後的第一份工作中。當時我為一個爭取提高全國最低工資的團體工作，我們正在與沃爾瑪這樣的巨型企業爭鬥，幫員工提高幾美元時薪。做了三個星期後，我那位有各種正義抗爭成功經驗的老闆，把我叫進了他的辦公室，狠狠訓斥了我一頓。他告訴我，我沒有認真對待這項任務的困難處。

「你面對的是世界上最大的公司，你認為以你現在的工作態度，你有辦法跟他們較量嗎？」他氣憤地問我。我還沒來得及回答，他就繼續說：「有很多人上過明星大學，自認為很聰明。如果你想要一個正常的職業，絕對沒問題。但你不可能憑藉聰明才智擊敗沃爾瑪，你沒辦法幫忙提高任何人的薪資。你需要有激情，而我在你身上看不到。」

在我的一生中，從來沒有人對我這麼直接。我還沒來得及道歉，他又繼續說：「所以，如果你想向我證明你有熱情，就從這個週末讀五本關於沃爾瑪的書開始。這很簡單，也是你在這裡成功的必要條件。」

五本書嗎？我以前從來沒有在一個週末讀完一本書，更不用說五本了。但我想證明自己。那個週末，我回到家，以最快的速度儘量讀。但令我害怕的是，到了星期一早上，我只看完了三本半。我回到辦公室，滿心羞愧，向老闆道歉，因為我沒有克服這個挑戰。

「沒關係，」他微笑著回答，「可是你應該明白了吧，當你心裡有那股激情的時候，你能做到什麼嗎？」當時，這傢伙聽起來像個真正的強者。十年之後，我內心那股被他點燃的火焰，依然沒有熄滅。在短期內，我們希望生活輕鬆；但從長遠來看，我們渴望獲得榮譽的機會。

再想想那些對人類集體生活影響最大的人和團體。在這個世界上能留下印記的人是誰？絕不是冷漠的人，或那些不願談論使命、價值觀和責任的人。經常都是那些把我們拉回到價值觀上的人，那些以各種方式大喊「不榮譽！羞恥！」的人。

以班傑明．雷（Benjamin Lay）為例，他是一個貴格會的侏儒，在十八世紀早期走遍美國，參加反對奴隸制的運動。在他的一生中，他寫了超過二千篇辯論文，其中最著名的是〈所有奴役無辜者的奴隸主，都是叛教者！〉（All Slave-Keepers That Keep the Innocent in Bondage, Apostates!），其他人懇求他降低道德標準，但他拒絕了。他說：「無論男女老少，都不應該被允許在我們的集會上假裝宣揚真理，而實際上卻生活在全是謊言的行徑中。」奴隸主背負著「野獸的印記」。班傑明．雷喜歡在聖經上塗滿紅色的商陸漿果汁，這樣他就可以站在人群面前，將劍舉過頭頂，刺入聖經，並呼喊：「這樣，上帝就會讓那些奴役同類的人流血！」

難怪大多數美國白人認為廢奴主義者（正如史托夫人曾經描述的那樣）是「道德偏執狂」。但最終歷史證實了，站在正確那一邊的，是班傑明．雷，而不是那些希望他變得更加冷漠的人。

每個偉大的民權鬥士都是如此，他們熾熱的道德主義惹怒了許多人。瓊斯媽媽（Mother Jones）是礦工的召集人和反對童工的鬥士，她在參議院被譴責為「所有煽動者的祖母」（現在聽起來像是恭維，但當時人們並不是這麼想的）。還有拉爾夫．納德，從安全帶、安全氣囊到《乾淨空氣與水源法》，從《資訊自由法》到《舉報人保護法》，他在保護消費者權益的過程中，被稱為「缺乏幽默的罵人者」和「令人討厭的道德分子」。當艾達．威爾斯開始她的反私刑運動時，《紐約時報》稱她是一個「誹謗中傷、思想骯髒的混血黑人」，追求的是「收入」而不是「結果」。

像雷、瓊斯、納德和威爾斯這樣的人，有一個詞彙可以形容他們：先知。今天，我們說到先知時，經常是指他們有「預測未來」的能力，但這並不是這個詞最初的意思。先知比較正確的意思是，召喚我們回到自身價值觀，並在社群的中心復興使命的人。在過於僵化的社群中，也就是那些只進行儀式而沒有任何意義存在的社群，先知們可以突破並帶來新的實踐方式，這些方式中具有新的精神。當社群變得過於分散時，用社會學家丹尼爾．貝爾的話來說，當「聲音不一致、胡言亂語著相互矛盾的信念，開始變得無法忍受」時，先知們重新召集人們，並將意義凝聚成一個新的、有生命的整體。

想想先知以賽亞，他一口氣講了一整篇，譴責他鄰居虛偽的禁食行為：「看，在你們禁食的日子，你們還是追求自己的利益，驅趕所有的工人。看哪，你們禁食，只是為了爭吵打架，用那邪惡的拳頭打人。」不過他也接著告訴鄰人，他們可以成為古代廢墟的重建者、房屋的修復者，與裂縫的修補者。先知的擾亂是為了恢復。先知拒絕冷漠，給予評判並號召人們回到他們的角色和責任，先知是榮譽文化的捍衛者、復興者和實踐者。

但是，當我們的最高目標是讓我們的選擇保持開放時，我們不想聽到那些先知呼籲我們回歸價值觀，也不想聽到那些導師邀請我們超越自己的一時衝動。在我們離開的時候，最好是不要讓任何人失望。

第 12 章

開放選擇的教育：進步與依戀

Open Options Education: Advancement versus Attachment

衡量教育程度的不只是我們選擇的廣度，還有我們與熱愛事物的關係深度。在進步教育中，我們學了那麼多抽象技巧，為未來做了那麼多準備，擁有了那麼多工具，卻還是沒有學到我們最想要的東西：如何與他人相處。我們所得到的指示，反而是永遠不要安頓下來。

數學家和哲學家阿爾弗雷德・諾斯・懷海德（Alfred North Whitehead）曾經說過：「教育的本質是宗教。」他指的並不是「有組織的宗教」，對懷海德來說，宗教教育是「灌輸責任和尊敬」的教育。在這個意義上，當教育是宗教的，它有助於學生發展出與特定志業、技藝、思想、機構、社群和人的連結。換句話說，**責任和尊敬就是幫助我們依附的力量**。

認識世界就是對世界負責。神學家史蒂文・賈伯（Steven Garber）寫道：「知識意味著責任，而責任意味著關心。」知識對我們的影響是，**我們知道的越多，我們就越有責任感**。專精於某一個領域，就相當於對世界的一個角落負責。賈伯認為，在我們的整個教育過程中，最好的問題是：「知道了我知道的這些之後，我將做什麼？」這種需要回應的衝動，這種彷彿被暗示的感覺，就是所謂「天命」的另一種含義。這是理解我們如何被教育「束縛」的另一種方式，不是由法令束縛，而是被一種責任感（義務）束縛；不是嚴格的規則，而是與更高的聲音（崇敬）的關係。

舍恩斯塔特運動（Schoenstatt Movement），是天主教會內部一個具有百年歷史的宗教和教育機構網絡，他們的成員甚至將這個概念擴展到最年輕的學生教育中，他們稱之為「依戀教學法」（Attachment Pedagogy）。他們認為，教育工作者的工作，是幫助學生與特定的人、地點、思想和價值觀建立連結，與他們進行對話、發展關係，並建立對他們的感情。一旦這些依戀感建立起來，目標就是給學生空間、安全感和鼓勵，來加深這樣的情緒。舍恩斯塔特的教育者們認為，藉由這樣做，學生們扎下了「靈魂的根」，他們可以藉此體驗什麼是愛、什麼是被愛。

用這種方式來描述教育似乎很奇怪，因為當然，教育的另一個重要部分，是學習如何與某些依戀保持重要的距離。但當我們反思我們最喜歡的老師或人生導師時，這就合理多了。他們通常是幫助我們進入某些領域的人，他們向我們介紹福爾摩斯的書，或教我們壘球，或鼓勵我們嘗試編碼，或是聽納斯（Nas）的歌，因為他們自己對這樣東西太著迷了，他們的熱情很有感染力。簡而言之，我們最喜歡的老師，往往是那些諄諄教導我們責任和尊敬的人，按照懷海德派的定義，他們是最虔誠的人。

依戀制度

這種方法將教育視為培養依戀感，衡量教育程度的不只是我們選擇的廣度，還有我們與熱愛事物的關係深度。在這種方式下，高品質的教育充滿了各式各樣的機會，無論在校內還是校外，可以讓孩子們對特定的事物產生依戀感。

「依戀制度」有多種形式，最經典的例子就是**師徒制**，從大師那裡學習一門技藝。正如《靈魂技藝的課程：探究工作的價值》（*Shop Class as Soulcraft: An Inquiry into the Value of Work*）的作者馬修．克勞佛（Matthew B. Crawford）所寫的，師徒制引導我們的方式，是開啟書本上找不到的知識。他解釋說，技藝的知識是一種直覺的知識，只能透過不斷地實作和不斷地失敗來獲得。這就像你對你的摯友或你家鄉的知識，如果要你寫出來，你可能會覺得很難，你只能說「我就是知道」。

師徒制還能讓我們進一步了解自己，了解我們的才能和局限，什麼部分容易、什麼部分困難。這部分是因為技藝有一種非常誠實的回饋機制——桌子堅固不堅固，觀眾笑或不笑，球投進籃框了還是彈開了。你可以試著和教練辯論個沒完來否認現實，但是一個好教練會不斷地引導你去理解這項技術要告訴你的東西。

技藝工作有這種誠實的回饋，是因為它讓我們接觸到自己以外的、客觀上很真實的東西。面對這種客觀上真實的事物（超越只是贊成或反對的文字遊戲），使技藝方面的成就尤其令人滿意。就像克勞佛說的，你不必「喋喋不休地解釋」自己，來顯示你是成功的，你可以「單純地指出」自己的作品。就像饒舌歌手德雷克（Drake）在〈頭條〉（Headlines）中唱的那樣：「當他們理解我，並彈奏出來時，我甚至不用說出口，他們就知道了。」

社團和俱樂部也能夠以同樣的方式運作。就像師徒制一樣，社團將我們從自我中拉出來，讓我們與其他事物建立連結，例如一項運動、一項志業、一門技藝，或一項任務。不過它們與師徒制不同的是，它們不只培養你和這項練習之間的關係，還培養你和其他人之間的關係。社團不僅教我們合作的實際技巧，也教我們以共同的身分與他人連結在一起的精神技巧。我們學習如何將自己的命運與他人的命運連結在一起，將自己的成功與他人的成功連結在一起。現代美國娛樂運動的創始人之一約瑟夫．李（Joseph Lee）認為，參與團隊運動是最簡單、最基本的公民身分。李說：「當你加入一個團隊時，就成員身分的意義而言，你會喪失一點點的自我。」你共享了一種「公共意識」，而你的心騰出空間給「一個共同的目標」。

第三種依戀制度，是**老年人出現在年輕人的社群中**。當長者贏得我們的尊重時，他們就成了導師、指導和榜樣，告訴我們什麼值得依戀，以及如何依戀是最好的。有時候，導師會明確地告訴我們如何做到，叫我們去嘗試一些特定的活動，讀一些特定的書，或者提起最近他們在我們的 Instagram 照片上看到的特定對象，要我們找那個人出去約會。而其他時候，他們只是拿出自己的依戀，激勵我們去模仿他們。年長者可以為我們創造一種小小的榮譽文化，用禮物來慶祝我們的依戀，用儀式來衡量是否有進步，也許最重要的是，讓我們對自己的承諾負責。

當人類學家碧翠斯和約翰．懷廷（Beatrice and John Whiting）在研究不同文化中的孩子，如何與不同年齡的孩子互動，以及互動有多頻繁時，他們發現，年齡隔離會讓孩子缺乏教養和合作。當身邊沒有尊敬的年長者來激勵我們做出承諾，並引導我們度過這承諾帶來的混亂時，我們是很難走出自我的。這並不代表成長的唯一途徑就是嚴格遵從權威的長輩，而是當我們把長輩視為「值得信賴的嚮導」時，我們能從他們身上學到最多東西。他們不是訴諸權威，而是透過激勵和贏得尊重來推動我們。

最後一種值得一提的依戀制度，是**英雄**。愛因斯坦曾經被紐約州教育部問到，學校教育應該優先考慮什麼。令人驚訝的是，他的回答幾乎沒有提到物理學，他反而提到：「應該更廣泛地討論那些，以獨立的性格和判斷而造福人類的人格特質。」愛因斯坦認為這是我們需要崇敬與學習的榜樣。這就是名人堂、年度頒獎典禮，和掛滿肖像的走廊背後的理念，這就是為什麼天主教徒要研究聖人，為什麼各國要豎立雕像，把開國人物印在貨幣上。英雄就是榜樣，讓我們看到自己應該成為什麼樣的人，傾聽這些英雄的生平，告訴我們該如何更像這樣的人。

英雄對我們的幫助，和長輩很相似，他們讓我們知道什麼是值得依戀的。很多人在談到他們最初為什麼進入某個領域、志業或地方時，都會提到英雄。也許他們從事遺傳學，是因為想成為芭芭拉·麥克林托克（Barbara McClintock）那樣的人；或者他們參與監獄改革，是因為想成為布萊恩·史蒂文森（Bryan Stevenson）那樣的人；或他們搬到紐約，是因為想成為佩蒂·史密斯（Patti Smith）那樣的人。

當英雄引起共鳴時，他們就像北極星，吸引我們、指引我們，照亮通往新家的道路。

進步教育

但是，責任、崇敬和依戀，這些與我們保持選擇開放的精神背道而馳。擁有前述的依戀教育——學習技藝，加入團隊，或者被導師和英雄所感動，就是在嵌入關係和意義的網絡，給我們下定義，讓我們變得不那麼流動。正因此，在開放選擇文化中，教育更注重培養個人發展，而不是培養依戀。

以個人進步為宗旨的教育，貶低了技藝師徒制和其他類似的機構——工藝課、家政、音樂、藝術和鄰里工作。在進步教育中，我們不是培養對特定事物的依戀，而是學習抽象的技巧和事實。這些技巧和事實不是在充滿熱情的過程中自然產生的，而是被切碎、理性地組織起來，並按順序行進。就像是：第 13.5 單元：學習者將正確地使用正弦和餘弦。第 31.8 單元：學習者將理解一手史料和二手史料的區別。第 44.2 單元：學習者將正確地分辨明喻和隱喻。

尊敬和責任不是進步教育的一部分。學習一大堆技巧和事實，目的不是讓你進入一段比你自己更重要的真實關係，它只是給你一些技巧，供你以後自己使用。當孩子們問為什麼這個事實或技巧很重要時，進步教育的答案是：「它將在某個時刻，幫助你的個人發展。」

在進步教育中，沒有時間在地理課中用繪製地圖的史詩來激勵我們，也沒有時間講述畢達哥拉斯（Pythagoras）如何領導一個崇拜數字的邪教，也沒有時間解釋今天正在進行的高風險鬥爭，在歷史上是怎麼討論的。當課程中有那麼多的技巧和事實需要講時，最好還是少說廢話。我們也沒有時間去解開直覺的知識，儘管在這種深層次的交流中，能獲得很多東西。這種教育就像一列不斷前行的火車，如果你停下來，去感受三角形、一次世界大戰、十四行詩等，你很可能已經落後了。進步教育讓我們除了獲得學位之外，幾乎沒有什麼成就感，沒有能給你的任務帶來意義的培養工作，也沒有什麼能讓你真正感覺你表現得很好，就只是在一個有順序的課程中，一個模組接一個模組地學習。教育家琳達．達林－哈蒙德（Linda Darling-Hammond）把進步教育的奇怪性質描述得非常好：「如果我們用學校教的大多數技巧那樣教嬰兒說話，他們就要按照預定的順序記住一系列聲音，然後在壁櫥裡獨自練習。」

雖然師徒制已經減少了，但社團和團隊仍然是當今美國兒童的重要依戀制度。然而，個人發展的道德觀念也在侵蝕著他們，這種侵蝕採取看似「充實」的活動形式，例如夏令營和課外活動的設計，越來越少強調與他人一起進入社群，比較多強調個人在學校的優勢。另一個例子是社團和團隊的過度正規化，成年人沒有留下空間給孩子，讓他們與同伴一起創造活動體驗。

在最有害的情況下，我們開始把社團和團隊視為個人履歷上的項目，主要是為了自己的進步而做的，而不是為了我們之外的目標。在履歷中列出你做過的事情並沒有什麼壞處，但當我們在社團和團隊的經歷，籠罩在申請資料和履歷的陰影中時，我們與它們的關係就改變了。例如，你可能會發現自己去競選社團的財務股長或球隊隊長，不是因為你真的想要做這件事，而是因為有這個資歷，在未來的某個時候會看起來很不錯。

年齡隔離代表著最基本、最自然的依戀機制之一（向長者學習）也在衰落。一個世紀以前，和比我們年長或年輕的人一起生活、工作、學習和玩樂，是相當普遍的事情。大多數美國老年人和成年子女住在一起，絕大多數工作場所都是多代同堂的。從鄉村市集到社區音樂會，這類的娛樂活動對所有年齡層的人都有吸引力，學校也很少按出生年分編班。青少年和嬰兒、小孩、老人一起玩，而不只是其他青少年。

但隨著時間的推移，更多的生命開始因年齡而分隔。在生命週期的一邊，養老院和老人社區激增，另一邊，托兒所、幼稚園，和專為年輕夫婦服務的社群也在激增。工作轉移到家庭之外，意味著孩子們很少有機會看到父母工作的模樣。（當然，這也不全是壞事，而且幸運的是，童工法讓更多的孩子從工作場所轉移到學校去了。）學校按照年齡分級，使得孩子們與比自己大或小四、五歲的學生相處的時間更少，甚至根本不會相處到。娛樂活動現在是針對特定年齡族群量身訂製的，創造了一種獨特的青少年文化，不會與成人互動。記者兼作家利昂．奈法克（Leon Neyfakh）在二〇一四年的一篇文章中寫道：「在以前的時代，青少年會花大量時間和成年人在一起，耕種、當學徒，或幫忙處理家族生意，但現在，他們課餘時間都是花在社群媒體上，主要是和同年齡的人聊天。」

如今，不到二〇%的老年人與成年子女住在一起。大約三分之一的老年人，居住在完全或主要由其他老年人構成的社區。而且，正如預期的那樣，因為這些趨勢，使得跨代交談變得越來越少。最近有一項研究，研究人員要求年齡最大的兩代人，列出在過去六個月裡，與他們討論過重要問題的所有人時，只有六%的人是最年輕兩代的非家庭成員。隨著越來越多老年人認為年輕人自私無知，越來越多年輕人認為長輩是「滾出我的草坪」的怪人，兩代人之間的信任已變得非常薄弱。這種代際隔離和不信任的加劇，使得師徒關係更難形成，進而讓更多的孩子沒有引導者，可以引導他們走過驚奇和混亂，以各種特定的承諾來加深他們的關係。

我們與英雄的接觸也減少了。只有當學校有共同的道德傳統時，學校社群才能講述英雄故事。為了確定值得仿效的人物，一個社群對成員應該做什麼或成為什麼，至少需要維持著一種共同的感覺。但是，就像上一章討論過的，越來越多學校選擇保持安全的中立，而不是在混亂中釐清集體使命、理想、價值觀和美德。隨著學校儀式的減少，使命宣言在日常運作中變得越來越少。掛肖像、建立名人堂、討論神話時刻都變得很陌生。沒有道德文化的話，也就沒有體現它的英雄。

進步教育與這種趨勢密切相關。告訴我們應該做什麼，應該成為什麼樣的人，這些與進步教育是對立的。在以進步為基礎的學校裡獲得榮譽，最好的方式就是進步，無論你用什麼方式。若要建立一種共同的道德文化，讓它充滿神話和英雄，給它注入神祕感和吸引力，來讓人們培養責任和尊敬，這些都需要投入時間和努力。一個只關注技巧和事實的制度，永遠不會提供培育和維持這種文化的空間。

依戀教育和進步教育這兩種教育模式，在現今孩子的生活中，存在著緊綳的關係。一方面是非正式的導師和師徒制，老師們抽出時間灌輸他們對這個學科的尊敬，教練們經常談論責任的重要性，並讓孩子知道，教育是關於學習如何加深跟比自己更大的事物的關係。而另一方面是抽象技巧和充實的營隊、填寫履歷和取得好分數，這樣的教育，是學習為下一階段做準備。開放選擇文化就在這個天平的一邊，它提供了工具，儘量讓各式各樣的門保持開啟，卻未能幫助我們培養連結，決定哪些門值得走進去。

野心家和專業人士

對於那些高中畢業後，還繼續接受正規教育的人來說，這種緊綳情緒會更加嚴重。在大學校園裡，能依戀的機會比比皆是。學生們面對的是幾十種社團和團隊，尋找學徒的大師，在新城市裡未曾體驗過的次文化，以及融入各自社群、鼓舞人心的教授。榮譽文化擁有了更多空間，包含刻在大門上的格言、傳奇歷史和受人尊敬的校友。

但同時，比以前更強烈的進步訊息也出現了。這是一股穩定的逆流，推著你保持選擇的開放性。社團自我推銷說他們的經歷很適合放在履歷中，學生就業輔導中心會指導你如何成為最具市場價值的人。接受這些機會的學生經常被指責為追求聲譽和自我滿足。但根據我的經驗，這些拚命往上爬的人會做這些事，與聲譽和自我（或金錢）關係不大，比較是與恐懼有關——他們害怕關上門。他們認為，獲得聲譽是避免失去選擇的最好方法。

但在那些被這種恐懼壓倒的同儕身上，我看到了這樣的情況：他們越是試圖讓自己的選擇更加開放，就越是陷入困境。在獲得了一些夢寐以求的工作或機會後，他們會覺得必須「對得起」這份聲譽，而不願意接受聲譽沒有那麼響亮的工作（即使這些工作是他們真正想做的）。對一些人來說，獲得聲譽的過程，跨越標準化、制度化的障礙，反而使他們更擔心走上一條不那麼標準化、不那麼制度化的道路。大多數人只是習慣了他們的第一份「保留選擇權的工作」所構成的世界，因著慣性繼續下去。

對於國高中生來說，把他們的任務看作是為未來做準備，這是合理的行為，十二歲時最好不要只埋頭做一件事。但當我們越來越接近那不可避免的轉變，從為生活做準備，到要面對生活本身時，還不去談論即將要做的那份工作之實際目標，就很奇怪了。我上法學院的時候，狀況越來越荒謬，大家依然在談論那些能讓他們保持選擇開放的工作。我一直在想：

「嘿，時間不等人，我們什麼時候才要談論真正的重點呢？我們隨時都可能被公車撞死，但除了準備，我們什麼都沒做。」

我開始覺得好像有人耍了什麼花招。我年輕的時候，有人告訴我：「這種方法，最終能幫你實現某些重要的目標。」但隨著年齡增長，我得到的訊息變成：「這些方法——變得聰明、擁有別人想要的專業工作，目的都只在於自己。」當人們談論具體的工作、公司或辦公室時，他們談論的大多都是苛刻的錄用標準。這家或那家公司的高層會來找社會新鮮人談，但我們並沒有聽到什麼正在進行的實際工作內容，關於正在推進什麼專案，正在提升誰的利益，正在解決哪些問題。彷彿年輕人不應該考慮我們應該為什麼而戰，或者我們應該成為誰。我們應該只要能去任何想去的地方就好，換句話說，我們應該進步。

作家 C．S．路易斯（C. S. Lewis）在一九四四年關於「內圈」（The Inner Ring）的演講中，描述了這種毫無內涵的奮鬥所採取的形式。在任何社群，無論是醫院、法院、教區、學校、企業還是大學，你都會發現所謂的「內圈」——專屬的內部社群，但你並不包括其中。路易斯解釋說，當你終於闖入任何一個內圈，你就會發現內圈裡還有一個更裡面的內圈。他警告人們，無論是在那個你永遠也進不去的圈子外面憔悴憂鬱，還是成功地越走越進去，都不要成為一個「內圈人」，這種人的生活專注於闖入越來越排外的社群中。

路易斯警告，內圈是很危險的。當我們以為自己即將進入下一個內圈，並認為進入之後必然能得到獎勵，當杯子離你的嘴唇如此之近時，當看到另一個人的臉突然變得冷漠和輕蔑，當你努力進入內環，而依然被拒絕時……是非常可怕的，我們會變得願意改變原則，犧牲自己的價值觀，只為了進入內圈。「然後，如果你被拉進去，下週的事情，會離你的原則稍微遠了一點，到了隔年，又會更遠。」路易斯說。進入下一個內圈的欲望，永遠不會得到滿足。路易斯警告，圍繞著它生活就像在剝洋蔥，如果你成功了，就什麼都不剩了。

路易斯的重點是，這種內圈毫無用處。但是，對於那些還沒有發現這一點的奮發大學生來說，這似乎會引導他們，在畢業後從事同樣受到開放選擇文化支配的管理工作。半個世紀前，成為一家大型企業領導者的標準途徑是，你自己創建這家企業，或是在它的層級中晉升上去。關鍵是你對這家企業的承諾：「做一個公司人，給公司帶來榮譽。」大多數人所在的組織，其成員都遵循珍．雅各稱之為「守護者」的倫理，這種倫理強調堅持傳統、遵守紀律、珍視榮譽，最重要的是忠誠。

如今，大型組織的領導人拒絕對任何特定實體展現忠誠，這種情況更為普遍了。評論家邁克．林德（Michael Lind）寫道：「橫向流動是當今的主流——外交官變成了投資銀行家，投資銀行家變成了大使，將軍成為了公司董事會的成員，而公司高層成為了非營利組織的董事會成員。」公司人的概念已經成為過去。大多數人都知道，每個人都是從一個組織跳到另一個組織，而獲得晉升。因此，大多數人所在的組織，其成員都遵循珍．雅各所謂的「商業」

倫理，這種倫理強調與陌生人輕鬆合作，自願達成協定，歡迎新奇、創新和競爭，最重要的是，每個人都可以有自己的選擇。

對許多人來說，這能夠讓從教育到工作的轉換更平順，因為這些組織都是圍繞著同樣的個人進步道德準則設計的。你永遠都不需要從準備和進步切換到目標和依戀，因為每個人都在為自己的選擇保留餘地。高中是為了讓大學時可以有開放的選擇，大學是為了讓找工作時可以有開放的選擇，而現在的工作是為了讓找其他工作時，可以有開放的選擇，這一系列過程都是「為進步做準備」。有一個確切的名詞可以形容這種現象：野心家（careerism）。它把我們個人的成就旅程，看得比其他任何事情都重要。

這種道德觀念並非不可避免，有其他方式可以理解進步教育和現實工作之間的關係。在設計大學課程時，與其把重點放在培養野心家精神，不如培養專業精神。從表面上看，專業精神似乎有些乏味，它讓人聯想到穿著西裝的僵硬動作、得體的談話，以及冷漠疏遠的互動。但多年來，我們已經失去了專業精神其中古老、深刻和更鼓舞人心的含義——成為一個有水準的社群的成員。成為一名專業人士，並不是什麼個人的稱號，它代表的是**加入一門專業**。一旦進入一個專業領域，我們就會公開宣布，我們打算以最高的標準來執行我們的技藝。

從更深的意義來說，專業不僅是一套技術，在最佳狀態下，專業人士會尊重文化。他們肩負著服務大眾的使命，能夠贏得並保持大眾的信任。他們既看重技術上的卓越，也看重道德上的卓越，並認可那些在這兩方面都表現出色的人。他們有自己的行為準則，當這些準則被違反時，他們就會大驚小怪。他們建立了一條代代相傳的鏈，希望你先當學生，然後再當老師。

正如西蒙·韋伊所寫的，專業可以讓「崇高、英雄主義、正直、慷慨和天才」的人們，在各自的實踐中「記憶永存」。專業中有神話，可以激勵和引導其他實踐者，也有讓他們仿效的英雄。專業有儀式、傳統、入會儀式和誓詞，就像希波克拉底誓詞。專業讓我們認為，自己的成功就是這項專業的成功，反過來，專業的成功也是我們自己的成功。

路易斯說，如果我們放棄內心的喧囂，克服對成為局外人的恐懼，這種誠實的專業精神就在等著我們。他寫道，成為一名專業人士「絕對不是去迎合內圈、重要人物或知情人士」。但是，如果你在工作時間裡，**把工作視為你的目標**，你很快就會發現，自己已經身處在專業中唯一真正重要的圈子裡，而毫無察覺。你已經是完美匠人之一，其他完美匠人必定也知道。

在最好的情況下，專業的存在不只是為了服務從業者，還要求從業者致力於服務該專業的公共使命。做為交換，它們引導並賦予從業者生命的意義，它們把你放在一個更大的故事裡。用韋伊的話來說，它們將你與「死去的、活著的，和未出生的人」連結在一起。要成為一名傑出的芝加哥建築師，就要參與芝加哥建築的史詩故事；要成為一名傑出的卡津廚師，就要參與卡津食物的史詩故事；要成為一名傑出的護理師，就要參與到護理的史詩故事裡。

專業將我們與這些偉大的故事連結起來，給了我們一些值得奮鬥的目標，而不只是關注自己的進步。在《地下室手記》（*Notes from Underground*）一書中，杜思妥也夫斯基（Fyodor Dostoevsky）筆下的「地下人」哀嘆：「他甚至從未設法成為任何東西——既不是壞人也不是好人，既不是惡棍也不是老實人，既不是英雄也不是懦夫。」專業透過邀請我們成為一名高尚的人，幫助我們避免這種命運。如果我們的技藝落後了，我們可以努力使它進步，如果我們的專業落後了，我們可以努力把它導向另一個方向。藉由這一切，我們的生命就有了形式，對於我們應該做什麼，也有了指引。

哲學家艾倫．布魯姆（Allan Bloom）寫道：「每一個教育體系都想培養出特定類型的人。」高等的依戀教育培養出專業人才，這種形式的教育在開放選擇文化中顯得格格不入。當一個人的工作不是為了個人成就，而是為了加深與一個有水準的社群的關係時，這並不能讓你保持選擇開放。

高等的進步教育則產生了不同類型的人。在最糟糕的情況下，它產生了歷史學家兼古董商撒母爾．比亞蓋蒂（Samuel Biagetti）所說的「宜家人」（IKEA Humans）。宜家家具的原料來自不同的深層生態系統，被帶到伐木營地，切割成木板，在化學液體中粉碎，然後壓成更輕、更便宜的大塊材料。這種複合材料被宜家買下來，切割成組件，分裝到盒子裡，然後發到世界各地的商店。這套流程的最後，就是由數十種木材製成的光滑但易碎的家具。

比亞蓋蒂認為，宜家的目標消費者是那些野心家，他們也經歷了同樣的過程。他們可能來自一個深刻而有意義的社群，但他們被教育抽離了這個社群，失去了鮮明的個性，被傳授了抽象的技巧，必要的技術資訊，以及適合任何地方的和藹性格。他們是「現代的、可移動的、可互換的」人。

比亞蓋蒂的描述有點苛刻，但他說到重點了。他描述的那些野心家們，確實會感到不安全感和不明確，但他們也很難想像還有其他什麼方式。他們可能會出去尋找更深層次的身分認同和社群，也許就是他們祖父母擁有的那種類型。但是，當他們被要求做出像祖父母那樣的承諾，去真正了解他們的鄰居、加入一個公民團體或教會，或者被一個道德社群的期望約束的時候，他們會發現，自己很難踏出那一步。

我們很多人都做不到，這並不意外。儘管我們學了那麼多抽象的技巧，為未來的自己做了那麼多準備，擁有了那麼多的進步工具，把我們的私人工具箱都塞到了極限，但還是沒有學到我們最想要的東西：如何與他人相處。我們所得到的指示，反而是永遠不要安頓下來。接受依戀教育，就是**學習安頓的藝術**，進入特定的職業、技藝、志業和社群，並在那裡找到尊敬和責任的寧靜。

第 13 章

洪水與森林

The Flood and the Forest

當開放選擇文化主導一切時，我們可能會錯過什麼？當所有值得愛的東西都被貨幣化、商品化、合併和官僚化時，會發生什麼事？當我們不再談論使命和英雄，儀式和傳統失去意義，孩子們沒有受到尊敬和責任的教育，教育沒有留下任何關係，又會發生什麼事？

每件事都有它的時間和地點，保持你的選擇開放也不例外。有時候你得趕緊離開，有時你需要這樣的規則：「我不打擾你，你也不打擾我，我們可以繼續過自己的日子。」而有時候，自學一些技能是很好的，不需要師徒關係，也不需要成為一個好隊友。金錢、冷漠、進步，這些都是為了讓你更輕鬆地做自己的事情、設定自己的道路、以自己的方式參與。

但值得思考的是，當開放選擇文化主導一切時，我們可能會錯過什麼。當所有值得愛的東西都被貨幣化、商品化、合併和官僚化時，會發生什麼事？當我們不再談論使命和英雄，當儀式和傳統失去意義，當你做錯了事情沒有人責備，做對了事情也沒有人慶賀，會發生什麼事？如果孩子們沒有受到尊敬和責任的教育，教育沒有留下任何關係，專業只是工作而不是有能力的社群，又會發生什麼事？

瀏覽是一個不錯的選擇，但當它成為一切和最終目標時，會出現什麼問題呢？如果你在開放選擇文化主導的地方環顧四周，就能看到答案：很多問題。

放棄

在開放選擇文化占據主導地位的地方，社群參與被拋棄了，私人生活增加，公共生活減少。許多人不再參加公民會議，也不會去認識他們的鄰居。社區生活和政治的很多領域，都已經變得專業化，主要由僱用的人員來管理，而不是整個社區來參與。公共領域已經成為向當局表達個人不滿的地方，而不是讓鄰里聚在一起解決共同問題、設想新可能性的地方。結果，對許多人來說，就是孤立。我們擁有一切，除了一個我們想要的東西：其他人。

由於企業採取選擇開放，於是整個城市都被拋棄了。我們可以在美國被廢棄的小城市裡看到這種例子：企業拋棄了幫助它們立下基礎的社群。麻薩諸塞州皮茨菲爾德（Pittsfield）的居民，為奇異公司（General Electric）服務了幾十年，直到奇異離開皮茨菲爾德，留下了數百名失業的居民和一條被汙染的河流。在西維吉尼亞州的麥克道爾縣（McDowell County），一家沃爾瑪來到鎮上，改變了當地的經濟，但十年後又離開了。

在更大的範圍中，也可以看到這樣的例子：有一些公司在國家幫助它們時，就很高興能成為國家的一部分，但當國家要求回報時，這些公司卻假裝是靠自己努力而來的。拉爾夫．納德曾經大膽地要求美國一百家最大的公司，在年度股東大會上發表效忠誓言，提醒自己對國家的公共利益負有責任義務。結果只有一間公司同意這麼做，大多數公司——包括那些把自己的品牌和產品掛上國旗，把自己的歷史稱為「全美國的成功故事」，並在陷入困境時，要求美國人出手相救的公司——都用困惑的態度拒絕納德，不知道為什麼有人要在商務會議談論公民義務。

城市設計評論家詹姆斯・哈維・康斯勒（James Howard Kunstler）走遍全國巡迴演說，講述當地方領導人不再把城鎮土地視為一個整體的部分——一個值得愛的地方，一個神聖的信任，是一個更大的社會有機體的一部分——而是開始考慮要如何利用該地來服務與外界脫節的個人，並產生稅收時，這個城鎮會受到怎樣的破壞。他譴責由此導致的、讓靈魂墮落的擴張：「帶有巨大環狀停車場的波坦金村莊式[14]購物廣場，樂高積木般的酒店建築群……歐威爾式[15]的辦公『公園』，建築物被反射玻璃包裹著，就像戴著鐐銬的警衛的太陽眼鏡一樣……這整個破壞性的、浪費的、有毒的、誘發廣場恐懼症的景象，被政客們自豪地稱之為『增長』。」康斯勒經常在他的演講結束時，展示一些快速公路周圍看板的照片，塔可鐘（Taco Bell）、艾克森美孚（Exxon）和Subway的看板在那裡爭奪空間，並問觀眾：「這看起來像是一個值得為之奮鬥的地方嗎？」

珍・雅各寫道，當地社群的發展源於「偶遇」：「人們到酒吧去喝一杯，向商店老闆尋求建議，向報攤老闆提出建議，與麵包店的其他顧客交換意見，向站在門廊上喝汽水的兩個男孩點頭打招呼。」當酒吧、商店、報攤、麵包店和門廊不再有利於實現這個目標，而是被那些對任何社群都沒有情感的遙遠實體所創造的形式取代時，以地方為基礎的社群就會消亡。這是一個惡性循環，對特定地方的承諾被放棄了，地方本身變得不那麼有利於情感聚集，結果對這些地方做出承諾也就變得更加困難。

社會是靠大眾和服務他們的機構兩者間的信任之網維繫在一起的。但是，在開放選擇文化根深蒂固的地方，腐敗比比皆是，信任之網分崩離析。大多數美國人已經將國家機構視為服務少數人的封閉勾結單位，而不是賦予多數人權力的開放平台。越多人對這些機構失去信心，這些機構就會變得越封閉，人們就會覺得與這些機構越疏遠。這不僅讓我們必須獨自應對現代生活中混淆複雜的力量，也使我們容易受到煽動者的影響，這些煽動者不但沒有努力向我們重新開放這些機構，反而進一步分裂和疏遠我們。

法律學者傑迪戴亞·波迪（Jedediah Purdy）寫道，我們可以從生態學的角度來思考我們的機構，研究在動態的生態系統中，有機體如何相互作用。就像蒼鷺、蜻蜓、柏樹、蘑菇和水獺在溼地生態系統中相互連結一樣，學校、立法機構、報紙、銀行和宗教團體在公民生態系統中也相互連結。正如自然生態系統中的每一個元素都支援其他元素（昆蟲授粉、樹木遮蔭、蘑菇提供營養），公民生態系統中的每一個元素也是這樣：報紙提供資訊，銀行提供

14 意指看起來崇高但實則空虛，給人虛假印象的建設或舉措。

15 源於英國作家喬治·歐威爾（George Orwell）小說中經常描繪之情形，指專制政權試圖控制人們的所有生活，破壞自由開放社會之福祉的做法。

資金，學校提供教育，教堂提供禮拜聚會。

波迪警告說，如果我們不採取這種共同的生態系統，就會出現今天在美國公共生活中看到的那種「生態崩潰」。當某個機構腐化和削弱時，它也會腐化和削弱其他機構，重要的功能開始崩解，人們很難聚集，或被告知資訊，或讓他們的不滿得到傾聽。那些最善於利用腐敗的人開始獲得權力，這種人從人民對機構的信任和機構對人民的放任，這兩者之間的差距中獲利。最終的結果是，生態系統變得不適合居住，人們最終完全放棄了公共生活和共同的社會。

最糟糕的是，開放選擇文化奪走了唯一能讓事情變得更好的工具——為了應對變革而組織的，長期而穩定的工作。還記得前面提過無限瀏覽模式的三種樂趣嗎？靈活性、真實性和新奇性。它們與我們的政治承諾特別有關。當我們優先考慮靈活性時，就會避免陷入任何一種長期的政治志業，我們會希望能從一項志業跳到另一項志業。當我們優先考慮個人的真實性時，就會害怕與複雜、混亂、微妙的志業連結在一起，因為它們威脅到我們對個人身分的控制。當我們優先考慮新奇性時，我們渴望更多的情感衝動、更多的勝利、更多政治上的戲劇性時刻。然而，時間一久，對於過程中不斷削弱一項志業的乏味部分，我們又會感到厭倦。

在最大規模的情況下，整個星球都被遺棄了。在地球上我們自己的這一個角落裡，我們的行動對這裡的影響是最直接和明顯的，如果我們學不會對這個角落做出承諾，要如何對整個地球做出承諾？為了解決氣候危機或自然資源的破壞，我們必須限制個人的選擇，才能對更大規模的志業做出承諾。開放式選擇文化與這種犧牲是不相容的。

身分危機

在很多方面，開放選擇文化就像一場洪水，把一切都沖走了。承諾形成了我們的身分，一旦沒有了它們，我們不僅是失去它們，也失去了自我意識。對許多人來說，這是一種被連根拔起的感覺。失去的是我們為鄰居、同伴或祖先而活的感覺，也就是扎根於某個更宏大故事中的感覺。剩下的只有健康和安全：活著，追尋經驗，享受旅程。

然而，正如西蒙．韋伊所寫的，我們仍然「需要根」。當我們扎根於比我們自身更大的事物時，我們會覺得自己有用甚至不可或缺。在這種「真正、積極、自然參與的社群生活」中，做為交換，我們得到了滋養。我們享受死者累積的精神財富，因為根能讓死者對生者「說話」。透過參與得到公眾認可的高貴傳統，我們鞏固了自己的驕傲與信心。獨自一人時，我們可能會感到渺小軟弱，但當我們成為更深層傳統的一部分時，就不會了。

今天，許多人深切地感受到扎根的必要性。我們知道，沒有根，我們就與過去和未來隔絕；我們知道，沒有根，我們會感到更孤獨、更迷茫、更猶豫；我們知道，就如韋伊所警告的那樣：「一棵根幾乎完全被啃掉的樹，受第一次打擊就會倒下。」所以我們開始在任何能找到的地方快速輕易地扎根。

其中一種方式就是懷舊。如果我們不能培養新的文化和行為，或不能維持繼承下來的文化和行為，我們就會抓住文化裡那些比較有活力的時代記憶。有時，懷舊是滑稽而無害的，比如網路上那些九〇年代電視節目的表情包，以及「懷舊時光」（Time Life）CD套組中，法蘭克·辛納屈（Frank Sinatra）的演唱會。但其他形式的懷舊就比較重要了，政治人物們忙於復興某種理想化的過去，社群領導人覺得他們的角色不再是管理一個活的文化，而是確保他們的文化永遠不變。

但懷舊是不可持續的。每當你再次播放電影膠片時，畫面就會退化，魔力也會消失。我們之所以懷舊，是因為有人在某個時候創造了一些原創的東西，或者體驗了一些新鮮的東西。如果你停止創造和體驗新事物，最終就再也沒有什麼值得留戀的東西了。你就只能在最初的體驗中停留一段時間，直到失去了感覺並再度覺得需要一些新的原創火花。

更糟糕的是，懷舊常常被用來掩蓋當下的生活缺乏承諾。這就是為什麼，失敗的政治人物們總試圖喚起人們對所謂「黃金時代」的懷舊之情，就是企圖轉移注意力，讓人別著眼於沒那麼輝煌的當下。過度的懷舊似乎與當下的陳腐密切相關，相對地，那些今天仍在參與某些承諾的人，通常比較少沉溺於懷舊之中。

真正的根，會讓我們固定於一種活生生的承諾中，這種承諾不但能讓我們連結到過去，也能連結到現在與未來。當然，對於過去的寶藏，如果我們希望保存它並用於未來，當然可以繼承下來。但要維護它們，就需要以新的方式對新的環境做出反應，並將我們自己原創的經驗和想法拿來履行承諾。照料一個活著的承諾，就像照料一團火，而懷舊就像聚集在即將熄滅的餘燼旁，現在可能還暖和，但不會持續太久。

在源於現代身分危機的各種趨勢中，也許最危險的趨勢就是，在洪水過後，人們把殘留下來的一小塊身分碎片拿出來，與它建立過度巨大的關係。這時的它不再是你的一部分，而是變成了一個偶像，而你覺得有必要用戲劇化的方式來表達你對它的奉獻。

過度的民族主義就是一個很好的例子。這種人不以任何實際的方式為自己的國家而戰，不參與國家公民生活的合作與讓步，而是把一切都掛上國旗，讓每個人都知道他們是那個國家的一員。在不那麼嚴重的層面上，這是過度的粉絲情節。比如某個名人跟你說了幾句話，你就被這種連結感動了，於是把他們當成了你身分中的重要組成部分。作家卡斯柏．特．奎勒認為，這就是為什麼名人醜聞能引發那麼多激動情緒。當我們知道偶像不是我們想像中的那樣時，我們的身分也被扭曲了。

尋找微小的身分碎片，將它過度膨脹，以獲得一種根深蒂固的感覺，這已經在網路上產生了一種小社團群起的現象。推特社群和 Reddit 論壇激增，幫助我們更深入了解自己的「微身分」，無論是生存主義、蒸汽波音樂、天主教社會主義、呼拉圈、YIMBY 主義[16]、有效的利他主義、極簡主義，或是任何透過社群媒體培育的數千種次文化。

在這個日益無意義的文化中，找到這些零碎的意義，就像在極地中找到一小團火，你只想一直蜷縮在它旁邊。這也就是為什麼，這些次文化裡面的爭鬥往往非常激烈。它們可能很微小，卻是構成參與者身分的很大一部分。

大多數的次文化，說好聽一點是令人愉快的，說難聽點只是無害。當你把身分認同與真正的承諾和社群結合在一起時，你的熱情通常會用於健康的功能，例如社團會議、錦標賽、慶祝活動、教育、互助、政治宣導等，這些都是正常的公民生活。大多數時候，團隊的領導者會希望能讓文化長期延續下去，於是會試著控制文化中的極端主義，並將團隊的精力用於有生產力的目的。

但是，當你把對身分的盲目崇拜，與缺乏對長期社群工作的承諾混為一談時，事情就變得比較危險了。有些人會試圖以大規模、快速和戲劇性的方式，在次文化中獲得地位。許多恐怖分子就是這樣的混合體，他們覺得自己與特定身分有連結，但與其他實際的社群都沒有連結或很疏離。正如一九四〇年時，喬治．歐威爾對希特勒《我的奮鬥》（*Mein Kampf*）的評論中所寫的那樣，感動了希特勒追隨者的，是對意義的承諾，而不是對財富、權力和舒適的承諾：「當時社會主義者，甚至資本主義者……對人們說『我提供你們美好的時光』，而希特勒對他們說『我提供你們鬥爭、危險和死亡』。結果，整個國家都拜倒在他的腳下。」在一個日益無意義的世界裡，如果說承諾是一條通往意義的、艱難而漫長的道路，那麼末日就是一條快速而簡單的道路。當前者的道路很稀少時，你就會看到更多的人選擇後者，而這對所有人都是不利的。

這就是洪水過後的生活，許多我們創造意義的方式，都被液態的現代性沖掉了。有些人假裝洪水從未發生過，對以前的時光產生了懷舊之情，另一些人則保留著他們原來房子的小碎片。充滿希望的意義之島迅速出現，然後迅速消失。我們迷惑地待在決鬥符號、意義、神話和傳統的大雜燴之間，沒有人確切知道該做什麼，或該往哪裡走。與此同時，時間在流逝，在我們思考著到底該做什麼時，嚴重的危機正在惡化。我們做出承諾並遵守承諾的能力不只是個人的問題，它對每個人都有重大的影響。毀滅和冷漠、遺棄和腐敗、困惑和孤獨，這些都是開放選擇文化的果實。

---

16 相對於NIMBY（Not in my backyard），不希望公共建設蓋在自己居家環境周圍。YIMBY（Yes in my backyard）就是歡迎更多的建築與公共建設。

出路

但如果你決定反抗這種主流文化，你不會孤單。在奉獻自己的過程中，你不只是在拒絕開放選擇的文化，更是在加入一個充滿活力的、承諾的反主流文化。

加入反主流文化，就是進入一個由英雄、美德和意義組成的不同群體中，當中的每一項都在逆轉開放選擇文化的價值觀和結果。反主流文化支持一種不同類型的經濟，它重視特定的東西，希望人們愛上特定的街角、公園、酒吧、郵局、俱樂部，和小溪流過的一小片土地。當反主流文化的成員經營一家公司時，他們關心的是特定的客戶、特定的員工和特定的社群。當他們與社群意見分歧時，他們選擇提高自己的聲音，而不是直接退出。如果你問他們是否為了錢而這樣做，大多數人會笑出來。

反主流文化還支持一種不同類型的道德：成員們拒絕無動於衷。無論他們走到哪裡，他們都在培育和維護這種榮耀文化，用慶祝來承認好的部分，用預言來譴責壞的部分。他們培養了值得仿效的人，同時也明白英雄主義既是一種成就，也是一種責任，召喚他們去擔起歷史和文化的未來。

反主流文化還支持一種不同類型的教育。對成員們來說，教育是培養和深化關係，而不只是獲得個人的技巧和才能。在還是學生的時候，他們要準備的不只是未來工作中要面對的技術挑戰，還有未來職業中要面對的道德挑戰。他們的目標不只是精通自己的領域，而且還要屬於那個領域。他們知道，正如詩人瑪姬・皮爾西（Marge Piercy）所寫的：「值得做到好的事情，有一種讓人滿意的、乾淨而明顯的形狀，就像是水罐呼喚著水，人呼喚著真實的工作。」

承諾的反主流文化所提倡的，是一種重視鍾愛的特定事物的經濟，一種重視榮譽的道德，一種重視依戀的教育。但這並不代表每一位長期奉獻的英雄，都來自同樣豐富的傳統。我在這裡說的，不是推銷某種特定的宗教、信條或志業，像奧登筆下的世外桃源人和烏托邦人那樣，想把我們帶回或推進到某個理想化的時間和地點。反主流文化的承諾各不相同，有時，它們甚至是不一致的。長期英雄可能有特定的宗教、信條或志業，希望人們接受。他們可能認為自己的技藝至高無上，或他們的志業是正義的，或他們的神是真實的。他們不一定認為自己是承諾這種反主流文化的一分子，他們認為自己屬於的文化是伊斯蘭教、基督教、喬治亞州、芝加哥、社會主義、安德森家庭、橄欖球、鄉村音樂或海洋學。這就是試圖稱某人為「承諾者」的奇妙之處，當我試著和長期奉獻的英雄們談論「承諾」這個抽象概念時，他們只想談論自己承諾的內容。他們太忙於履行自己的承諾，而沒有意識到它的存在。

但在最基礎的層面上，我在這裡想提出的問題是：我們希望社會的基本結構是什麼樣子？我們想讓個人行動的方式就像自由漂浮的原子，彼此之間只有幾條薄弱的連結——也就是液態現代性的結構嗎？我們是否需要某種反動的或天啟的狂熱崇拜，來迫使所有原子之間形成一條僵硬的線？還是我們想要激勵這個世界去培養和發展有生命力的連結，成為一個有更多可靠之人的可靠世界？這些就是開放選擇文化和承諾的反主流文化之間，衝突的根本利害關係。

解決緊繃感

全心全意的承諾，解決了無限瀏覽模式的快樂和痛苦之間的緊繃關係。我們想要靈活性，但不要選擇癱瘓，而承諾會有所幫助。**當我們做出承諾時，就是做了一個艱難的選擇。但如果早一點這麼做，之後的選擇就會變得比較容易。**這種承諾幫助我們繪製地圖（原則、目標或經驗法則），在未來遇到岔路時，就能得到指引。如果你承諾在每個月的第一個星期三去讀書會，以後每個月的第一個星期三要做什麼，就會更容易決定了；如果你在一個新城市和鄰居交朋友，就更容易決定明年是否繼續住在同一個城市；如果你認真對待你的就職誓詞，遇到賄賂的狀況時，就更容易決定是否接受。

承諾是一種放鬆，因為你不必在日常生活中用上那麼多的意志力。當我們沒有任何指引，當日子沒有常規，岔路口沒有指標時，我們總是在決定自己想要什麼、要做什麼、我們是誰。對於那些更重要的決定，承諾可以為我們節省精力。當我們做出承諾之後，就不那麼擔心別人會怎麼評價我們的每一個行為，我們只需要證明自己的行動源於這項承諾。你不在派對上喝酒，因為你決定保持清醒；你要提早下班，因為要去學校接你侄子；你不會越過罷工的糾察線，因為你是工會的一員。

我們也希望從不真實中解脫出來，但不要迷失在道德喪失的脫序狀態中。在這方面，承諾也有幫助，因為選擇承諾投入的行為，會讓承諾更真實。德語的真實性「Eigentlichkeit」，大致可以翻譯為「擁有」或「屬於自己」。想要覺得一項承諾是真實的，就應該一直覺得它是你的。在執行承諾的過程中，你可能會被要求做一些你當時並不想做的事情。但是，如果這個承諾是有生命的，你仍然能感受到最初的火花，讓你一開始想要接受它的那種連結，那麼你依然會感覺到這些義務是真實可靠的。

比方說你今晚不想去參加會議，但你還是去了，因為你覺得和那項志業有連結；你今天不想處理朋友的問題，但你還是處理了，因為你愛他們；你不想遵循社群共同制定的規定，但你還是這麼做了，因為你認為讓大家團結在一起很重要，這些就是真正的承諾。總會有些時候，火苗變黯淡了，或彼此的連結有點枯萎了，但只要你仍然覺得這個承諾是你的，這段關係就會繼續下去。

承諾並不會要求我們不斷地放棄自己的欲望，只重視承諾的需求。大多數長期奉獻的英雄並不認為他們的日常生活是犧牲和自我否定，為什麼呢？因為承諾能改變我們的欲望，它們構建了我們的世界，給了我們尊重的權威，給了我們審視自己的神話，給了我們發聲的社群。你學會了心甘情願地去參加會議，處理朋友的問題，遵循社群的規定，因為你的身分與這些事情緊密相連。藉由堅定地承擔這些重擔，這些就變成了自己的重擔。在成為自己、成為真實的過程中，這些感覺起來一點都不像重擔。

我們還想要新奇感，但不要隨之而來的膚淺。在這方面，承諾也有幫助，因為它們促進了深度的新奇感。深度提供了一種更甜美的新奇感，這種新奇感你只能在長期奉獻中找到。有什麼比終於完成一場馬拉松、掌握如何烤出完美的牛角麵包，或開始了解一個親密朋友更新奇的呢？

承諾帶來的深度為我們打開了世界，帶來了如果我們從未做出承諾，就永遠不會出現的機會。當你是某個領域的專家，或某門技藝的大師，或在某個組織中受到信任的人時，你就進入了更有趣的房間，老朋友會帶你踏上新的冒險，這還不包括撫養孩子或建立伴侶關係所帶來的新奇感。深度才是最大的新奇感。

承諾這種反主流文化，也最有能力解決人類集體的挑戰。在解決現代的重大挑戰時，最大的障礙之一就是缺乏認真致力於解決挑戰的人。我們有太多一次性的屠龍者，而沒有足夠的長期英雄，準備花費十年、二十年或三十年來復興地方、機構、社群、技藝和志業。沒有幾個人不但願意為某物而死，還願意為它而活。

承諾的反主流文化，能培養更多這樣的人。這群人透過他們特定的承諾，共同致力於為我們的世界付出。今天的公共生活充滿了混亂、複雜和不確定性，但透過長期奉獻的英雄們緩慢而穩定的工作，給予他們存在的角落一些秩序。他們直接面對現代社會的混亂，投身其中，直到能從這些胡言亂語中找到一些道理。然後他們更進一步把理解變成行動，把想法變成計畫。從現代的一塊碎片中找到深刻的洞見，然後用它鍛造出一小塊的未來，這聽起來似乎是奇蹟。但只要堅持不懈的努力（這源於一點承諾），就有可能實現。專注的人總是在這樣做。

用湯瑪斯·卡萊爾（Thomas Carlyle）的話來說，民主需要「全世界的英雄」。支持民主的一項最佳論據是，對一小群領導人來說，這個世界太難駕馭了。面對不確定性和複雜性，一個國家可以著手進行數百萬個分散式實驗。當許多人都做出承諾，並獲得足夠的權力來應對不同層次的挑戰時，你就不需要一份管理世界的藍圖了。人們本身成為一個強大的有機體，能夠應對我們面臨的不同需求和挑戰。但要使這個計畫奏效，我們都必須發揮自己的作用，而這需要做出承諾。

對一些人而言，說公共生活的偉大工作，竟然是做出和履行承諾，這似乎令人失望。但奉獻就是這樣的，**透過說你願意長期致力於某件事，你釋放了你的想像力。**如果我們只專注於那些可以快速完成的事情，那麼我們相信會實現的目標其實很有限。但如果我們願意放慢腳步，就可以擁抱更宏偉的願景，因為我們知道我們有時間和耐心讓它們成真。歷史上最具變革精神的人物，同時也是最具奉獻精神的人，這並非巧合。

植樹造林

我在前面提到一個關於洪水的比喻。隨著時間推移，有生命的社群在不同的地方成長起來。到了現代，其中的許多社群被連根拔起並被合理化——這就是包曼所謂的「固態現代性」。在最近幾十年裡，我們看到舊的社群持續被剷除，取而代之的是被解構、破壞和腐敗所困擾的現代結構。很多人都感覺被剝奪了某些東西，我們與神話、傳統和儀式的舊社群失去了連結，也無法與理應成為公平可靠的新結構產生連結。因此，我們若不是抓住微小的意義碎片，以一種過分誇大的方式崇拜它們，就是放棄尋找任何意義，安於在液態現代性的浪潮中起起伏伏。

反主流文化對洪水的回應是重新開始耕作，種植和培養新的關係。慢慢地，日積月累下來，一個接一個的承諾，一粒接一粒的種子，它們生根發芽了。承諾這種反主流文化是一個造林計畫。

讓・紀沃諾（Jean Giono）在他一九五三年的小說《種樹的男人》（*The Man Who Planted Trees*）中寫道，在法國的一個小村莊，那裡空氣乾燥，冷風刺骨，草很粗糙，鄰居們充滿了敵意。有一個叫艾爾澤德・布菲耶（Elzeard Bouffier）的人，再也受不了了。於是有一天，他拿著一根鐵棒走到乾旱的土地上，開始在地上挖了一排洞，在每個洞裡放了橡實，一個接一個。連續三年的時間，他每天都重複這個任務，最終種植了十萬顆橡實。當中有二萬顆發芽了，布菲耶每天都照顧它們，用單純的方式，堅定地完成他的任務。

終於，有一萬棵橡樹順利長大了，長得比人還高。突然之間，「創造」以一種類似連鎖反應的方式產生了。曾經乾涸的河道中，河水開始奔流。風吹散了種子，樹木開始出現在意想不到的地方。「柳樹、燈心草、草地、花園、鮮花重新出現了，生命產生了某種意義。」紀沃諾寫道。附近村莊的道路上，很快就擠滿了身心健康的男男女女，懂得歡笑的男孩女孩，他們還恢復了野餐的興趣。這種轉變是如此緩慢漸進，所以沒有人在某一天突然感到驚訝，這裡發生的所有事情，只有在回顧時才顯得非比尋常。而這一切，都是因為一個人，一雙手，運用他自己的物質和精神資源，才使這片荒地變成了美好之地。

波蘭團結工會運動的第一位牧師約瑟夫・提施納（Jozef Tischner），講述了一個類似的故事，讓人知道變化是怎麼產生的。他把傳播責任心比喻為植樹，他寫道：「有人種了一棵樹——第一棵，第二棵，第三棵，很多很多。然後從這些樹木變成了一座森林。」一旦森林出現了，就不能忽視它，它就像我們腳下的土地。提施納認為，改變並不總是等於一場大戰。通常，森林只是自然地生長而存在，然後「有這座森林的現實」就不能被忽視。提施納認為，森林是透過成長並成為更大的森林來對抗敵人，正如道德的團結，是透過變得更有道德、更團結，來對抗對手。

是什麼讓樹木凝聚為森林？在提施納看來，是忠誠盡責，是每個人對這段關係的承諾。當一場社運的成員說他們對未來充滿希望時，他們的意思是，他們相信團體中的其他人會像他們一樣保持承諾。提施納寫道：「我的希望來自於力量和光明，也就是我所信賴的人。」說「我信任你」就等於是說「我把希望寄託在你身上」。

承諾的反主流文化，是由那些耕耘土地、播下種子、種植出小森林的人們組成的，並且在這樣做的過程中，他們產生了希望。他們的承諾不僅改變了社會，也改變了承諾者自己。在做這項工作的過程中，這些播種者展示了一條走出身分危機的道路。

有人說，我們的無根狀態是永久的，當我們與祖先的連結被洪水沖走時，就沒有什麼能讓我們扎根了。但這些悲觀主義者沒有意識到的是，我們的根不只有在過去可以找到。我們的根不僅來自祖先，也來自後代，我們的根可以在未來。而當我們做出承諾時，我們就更接近未來，更接近我們的承諾所服務的後代。我們透過奉獻於某樣特定的事物，來召喚我們的後代，而他們將從我們的工作成果中受益。**如果因為過去已經被沖走了，我們不能再為過去而活，那麼我們可以為未來而活，並且在這樣做的時候，扎根於未來。**

之前我提到過，奉獻這個詞有兩個意思：使某物變得神聖和長期堅持某事。當我們做出承諾的時候，就是在少數不平凡的時刻裡，做了一些神聖的事情。而當我們堅持奉獻時，就是在無數平凡的時刻裡，做了一些神聖的事情。

在我認識最有奉獻精神的人身上，我見證了對聖潔的追求，是會伴隨著巨大喜悅的。我們可以從那些有奉獻精神的老年人眼中看到那種喜悅，他們深刻地體會到了詩人傑克．紀伯特曾經說過的：「那種美，持續一段時日。穩定而明確。這是屬於長期成就的平常卓越。」

第 14 章

將生命的空地變成花園

An Invitation

當我們照料一個花園時，必須投入大量的工作，但並不會立即得到滿足，所有的希望都是在未來某個時刻，可能（也可能不會）出現一些美麗的恩賜。園藝和承諾一樣，需要一定程度的扎根，這兩者的最終共同處在於，它們都是巨大喜悅的來源。

太好了！我可以幫忙嗎？

一九八五年，物理治療師、有兩個孩子的單親媽媽凱倫·華盛頓（Karen Washington）從紐約哈林區搬到了布朗克斯區。她從未擁有過自己的家，而那間新的磚造排屋讓她感到終於實現了自己的美國夢。

只有一個問題：凱倫新家的對面有一塊空地，裡面堆滿了垃圾。鄰居們向她保證，那個地區會再建一排房子，但幾個月過去了，幾年過去了，施工團隊始終沒有出現。「我的美國夢變成了美國噩夢。」她回憶道。如果搬到布朗克斯表示每天都得盯著廚房窗外的一堆垃圾，她實在不知道自己為什麼要搬來。「對我來說，那段時間充滿了絕望和憤怒。」

但在一九八八年的某一天，凱倫看向窗戶時，看到了對街有些不一樣的東西。她的鄰居何西·盧戈（Jose Lugo）正拿著鏟子站在空地上。「我的雙眼像耶誕樹一樣亮了起來。」她回憶道。她走到對面去，問何西發生了什麼事。他告訴她，他正在考慮把那些垃圾清掉，並且種植一個社區花園。「太好了！」凱倫喊道，「我可以幫忙嗎？」

凱倫和何西開始召集社區的人加入這項工作，大家日復一日地清理垃圾。然後，他們開始種植。凱倫一開始根本不知道怎麼種東西，只知道要把種子埋在土裡，然後澆水，所以她就這樣做了。她和鄰居們很快就在這塊地上種了玉米和南瓜、羽衣甘藍和綠葉甘藍、四季豆和哈密瓜、長生花和冬青樹等等。他們的努力非常成功，不到一年，居民就可以向市政府請願，宣布這塊空地成為正式的社區花園。他們還在前面立了一塊牌子：「幸福花園」。

凱倫在花園裡花的時間越多，她就越認識這群鄰居。與此同時，她開始了解其他公共問題對他們有什麼影響。她回憶道：「我聽到也感受到周圍正在發生的社會問題。我在花園裡，聽到人們說『我們沒有暖氣，我們沒有熱水』，或『我們負擔不起房子的錢』，或『我的孩子要上學了，他們班上有四十個人』。」

所以凱倫參與了幸福花園之外的志業，她和其他社區園丁一起成立了「佛德角之家」（La Familia Verde），一個在城市裡進行大規模宣傳、教育和創造的聯盟。她開始在食品正義和減輕飢餓組織的董事會任職，她與人共同創立了「黑人城市種植者」（Black Urban Growers）組織，在食品正義運動中提高黑人農民和園丁的聲音。

在這個過程中，凱倫也磨練了她的園藝技術。她從何西和其他社區園丁那裡學到了一些技巧，還去紐約北部的一個農場當學徒，甚至去加州，和比她年輕幾十歲的人一起修習有機農業的課程。這位布朗克斯的物理治療師，曾經只知道把種子埋在土裡然後澆水，現在她和別人在紐約北部共同擁有一個名為 Rise & Root 的有機農場。如今，全美國都知道她是「城市發展女王」。幸福花園呢？在凱倫決定走到何西面前，並說「太好了！我可以幫忙嗎？」之後，過了三十年，這個花園依然繁榮，給鄰居們帶來了歡樂和陪伴，在凱倫開始播種的時候，當中有些人都還沒出生呢。

園藝

作家兼社會活動者安妮·拉莫特（Anne Lamott）稱花園是「人類兩個偉大的比喻」之一（另一個，當然就是河流）。園藝肯定是承諾的最好比喻。當我們照料一個花園時，必須投入大量的工作，但並不會立即得到滿足，所有的希望都是在未來某個時刻，可能（也可能不會）出現一些美麗的恩賜。園藝不是快速和機械式的，而是緩慢和有機的。花園一開始很嬌弱，但它們可以成長為強健的生態系統。照顧它們就像經營一段關係，對於你種植的東西，你有一定的權力，但你的植物們也有自己的計畫。作家馬克·米謝爾說：「你不能抓住一棵番茄的莖，命令它長出番茄來。」你也不可能把各種植物隨意種在任何地方，因為植物有其特殊性。米謝爾直接地說：「你就不能在懷俄明州種香蕉。」

園藝和承諾一樣，需要一定程度的扎根。你必須持續一貫地照料植物，不能毫無紀律地一下做一下不做。如果你需要休息，離開你的植物幾天，唯一能不讓它們死掉的方法，就是建立社群，邀請其他人加入你的花園。

作家珍娜・馬拉默德・史密斯（Janna Malamud Smith）認為，那些擁有花園或「道德上相當於花園」的人，過著最好的生活，她說：「當你擁有一種持續的行為，可以容納你的欲望，需要你的關注和努力，生活就會變得更好，就像是一塊滿足勞動和創造願望的土地。」這種生活在世界上的方式，是有生產力、頑強的。而你的回報，就是在某些季節裡，創造出令人滿意的恩賜。

這種令人滿意的恩賜，是園藝和奉獻之間的最終連結：兩者都是巨大喜悅的來源。凱倫・華盛頓告訴我，她每天都感謝上帝賜予她如此美好的生活。她堅信，園藝，無論是字面意義上還是比喻意義上的，都需要時間。但在困難的時期，你必須著眼大局，並懷抱著信心。她說：「我知道不管怎麼樣，那塊空地一定會發生一些事情。我發自內心地知道，我們不會一輩子都待在那裡，看著那塊空地。」

凱倫告訴我：「每天我起床後，跟人們說早安。我看著樹，我感謝那些樹，我感謝天空，我感謝生命！」當她在擁擠的電梯裡，每個人都看著地板，沒有人說話時，凱倫試著說些什麼，讓那些人的一天有所不同。「對我來說，每天都是感恩節，每天都是耶誕節，慶祝生命不是特定一天在做的事，而是每一天。」事實證明，幸福花園不只出現在他們家那條街上，凱倫去的每一個地方都有它。

生命的空地

我們很多人的處境都和凱倫曾經的處境相似。我們進入生活，發現前門外有許多空地，似乎沒有人負責管理它們，那樣的力量無處可尋。而且空地閒置的時間越長，情況就越糟。

面對人生的許多空地，有些人選擇什麼都不做，藉口就像垃圾一樣堆積如山，例如「我沒有這方面的經驗」或「一定有別人在負責這件事」或「我只關注自己家裡發生的事情，對街怎樣我不管」。對一些人來說，這種被動化成無止境的閒聊，不斷地談論應該要有人來處理這些空地。另一些人則選擇上路，希望能找到一個乾淨的天堂，讓待在原地的人去處理那堆垃圾。

接受或放棄，這似乎是當今大多數人的選擇。但凱倫這樣的人卻有第三種選擇：致力於把這片空地變成一種不同的生活。他們與它們建立關係，並堅守這些關係，直到有生命的東西出現。他們對邀請的回應是誠懇的「太好了！我可以幫忙嗎？」並長期堅持到底。他們不是接受或放棄它，而是改變它。

我們承諾的時候，並不是在做一件小事。我們的奉獻不是滄海一粟，而是像黑暗中的一把火，可能會變成一整團火焰；或像一條小溪，可能會開闢出一條河道，最終變成一條峽谷；或像一顆掉在水泥裂縫中的種子，最後可能會長成一棵橡樹。這就是生命！生命是有生產力的，它會生長、傳播、繁殖，最重要的是，支持其他生命。

這就是多蘿西．戴所說的，當我們和平地「一次搬一塊磚，一次邁出一步」，並祈求「在我們心中增加愛，啟動和改變這些行為」時，我們就是在與「無用」進行鬥爭。這就是為什麼威廉．華特金森牧師（William L. Watkinson）宣講：「點燃蠟燭遠遠勝過詛咒黑暗。」這就是為什麼溫德爾．貝瑞認為：「在月色的黑暗中，在漫天飛舞的雪花中，在隆冬時節，戰爭蔓延，家庭滅亡，世界處於危險之中，最好的做法是走在布滿岩石的山坡上，種下三葉草。」在這個死氣沉沉的世界裡，一小片生命不是一件小事，而是一切。如果藉由我們的承諾，讓一些曾經閒置的土地重新煥發生機，與周圍荒涼的世界形成鮮明對比，那些小小的替代方案，就已經取得了勝利，一個充滿活力的未來已經活在當下了。

世界各地有很多人都選擇了凱倫做的事——回應邀請，致力於將一些閒置的空地變成鬱鬱蔥蔥的花園。就這樣，一個地方接一個地方，一個志業接一個志業，一個技藝接一個技藝，一個人接一個人，他們正在振興這個世界。

現在也輪到我們，來回應這個邀請了。

我們還在等什麼？來拿一把鏟子吧。

參考人物與作品

我在理解無限瀏覽模式、承諾的反主流文化，以及奉獻的意義的過程中，得到了無數具備奉獻精神的思想家的幫助。如果你有興趣閱讀更多關於這主題的內容，以下有一些推薦。

對這本書影響最大的是波蘭社會學家齊格蒙．包曼的傑作《液態現代性》(*Liquid Modernity*)。包曼的作品充滿了深刻而簡單的意象，闡釋了現代社會的複雜概念。

關於被困在無限瀏覽模式中的直接心理體驗，最好的著作是貝瑞．史瓦茲的《只想買條牛仔褲：選擇的弔詭》，這本書解釋了為什麼擁有更多的選擇會讓我們更快樂，直到某個臨界點之後，選擇開始壓迫我們。史瓦茲非常擅長闡明個人心理如何與更廣泛的社會結構相互作用。

同樣在十九世紀末的兩位偉大思想家，艾彌爾．涂爾幹與威廉．詹姆斯，他們的著作有助於解釋由於缺乏目標承諾和社群而導致的倦怠情形。詹姆斯和他的實用主義夥伴，如約翰．杜威，對我的想法有極大的啟發，也就是有的時候，我們必須在完全知道某件事是正確的之前，就投入一項承諾。

在我許多論點的背後，不斷縈繞著的是關於知識和文化歷史的故事——在解構的絞肉機中，意義的群集被打破並反覆重新排列，迫使個人成為自己私人神話的管理者，獨自在混亂中確定方向。在建立我對這段歷史的理解時，羅馬諾．加迪尼（Romano Guardini）、查爾斯．泰勒、阿拉斯代爾．麥金泰爾等人，關於現代世俗主義和個人主義意義的著作，以及丹尼爾．羅傑斯（Daniel T. Rodgers）的《分裂的時代》（*Age of Fracture*）和丹尼爾．貝爾的《資本主義的文化矛盾》（*The Cultural Contradictions of Capitalism*）都很有幫助。

美國許多偉大的長期英雄，都是黑人自由鬥爭的參與者。要了解這段歷史，可參考大衛．布萊特（David W. Blight）的《弗雷德里克．道格拉斯：自由的先知》（*Frederick Douglass: Prophet of Freedom*），電視節目《美國經驗》（*American Experience*）的〈廢奴主義者〉（The Abolitionists），艾麗莎．巴提斯東尼（Alyssa Battistoni）在《n+1》的文章〈費力的基礎工作〉（Spadework），種族正義鬥士艾達．威爾斯的工作，和馬丁．路德．金恩的書籍——尤其推薦《大步走向自由》(*Stride Toward Freedom*)，這是金恩對蒙哥馬利公車抵制事件的回憶錄，這些素材對我來說非常有幫助。

我對地方愛國主義、社群建設和團結的理解，絕大部分要歸功於肯塔基州農民先知溫德爾．貝瑞的文章、哲學家理察．羅蒂的《成就我們的國家》（*Achieving Our Country*）、網路社群「團結大廳」（Solidarity Hall），以及紐約作家比爾．考夫曼的地方主義宣言《美國，望向家》（*Look Homeward, America*）。正是在考夫曼的書中，我第一次認識了天主教工人運動的創始人多蘿西．戴。戴也許是美國致力於奉獻鄰里人民的實踐者當中，最偉大的作家。（尤其，戴對當地熱情的奉獻，並沒有阻止她繼續推動國內和國際志業。）馬克．米謝爾關於維護工作的文章，和傑佛瑞．比爾布羅關於「集會」的文章也啟發了我。他們兩人共同管理《前線貢獻者共和國》（*Front Porch Republic*），這是一本關於地方主義和地方管理的小型反主流文化雜誌。

你可能有注意到，耶穌會的靈性精神貫穿全書的大部分。三位耶穌會的神父：詹姆斯．基南神父、詹姆斯．馬丁神父，和布萊恩．麥克德莫特神父，幫助我理解了這個主題。基南的《道德智慧：天主教傳統的教訓和文本》（*Moral Wisdom: Lessons and Texts from the Catholic Tradition*）、《仁慈的工作：天主教之心》（*The Works of Mercy: The Heart of Catholicism*）和馬丁的《耶穌會對於幾乎一切的指南》（*The Jesuit Guide to (Almost) Everything*），都是很棒的讀物。

說到神父，關於真實性的部分，則受到了天主教神祕主義者和僧侶托瑪斯．默頓在一九六二年出版的書《沉思的新種子》（*New Seeds of Contemplation*）中，關於「虛假自我」論述的影響。把慶祝稱做「每個人都一起快樂」這個可愛的理念，也是默頓的，摘自他的文章〈街道是用來慶祝的〉（The Street is for Celebration）。而我認為重新發現承諾就像重新造林的過程，很大程度上受到了約瑟夫・提施納神父的《團結精神》（*The Spirit of Solidarity*）的影響。

我對組織的兩個觀察——競選活動組織、鄰里組織，尤其是勞工組織——也啟發了本書的某些內容。第一，組織的核心工作是鼓勵人們做出並遵守長期的承諾，無論是對彼此還是對一個志業。第二，持久的政治變革只能來自長期投入的組織，在歷史上，運用銀彈和巧妙手段成功的志業是很罕見的。有兩位思想家幫助我更加理解了這些觀察結果，他們是工會召集人兼學者珍・麥克利維（Jane McAlevey）和賓州社群召集人強納森・史穆克。麥克利維的《沒有捷徑：在新鍍金時代組織權力》（*No Shortcuts: Organizing for Power in the New Gilded Age*）和史穆克的《霸權指南：激進分子的路線圖》（*Hegemony How-To: A Roadmap for Radicals*）都是很好的開始。

我對金錢的看法受到了邁可・桑德爾的《錢買不到的東西》（*What Money Can't Buy*）和邁克爾・沃爾澤的《正義的領域》（*Spheres of Justice*）的影響。路易士・海德的《禮物的美學》，以及馬丁・布伯（Martin Buber）的《我和你》（*I and Thou*），讓我在理解市場交換是如何妨礙給特定的人和社群承諾這方面，有很大的影響。二十世紀中期的評論家保羅・古德曼（Paul Goodman）和克里斯多福・拉施，以及作家約翰・梅達伊爾（John Medaille），讓我理解了現代官僚機構規模過大對文化的影響。政治學家西達・斯科波爾在《減弱的民主》

（*Diminished Democracy*）一書中介紹了美國公民生活中「成員」與「管理」的有益概念。傑迪戴亞・波迪的《常識》（*For Common Things*）幫助我理解了制度如何像生態系統一樣整合在一起，以及制度的衰落與生態系統的崩潰有多麼相似。

克里斯・海吉斯（Chris Hedges）的《自由階級的死亡》（*Death of the Liberal Class*）把「中立」制度的問題解釋得很清楚，克里斯・海斯（Chris Hayes）的《菁英的黃昏》（*Twilight of the Elites*）對現代菁英統治做了同樣清楚的解釋。查克・威爾文（Zach Wehrwein）把我引入了關係社會學領域。愛蓮娜・達克沃斯（Eleanor Duckworth）的《擁有美妙的想法》（*The Having of Wonderful Ideas*）讓我認識到教育不是被動地接受資訊，而是積極地探索思想。

根的重要性和我們的根在未來的想法，受到了三位思想家的啟發。西蒙・韋伊的《根的必要性》（*The Need for Roots*）闡明了根在穩定我們生存地位中的作用。在《下一個美國國家》（*The Next American Nation*）一書中，邁克・林德重新定義了國家的概念，從一個擁有共同祖先的群體，到一個擁有共同後代的群體——一個國家是為它的未來而生存，而不是過去。哲學家羅伯托・昂格爾讓我直接認識到，我們的根源可以在未來，在一個民主國家裡，「預言的聲音比記憶更響亮」。

昂格爾、社會科學家羅伯特・普特南和公民權益宣導者拉爾夫・納德，是三位對我影響最大的長期英雄。昂格爾激進的實用主義激發了我的觀點，他斷言「希望是行動的結果」以及他對「民主實驗主義」的信念，讓我知道，更廣泛地致力於公共專案將使社會恢復活力。普特南對社群建設、社會信任和公民精神的重要史詩級研究，改變了我看待我們國家問題的方式，這也是為什麼我相信承諾文化是民主的先決條件。納德數十年來孜孜不倦地為公眾利益而奮鬥，這讓我明白，將抽象的理想轉化為具體的行動是極有可能的（只要有一點奉獻精神）。

最後一個影響，你可能會注意到創作歌手喬．帕格的幾句歌詞散落在本書幾處（如果我沒有一位好編輯，這個數量可能會翻倍）。帕格自己也有一個偉大的承諾故事：在他大四秋季課程開始的前一天晚上，他退學，開車到芝加哥，找了一份木匠的工作，並開始在鎮上公開表演，追求他的歌曲創作生涯。他後來說：「有那麼一刻，我意識到生命是短暫的，我知道我想去哪裡，我應該去那裡。」在我們這個混亂的時代，帕格的歌詞是尋找人生目標的旅程中，最好的作品之一。如果十年前我沒有聽過帕格的〈第一〇一號讚美詩〉（Hymn #101），我甚至不知道自己是否會寫這本書。

致謝

本書的存在，是因為幾十個有愛心者的善良和體貼。

這本書是從一場畢業演講開始的，之所以能發展成一本書，是因為凱莉．庫克（Carrie Cook）看到了演講，並決定將它提案給出版界。我的經紀人理查．派恩（Richard Pine）相信，這場八分鐘的演講裡有一本完整的書；我的編輯班．羅南（Ben Loehnen）也願意冒這個險。在我們確定開始這段旅程後，他們開玩笑說我們「將一起經歷漫長的旅程」，我非常感謝他們在這過程中的指導和鼓勵。

我感謝珍．沃爾頓（Jenn Walton）的研究協助，感謝索尼雅．韋澤（Sonia Weiser）的事實核查，感謝我的大學室友羅傑．胡（Roger Hu）讓我第一次接觸了傑克．紀伯特的詩〈反常不是勇氣〉（即本書之引言）。你正在讀的這本書，比最初的草稿好得多，因為邁克．布隆伯格（Mike Bloomberg）、伊恩．科賓（Ian Corbin）、艾利亞斯．克里姆（Elias Crim）、查卡里．戴維斯（Zachary Davis）、科林．瓊斯（Collin Jones）、聖地牙哥．拉莫斯（Santiago Ramos）、喬治．夏拉巴（George Scialabba）、艾文．華納（Evan Warner）和查克．威爾文

（Zach Wehwein）閱讀了初稿，並給出了明智的回饋。

多年來的許多對話也幫助我引導出這個概念，並支持著整個寫作過程，我感謝史帕其・亞伯拉罕（Sparky Abraham）、凱拉・奧特曼（Kyla Alterman）、漢娜・包姆賈德納（Hannah Baumgardner）、凡妮莎・畢（Vanessa A. Bee）、麥克・寇斯特羅（Michael Costelloe）、鮑伯・克羅（Bob Crowe）、艾蜜莉・康寧漢（Emily Cunningham）、馬丁・德瑞克（Martin Drake）、麥可・德拉斯寇維克（Mike Draskovic）、強納森・芬恩–加米諾（Jonathan Finn-Gamino）、麥特・葛斯坦（Matt Geurtsen）、麥特・葛雷斯柯（Matt Gresko）、丹尼爾・葛羅斯（Daniel Gross）、馬格麗特・葛列高斯（Margaret Gallegos）、諾拉・古賓斯（Nora Gubbins）、蜜雪兒・霍爾（Michele Hall）、強納森・賀索格（Jonathan Herzog）、麥卡布・凱利爾（Macabe Keliher）、蘿倫・凱勒賀（Lauren Kelleher）、大衛・蘭迪（David Landy）、塔麗雅・拉文（Talia Lavin）、鮑伯・馬修（Bob Mathews）、凱西・帕迪拉（Kathy Padilla）、亞歷山大・派特瑞（Alexandra Petri）、克里斯・皮克拉利達斯（Chris Pikrallidas）、艾倫・畢特拉（Ellen Pitera）、艾伯特・普萊馬特（Abbot Primate）、葛瑞格利・波藍（Gregory Polan）、OSB、瑞奇・波柯（Ricky Porco）、艾力克斯・拉馬克（Alex Ramek）、凱特・瑞力（Cait Reilly）、布麗安娜・瑞尼克斯（Brianna Rennix）、約翰・李查（John Richard）、納森・羅賓森（Nathan J. Robinson）、吉姆・羅德瑞克（Jim Roderick）、傑米・史卡福

（Jamie Scharff）、凱倫・史卡福（Karen Scharff）、艾倫・賽爾比（Ellen Selby）、麥可・索爾頓（Michael Thornton）、羅迪・透納（Roddie Turner）、保羅・凡・克內特（Paul Van Koughnett）、納森・沃德（Nathan Ward）、佩吉・威特拉克（Paige Whitlock）、海地・惠特曼（Heidi Whitman），和傑夫・威廉斯（Jeff Williams）。

我特別感謝艾麗・艾特克森（Allie Atkeson）、布利南・道尼（Brennan Downey）、寶拉・古賓斯（Paula Gubbins）、史考特・強納森（Scott Johnston）和強・史塔夫（Jon Staff），他們從這個專案一開始就一直很認真地和我討論。

特別感激在準備這本書時採訪的幾十位長期英雄，他們非常和善地與我分享了他們的奉獻之旅：蒙特・安德森、安迪・沙拉爾、傑森・史拉特瑞、李・文塞爾、洛莉・沃拉赫、凱倫・華盛頓、金伯利・沃瑟曼、蘇珊・威斯勒、山姆・沃恩斯和伊凡・沃夫森。還有許多人的訪問內容沒有進入最終稿，但我很感激他們的見解，這些見解為本書提供了資訊：福爾斯徹奇達阿希拉伊斯蘭中心（Dar Al-Hijrah Islamic Center）的伊瑪目納伊姆・拜格（Naeem Baig），CODEPINK 創始人梅狄亞・班傑明（Medea Benjamin），Harvest Plus 組織創始人浩迪・布伊（Howdy Bouis），Homestretch 負責人克里斯多弗・費伊（Christopher Fay），瑪麗亞和厄尼・弗洛雷斯（Maria and Ernie Flores），Mobile Loaves & Fishes 創始人艾倫・格拉罕（Alan Graham），從游泳選手變身為社會工作者的肯尼迪・希頓（Kennedy

Higdon），歷史學家謝爾頓·詹森（Shelton Johnson），露天派畫家拉傑德拉ＫＣ（Rajendra KC），德罕地區召集人桑德拉·科恩（Sandra Korn），前國家盆景基金會主席菲利克斯·勞克林（Felix Laughlin），監獄記者約翰·列儂（John J. Lennon）、民權活動家和教育家鮑勃·摩西（Bob Moses）、共濟會歷史學家馬克·塔伯特（Mark Tabbert），以及阿特沃特營（Camp Atwater）執行長亨利·湯瑪斯三世（Henry Thomas III）。

我的姐姐蕾貝卡·戴維斯（Rebecca Davis）是我對承諾奉獻的榜樣。我總是被她的奉獻精神所激勵，無論是致力於製作具有啟發性的紀錄片、在她的工作場所成立工會、志願參與互助專案、指導學生，還是支持她的朋友和家人。如果沒有她的指導、支持和榜樣，我不可能寫出這本書。

雖然這本書是關於對開放選擇文化的反叛，但我有幸出生在承諾的反主流文化中。我的父母，瑪麗·克萊兒·古賓斯（Mary Clare Gubbins）和謝爾頓·戴維斯（Shelton Davis），建造了一個強調奉獻比自我更大的家。本著方濟各的格言：「傳福音。如果有必要的話，用語言來表達。」他們以身作則，向姐姐和我傳達了承諾的重要性。從很多方面來說，這本書是我長達十年旅程的頂點，我一直在尋找合適的詞語，來描述我的父母和像他們這樣的人的特別之處。

我的一位受訪者蒙特·安德森，分享了如何在漫長的旅途中保持平穩的明智建議：「低潮的時候，心存感激；興起的時候，保持謙卑。」我很幸運有拉克・特納（Lark Turner）這樣的伴侶，她每天都讓我充滿感激和謙卑。她是最認真、精明和聰明的編輯，在過去的一年裡，她花了幾十個深夜為各種想法提供意見，撰寫了無數的段落，並幫助這本書完成了最後的衝刺。準確地說，本書的存在既要感謝她的奉獻，也要感謝我的奉獻。在我寫這本書的時候，我和拉克結婚了，這是我能做出的最好承諾。

HEART
心|視野　心視野系列 092

選擇障礙世代

受困於「無限瀏覽模式」，將成為現代最危險的文化病症

Dedicated: The Case for Commitment in an Age of Infinite Browsing

作　　者　皮特・戴維斯（Pete Davis）
譯　　者　吳宜蓁
總 編 輯　何玉美
責任編輯　陳如翎
封面設計　兒日設計
內頁設計　楊雅屏

出版發行　采實文化事業股份有限公司
行銷企劃　陳佩宜・黃于庭・蔡雨庭・陳豫萱・黃安汝
業務發行　張世明・林踏欣・林坤蓉・王貞玉・張惠屏・吳冠瑩
國際版權　王俐雯・林冠妤
印務採購　曾玉霞
會計行政　王雅蕙・李韶婉
法律顧問　第一國際法律事務所　余淑杏律師
電子信箱　acme@acmebook.com.tw
采實官網　www.acmebook.com.tw
采實臉書　www.facebook.com/acmebook01

I S B N　978-986-507-706-8
定　　價　360 元
初版一刷　2022 年 2 月
劃撥帳號　50148859
劃撥戶名　采實文化事業股份有限公司
104 台北市中山區南京東路二段 95 號 9 樓
電話：(02)2511-9798　傳真：(02)2571-3298

國家圖書館出版品預行編目資料

選擇障礙世代 : 受困於「無限瀏覽模式」，將成為現代最危險的文化病症 / 皮特・戴維斯 (Pete Davis) 著 ; 吳宜蓁譯 . -- 初版 . – 台北市 : 采實文化事業股份有限公司 , 2022.02
面； 公分 . -- (心視野系列 ; 92)
譯自 : Dedicated: The Case for Commitment in an Age of Infinite Browsing
ISBN 978-986-507-706-8 (平裝)
1.CST: 社會心理學 2.CST: 選擇學習 3.CST: 決策管理
541.7　110022262

HEART
心視野